全球卫生法原理

QUANQIU

WEISHENG FA

YUANLI

翟宏丽 ◎ 著

中国政法大学出版社

2025 · 北京

图书在版编目（CIP）数据

全球卫生法原理 / 翟宏丽著. -- 北京：中国政法

大学出版社, 2025. 8. -- ISBN 978-7-5764-2229-0

Ⅰ. D912.16

中国国家版本馆CIP数据核字第2025ET5832号

——

书　名　全球卫生法原理

出版者　中国政法大学出版社

地　址　北京市海淀区西土城路 25 号

邮　箱　fadapress@163.com

网　址　http://www.cuplpress.com (网络实名：中国政法大学出版社)

电　话　010-58908435(第一编辑部) 58908334(邮购部)

承　印　固安华明印业有限公司

开　本　880mm×1230mm　1/32

印　张　9.25

字　数　252 千字

版　次　2025 年 8 月第 1 版

印　次　2025 年 8 月第 1 次印刷

定　价　56.00 元

前　言

　　"天覆地载，万物悉备，莫贵于人"，而健康，是全人类的首要福祉，当今世界，在全球化的浪潮中，传染病的跨国传播、慢性非传染性疾病的全球流行、全球伤害、全球食品药品安全威胁、医药国际贸易与商务争端、国家和地区间卫生健康资源分配不平衡等健康危害正在席卷世界，地球上的所有人都充分意识到当今世界正在面临着全球健康威胁，对人类的生命健康、生存和发展构成极大的危害。全球健康形势正在面临全球健康危害的重大挑战。

　　面对全球健康危害，全球需要共同采取行动，组织各种各样的利益相关者进行全球健康治理，构建全球卫生健康的规范和制度，来改善全球健康和缩小健康不平等。对于卫生健康，国际社会的目标是保障健康的最高可能标准，同时为所有人公平地分配良好健康的权益，而利用法律来提高全球健康水平并实现全球健康正义已经成为国际社会的共识。同时鉴于快速和不断加强的全球化已经成为当今世界的主要特征，因此，建立健全的全球卫生法律制度也就显得尤为迫切。

　　法律应社会需求而生，全球卫生法是全球健康治理、国家安全、全球经济可持续发展以及获得健康正义的法律工具。全球卫生法学是涉及国际法、国际卫生、人权等多个领域的交叉学科，作为新兴交叉学科的全球卫生法是关于全球卫生法律现象和法律问题的原则、规则和制度的总和，全球卫生法是调整保护全球人类健康活动中各种国际关系，包括国际组织、国家行为体及非国家行为体之间各种关系的法律原则、规则和制度的总和。全球卫生法既是国际法的新领域，亦是卫生法的前沿和热点。

翟宏丽

于军都山下

目　录

第一章　全球卫生法概述 …………………………………………　1

　第一节　全球健康威胁与全球健康治理 …………………　3

　第二节　全球卫生法上的健康权 …………………………　8

　第三节　全球卫生法的基本范畴 …………………………　28

　第四节　全球卫生法的法律原则 …………………………　33

　第五节　全球卫生法的功能 ………………………………　42

　第六节　全球卫生法的法律渊源 …………………………　50

第二章　全球卫生法的主体 ……………………………………　65

　第一节　世界卫生组织 ……………………………………　67

　第二节　国家行为体 ………………………………………　75

　第三节　全球合作伙伴关系时代的多元主体 ……………　83

第三章　《国际卫生条例》：全球卫生法的"基本法" …………　95

　第一节　《国际卫生条例》的起源和历史演进 …………　97

　第二节　《国际卫生条例（2005）》确立的制度 …………　100

第四章　《世界卫生组织大流行协定》：大流行病应对法 ………　113

　第一节　《世界卫生组织大流行协定》的背景 ……………　115

　第二节　《世界卫生组织大流行协定》 ……………………　117

第五章 《烟草控制框架公约》：无烟草行动 …………… 121

第一节 《烟草控制框架公约》历史演进 …………… 124

第二节 《烟草控制框架公约》确立的制度 ………… 128

第三节 中国烟草法治新进展 ………………………… 137

第六章 全球艾滋病防治法：走向"零"艾滋 ………… 141

第一节 全球艾滋病威胁的严峻现状 ……………… 143

第二节 全球动员：国际法的考察 ………………… 146

第三节 我国艾滋病防治法的实践 ………………… 156

第七章 全球药品法：药品安全与可及性 …………… 161

第一节 全球药品困境 ……………………………… 163

第二节 知识产权保护与药品可及性的冲突与平衡 ……… 169

第三节 大流行性流感防范（PIP）框架：病毒共享
与疫苗惠益 ………………………………… 189

第四节 全球药品监管法：药品安全 ……………… 194

第八章 全球慢性非传染性疾病管理 ………………… 231

第一节 慢性非传染性疾病管理的全社会参与 ……… 234

第二节 慢性非传染性疾病管理的全球参与 ……… 237

附录：《烟草控制框架公约》 …………………………… 241

主要参考文献 …………………………………………… 275

第一章

全球卫生法概述

第一节 全球健康威胁与全球健康治理

一、全球健康威胁严峻现状

（一）传染病的跨境传播

当今世界，经济全球化正对全球健康产生深远影响。一方面，全球经济水平的提高、全球科技与医学技术的发展增强了人类抗击疾病的能力，大幅度提高了人类的健康水平。另一方面，经济全球化对人类的健康亦是一把双刃剑，全球化既带来了全球繁荣，也造成了全球健康严重风险。没有一个国家能够使自己完全免于全球性的健康威胁。

近年来，随着全球经济和社会的发展，人类的聚集、迁移，全球贸易和旅行的容量、速度和范围急剧膨胀。旅行和迁移、环境污染、国际贸易和信息传播等会使疾病从地球的一端向另一端迅速传播。人类携带着自身基因组成、过去感染的免疫后遗症、文化偏好，习俗和行为模式。微生物、动物和其他生物生命也伴随着他们。今天大规模的人类和物资流动为不同的基因以前所未知的速度混合在一起创造了条件。[1] 那些引起疾病的致病因素也并不完全来自国内。全球化正使得国家卫生和国际卫生之间的传统界限变得模糊。病毒无国界，今天的世界，艾滋病毒和艾滋病的传播还在继续。[2] 今天的国家，早已超越了地理意义上的国家，传染病的跨境传播，构成了全球最为严重的健康威胁之一。随着肉类生产加工的日益广泛，人与动物相互作用，人畜共患病的病原体传播对全球经济和公众健康构成严重威胁。全球并

---

[1] Mary E. Wilson, "Travel and the Emergence of Infectious Diseases", *Emerging Infectious Diseases*, Vol. 1, No. 2. , 1995, pp. 39-46.

[2] DFID, *Increasing Access to Medicines in the Developing World*, UK Department for International Development, London, 2008.

没有因为物质文明的高度发达而实现真正的健康公平和正义，过去二十年间，全球范围内出现了多种传染病的流行或局部暴发。2003年到2010年间，非典、H5N1、H1N1、H7N9在全球或局部地区暴发。过去十年间，2012年中东地区暴发中东呼吸综合征（MERS），2014年几内亚、利比里亚、塞拉利昂等西非国家暴发埃博拉疫情死亡超1.1万人。2016年霍乱在也门等多个国家局部暴发，2018年刚果（金）暴发了第二次严重的埃博拉疫情，死亡约2300人，2022年多国暴发猴痘，登革热的全球病例持续上升，2023年亚洲（孟加拉国、泰国）、拉丁美洲多国报告超百万例，全球人类饱受传染病跨境传播带来的健康威胁。

（二）慢性非传染性疾病的蔓延

经济全球化使得诸如饮食、烟草和健康风险行为等不健康生活方式在全球快速扩散。在全球健康领域，慢性非传染性疾病的流行和蔓延也在日益威胁全人类的健康。随着生物-社会-心理疾病模式的转变，高血压、冠心病、糖尿病、高脂血症、脂肪肝、癌症以及精神障碍等人类慢性非传染性疾病，对人类健康和生命生存质量构成严重威胁，而慢性非传染性疾病医疗防治耗资巨大，通常情况下，与急性传染性疾病的医疗资源耗资相比，一个国家大部分医疗费用支出用于对人们生命健康构成长期严重威胁的慢性非传染性疾病的防治上，在全球范围内，无论富裕国家还是较为贫穷的国家，都面临着对慢性非传染性疾病的沉重负担。

（三）药品安全威胁与药品供应短缺

药品是疾病防治的核心。在全球医药领域，药品的可持续发展和药品安全问题由来已久。如何向公众提供安全、有效、价格合理的药品是世界各国面临的主要挑战。然而，要让全世界的民众都能有效获得和使用药品，仍然障碍重重。世界上的一部分人，是生活在最穷也是最没有特权的地区的人们，他们仍然没有机会或很少机会能获得药品。[①] 在发展中国家，每年差不多就有1000多万名儿童死亡，如果能够获得现有的药品和疫苗，他们的许多疾病本来是能够得到预防和治愈的。[②] 关于全球药品贸易、药品安全、药品创新、专利和价格、药品使用、疫苗、生物和血液制品、替代药品的全球管理策略，药品公平分配多有纷争。即便是美国食品及医药管理局（Food and Drug Administration，简称美国FDA）这样的机构，也因为药品安全和有效性证明的可信度而饱受质疑。一种在2002年由该机构注册的用于降低胆固醇的药物并未显示出有真正的健康功效，相反，现在人们怀疑它会导致恶性肿瘤。尽管全世界的人基本上都面临着来自药品安全和可持续发展方面的类似挑战，然而，全球药品安全和全球药品供应体系还是明显地呈现出支离破碎的状态。从全球来看，有关药品安全性和有效性监控，大多数国家仍然各自为政，遵循着各自的药品上市标准和监管审批程序的现状触目惊心。目前的体制给世界范围内必备药物的有效供应造成了极大的困难。

在规模和利润空间方面，非法药品交易在国际市场上暗流涌动。随着贸易迅速扩大，全球假药销售金额每年高达数十亿美元。[③] 在全球范围内，估计15%的药品是不合法的。假药在低资源国家甚至更

---

① United Nations Millennium Project, *Prescriptions for Health Development Increasing Access to Medicines*, Earthstar, London, 2005.

② R. E. Black, *Where and why are 10 million children dying every year?*, Lancet, Vol. 361, No. 2220. , 2003, p. 34.

③ Amir Attaran et al. , "Why and How to Make an International Crime of Medicine Counterfeiting", *Journal of International Criminal Justice*, Vol. 9, No. 2. , 2011, pp. 325-354.

加普遍，在非洲、亚洲和拉丁美洲，超过 30% 的药品是非法的。[①] 在隐藏自己物理地址的非法网站销售的药品已被发现 50% 以上是假的。[②]

（四）健康保障困境

在全球卫生经济领域，经济全球化加深了全球两极分化，不同国家之间以及一个国家国内的收入水平也呈现出大相径庭的态势。贫穷的国家甚至没有足够的能力为其国民提供基本卫生保健服务。穷人与富人之间的健康差距不仅巨大和不公平，而且毫无缩小的迹象。世界上贫穷人口的基本需求持续得不到满足。同样的医疗服务和药品价格对于在富裕国家的公众来说是合理、可承受的，但是对于贫穷国家和地区的人们来说就是难以负担的。

二、全球健康治理的迫切需求

治理是有组织的社会团体指导、影响并协调多个私人和公共行为者的活动以实现集体利益的方法。[③] 全球治理是指组织各种各样的利益相关者来管理社会、经济和政治事务，以便改善全球秩序和消除不平等。

在国际社会，面对全球健康危害、全球卫生体系的复杂性、全球卫生行为者的日益激增以及全球卫生行为的多元化，全球需要共同采取维护和保障全球健康的行动，有组织团结各种各样的利益相关者进行全球健康治理。

---

① William Burns, "WHO Launches Taskforce to Fight Counterfeit Drugs", *Bulletin of the World Health Organization*, Vol. 84, No. 9., 2006, pp. 689-690.

② *Medicines: Spurious/Falsely-Labelled/Falsified/Counterfeit (SFFC) Medicines*, Fact Sheet No. 275, http://www. who. int. /mediacentre/factsheets/fs275/en/.

③ James N. Rosenau, "Governance in the Twenty-First Century", *Global Governance*, Vol. 1, No. 1., 1995, pp. 13-43.

全球健康治理（Global Health Governance，GHG），是指管理世界人口健康的规则、规范和制度的总合。狭义的全球健康治理，仅限于医疗卫生一个领域的规则和制度。如联合国艾滋病规划署（The Joint United Nations Program on HIV/AIDS，UNAIDS）和世界卫生组织（World Health Orgnaization，WHO）的管理和规范。广义的全球健康治理是一个超出卫生领域的更具包容性的概念。全球健康治理不仅限于医疗卫生领域，还包括医疗卫生领域以外的农业、能源、贸易、旅行及环境等领域中一切保护全球健康的规则、规范和制度。而广义的参与全球健康治理的主体则包括多边组织、国家、民间社会、慈善组织等多种多样的组织，更具包容性和开放性。

实现有效的全球健康治理是一项复杂的任务。面对当前国际社会的组织和架构的深度调整，数百年来列强通过战争、殖民、划分势力范围等方式争夺利益和霸权，逐步向各国以制度规则协调关系和利益的方式演进。全球治理体制变革正处于历史的转折点上。建立国际机制、遵守国际规则、追求国际正义成为多数国家的共识。

法律作为一种社会治理或控制手段，是人类社会进化过程中的一种选择。法律不再仅限于保障和平和秩序这一传统功能，而且也影响到社会的组织与合法化。全球治理的关键体现在制度化和规则化上，全球健康治理亦概莫能外。国际公法上的规则、国家法律制度和机构规章制度在全球健康治理的核心架构上发挥重要的作用。[①]一个国家有义务维护自己的公民的健康，但是，面对全球健康威胁，国家还必须集体行动，因为没有任何一个国家拥有不受全球健康威胁的所有的资源和能力，只有采取全球合作和共同行动，才能有效

---

① David P. Fidler，"Global Health Governance: Overview of the Role of International Law in Protecting and Promoting Global Public Health"，*Discussion Paper*，Vol. 3，2002，p. 68.

抵御全球健康威胁。同时，如果不在全球健康治理中确立国际法律规则和原则，全球共同的集体行动就不可能实现。为维护全人类健康，法律必须是跨国界并超越主权国家范围的。鉴于快速和不断加强的全球化已经成为当今世界的主要特征，在全球健康治理框架下引导各方主体向共同的目标努力、争取和固化长远性和稳定性的制度则显得尤为重要。

对于全球健康，国际社会的目标是保障健康的最高可能性标准，同时为所有人公平地分配良好健康的权益，而利用法律来提高全球健康并实现全球健康正义已经成为国际社会的共识。在应对全球健康威胁的过程中，为了克服危机和保障人们的健康权，有必要对国际组织、国家行为体及非国家行为体等各方参与主体的权利义务关系作出和强化法律制度安排，而这种法律制度的安排，即为全球卫生法。

第二节　全球卫生法上的健康权

一、健康权的概念

1946 年签署的《世界卫生组织宪章》序言中指出："健康是指人的躯体、精神、社会适应能力的良好状态，不仅仅是没有疾病。"健康是人们赖以生存和维持生命活动的基础，是维持人本身作用的必不可少的需要，是人的一切社会活动的前提和基础。从世界范围来看，健康权已被国际法确定为一项基本人权。《世界卫生组织宪章》将健康的目标设定为"使全世界人民获得可能达到的最高的健康水平"。该序言确认"享受可能获得的最高健康标准是每个人的基本权利之一，不因种族、宗教、政治信仰、经济及社会条件而有区别。"国际人权公约、许多国家宪法和法院的健康权概念都借鉴了《世界卫生组织组织法》中"享受可能获得的最高健康标准是每个人的基本权利之一"的表述。1948 年的《世界人权宣言》（UDHR）第 25 条第 1 款规定："为了自己及其家人的健康和幸福，每个人都享有达到基本生活水平的权利，包括食物、衣服、住房、医疗和必要社会服务的权利，在失业、疾病、残疾、寡居、老年或其他不可控因素导致生计难以为继时的安全保障权利。"该条款则规定了健康权的物质条件。《经济、社会及文化权利国际公约》（ICESCR）第 12 条第 1 款规定："健康权是人人享有尽可能高的身体和精神健康的权利"，该定义修正了因社会适应完好状态范围过大而无法实现的弊端，是产生影响最大的健康权条款。《经济、社会及文化权利国际公约》第 11 条则明确了健康的物质权："基本生活水平……包括必要的食物、衣服、住房和生活条件的不断改善"的权利以及"免于饥饿的权利。"

人权法和国家宪法理性地决定了人们具有健康权利，客观上确立了健康权的基础性地位。健康权是全球卫生法的逻辑起点，是全球卫生法学的基石。

二、健康权的性质

（一）健康权是人的基本权利

1. 健康权是国际人权法上的人的基本权利

"人权"是人类社会长期发展的产物，它代表了人类对尊严、自由和平等的不懈追求。简单来说，人权是指人因其为人而应享有的基本权利和自由。人权被认为是普遍、不可剥夺、固有、平等且相互关联的。

国际人权法，以人人都享有固有的平等尊严为核心宗旨，在全球健康领域，国际人权法是促进全球健康平等的重要法律工具。人权已被普遍接受。几乎所有国家都批准了一至两项人权条约——

《经济、社会及文化权利国际公约》和《公民权利和政治权利国际公约》（ICCPR）。同时，所有国家至少也都批准了一个认同健康权利的国际公约。① 国际社会上，健康权已被国际人权法确定为一项基本权利，而不是一种特权。

健康与人权经历了从冲突到协同的历史演进。人权强调人的基本权利和自由。锡拉库萨原则（Siracusa Principles）对权利和自由作出合法限制，《公民权利和政治权利国际公约》中的关于限制和减损权利的锡拉库萨原则，是对人权限制的效力进行测验的重要诠释工具。② 要求限制行为必须满足以下条件：①法律规定；②基于合法目标；③在民主社会完全必要；④具有可以利用的最少限制和最低干扰手段；⑤非任意、非不合理或非歧视。公共健康仅仅是为了处理"严重健康威胁"而限制个人。政府的目的必须是防治疾病或伤害，或向病人和伤者提供关怀。③ 可以说，只有在为公共健康采取必需的措施的情况下，健康权的限制才有合法依据。

在传染病防控中，为保护公众健康，传染病的防治采取控制传染源、切断传播途径、保护易感人群的防治手段。公众健康似乎在一定程度上妨碍了个人的自由，如为应对传染病播散和流行，公共卫生策略很可能要求人们采取限制出行、居家隔离、戴口罩，这些公共卫生手段可能限制个人的人身和出行自由，早期传染病防控的理解和普遍观点是以个体为中心的人权与社区公共健康相抵触，有

---

① UNGA, *UN Treaty Collection*, *Status of Treaties*, *Chapter IV: Human Rights*, *treaties*, International Covenant on Civil and Political Rights（ICCPR），1996.

② United Nations Commission on Human Rights, *Siracusa Principles on the Civil and Political Rights*, 1984.

③ 依据锡拉库萨原则，我们发现瑞典在隔离小时候感染艾滋病毒的病人之前，必须采取"不太严重的措施"。

时为了保障公共健康还必须采取强制手段。[①] 在公共卫生法领域的传统观念中，健康与人权看似存在冲突。随着传染病防控中社会运动的不断发展，人们对于健康与人权的理解也被推向了一个新的高度：首先，当隔离检疫剥夺个体自由时，健康政策能够代替人权行使责任；其次，侵犯人权的行为可能会损害健康，甚至更严重于像酷刑那样明显的案例。例如，对女孩子入学的歧视，可能增加婴幼儿的死亡率；最后，健康和人权相辅相成。比如，知情权、受教育权、获得营养和社会保障的权利，不仅能够保障健康，而且能够使得健康人更好地参与政治进程和行使公民权利。[②]人们对健康与人权的理解，从最初认为健康与人权存在冲突，到健康与人权协同发展的观点已普遍为人们所接受。对传染病的防控，如艾滋病防控运动等加深了人们对人权与健康相互协同的理解和认可。人权能够改变规则和改善人们健康所需的物质生活条件，能够强化国家的健康义务。

传染病预警分级防控是公共卫生体系的核心机制，旨在通过科学评估风险等级，动态调整防控措施，实现精准防控、资源优化和社会秩序最小化干扰。以中国为例，依据传染源传播力、疾病严重程度、传染源变异风险、社会扩散度等风险指标，传染病防控中确立了典型的四级预警体系（见表1-1）。

---

① 为调和公共卫生与人权，学者们制定了"人权影响评估"。Lawrence O. Gostin and Jonathan Mann，"Towards the Development of a Human Rights Impact Assessment for the Formulation and Evalution of Health Policies"，*Health and Human Rights*，Vol. 1，No. 3.，1994，pp. 58-81；Lawrence O. Gostin，"Public Health，Ethics，and Human Rights：A Tributeto the Late Jonathan Mann"，*Joural of Law，Medicine and Ethics*，Vol. 3，No. 29.，2001，pp. 121-130.

② Jonathan Mann et al.，"Health and Human Rights"，*Health and Human Rights*，Vol. 1，No. 3.，1994，pp. 6-23.

表 1-1 典型的四级预警体系（以中国为例）

预警等级	风险特征	核心响应措施
Ⅰ级（红）	全国性暴发、极高健康威胁	- 跨省交通管制 - 停工停学 - 方舱医院启用 - 军队医疗力量支援
Ⅱ级（橙）	多省份扩散、重症风险显著	- 高风险区封闭管理 - 跨市旅行限制 - 分级诊疗（定点医院扩容）
Ⅲ级（黄）	局部聚集性疫情	- 重点场所限流（商场、景区） - 加强疫苗接种 - 公共场所强制口罩令
Ⅳ级（蓝）	散发低风险	- 常态化监测 - 医疗机构预检分诊 - 公众健康教育

在表 1-1 中，传染病不同程度的预警将采取不同程度的防控手段，在传染病不同程度的预警行动中充分展现人们对健康与人权关系的理解：在传染病红色预警中，人的生命健康显然受到严重威胁，根据健康优先选择的原理，人们会主动选择生命、生存，而非出行自由。此种情形下，此时，健康权的维护代替了人权行使责任则为人们普遍理解和接受，而随着传染病预警级别的降低，个人的人身自由权对于公众健康权的让渡也会按照比例原则逐步降低。

人权法改善健康的潜力缘于它的声明、原则和其他不具约束力的文书得到了世界广泛的认可。人权法的主体由《联合国宪章》（UN Charter）、"国际人权法案"、《世界人权宣言》、《公民权利和政治权利国际公约》、《经济、社会及文化权利国际公约》及其任择议定书（Optional Protocols）以及特殊人群的安全防范和禁止公然滥用的"核心条约"所构成。《联合国宪章》是现代国际法的基石，其序言部分阐明了对国际社会"重申基本人权信念、个人尊严和价值"的决心。《世界人权宣言》建立在《联合国宪章》对特定权利和自由的承诺基础上。《世界人权宣言》第25条第1款规定："为了自己及其家人的健康和幸福，每个人都享有达到基本生活水平的权利，包括食物、衣服、住房、医疗和必要社会服务的权利，在失业、疾病、残疾、寡居、老年或其他不可控因素导致生计难以为继时的安全保障权利。"《经济、社会及文化权利国际公约》第12条第1款明确界定了健康权的表述："每个人享有可达到的最高标准的身心健康权利。"第11条抓住了决定健康的决定性因素："基本生活水平……包括必要的食物、衣服、住房和生活条件的不断改善"的权利以及"免于饥饿的基本权利"。该公约进一步保障了劳工权益、社会保险、儿童保护、教育、共享科学成果和参与文化生活的权利。《公民权利和政治权利国际公约》该公约的第2条第1款要求国家在不考虑可用资源或在逐步实现的情况下"尊重并确保"公民和政治权利。它保障言论、思想、宗教、良知和集会自由；免于奴役、酷刑、任意拘留的权利；隐私权、保护平等、受迫害时的庇护和自由选举的权利。虽然《公民权利和政治权利国际公约》第6条第1款规定的生命权专注于死刑和任意剥夺生命，其基本论断是"每个人都有不可剥夺的生命"的权利，包括健康及其相关的权利。

2. 健康权是国家宪法上的基本权

健康权是人们可能达到的最高水平的身体健康和精神健康所获的物质帮助权。国家必须尊重、保护和落实健康权利。国家通过不干预个人实现健康权利的能力来尊重健康权，例如，在国有健康医疗机构消除健康歧视。健康权要求国家履行健康权的国家义务。健康权要求国家政府满足"最低的核心责任",例如,建立覆盖全体居民的以初级医疗保健和基本公共卫生服务为基础的基本医疗卫生体系。在医疗、医药、医疗保险(简称医保)领域的三医联动。

在全世界范围内,自 1925 年《智利宪法》第一次确定保护健康权以来,健康权已被越来越多国家的宪法所认可。目前全世界有超过 130 个国家的宪法规定了保障公民健康权的条款。大多数条款给予健康权明确的解释,如"可达到的最高身心健康标准""健康保护""医疗保健""健康安全"或者"健康和医疗保健"。① 在卫生健康领域,《中华人民共和国宪法》(简称《宪法》)将国际人权条约纳入了国内法。《宪法》第 21 条规定:"国家发展医疗卫生事业,发展现代医药和我国传统医药,鼓励和支持农村集体经济组织、国家企业事业组织和街道组织举办各种医疗卫生设施,开展群众性的卫生活动,保护人民健康。国家发展体育事业,开展群众性的体育活动,增强人民体质。"《宪法》第 45 条规定:"中华人民共和国公民在年老、疾病或者丧失劳动能力的情况下,有从国家和社会获得物质帮助的权利。国家发展为公民享受这些权利所需要的社会保险、社会救济和医疗卫生事业。国家和社会保障残废军人的生活,抚恤烈士家属,优待军人家属。国家和社会帮助安排盲、聋、哑和其他有残疾的公民的劳动、生活和教育。"我国《宪法》虽未直接表述公民健康权,但是规定了一系列保障健康的物质帮助的决定因素,如医疗卫生事业、医药、社会保险、社会救济及特殊人群的生活和教育等,覆盖了健康权所涉及

---

① See Johannes Morsink, *The Universal Declaration of Human Rights: Origins, Drafting, and Intent*, Philadelphia: University of Pennsy lvania Press, 1999, p. 54; Eleanor D. Kinneyand Brian Alexander Clark, "Provisions for Health and Health Carein the Constitutions of the Countries of the World", *Cornell International Law Journal*, Vol. 37, No. 2., 2004, pp. 285–355.

的大部分领域，健康权依法获得了确认和保护。

健康权涵盖了保障健康的物质条件和满足身体和精神双重健康的需求。国际经济、社会及文化权利委员会将健康权定义为："健康权是一种享受各种对于最高可能达到的健康标准所必需的设施、物品、服务和条件的权利。"这一解释清楚地、具象地表达了健康权的内容。由于健康状态受到个人遗传基因、家族、生物心理社会等多重因素的影响，健康权的维护并非直接代表维护高标准的个体的健康水平和状态，健康权实际上是获得最高可能健康水平的物质帮助权，健康公平是指获得最高可能健康水平的物质帮助权的公平和正义。

（二）健康权具有"混合权"的特征

法学原理上的混合权描述的是法律关系中权利（或权力）结构复杂化、多元化的现象。它不是一个特定的权利类型，而是分析法律现象的一个视角或框架。其核心在于认识到法律主体享有的或法律客体承载的权益，常常不是单一的、纯粹的，而是由多种不同性质、来源、内容的权利要素组合、交织或融合而成。

健康权在法律性质上具有复合性、多维性和动态平衡性。健康权是一种混合权的观点在当代法学理论中获得了广泛支持。健康权并非单一属性的权利，而是融合了公法属性与私法属性、自由权利与社会权利、消极权利与积极权利、个体权利与集体权利的多维度复合体。

1. 健康权是公法属性和私法属性兼容的混合权

国家不排斥私法上健康权对个体之间法律关系的规制，国家通过不干预个人实现权利来尊重健康权，民事法律关系中，健康权是人格权的重要组成部分，受侵害时可主张侵权损害赔偿。更为重要的是，健康权是国际人权法和宪法性权利的核心内容，国家是首要的义务承担者（尊重、保护、实现义务）国家应采取积极措施逐步实现全民健康覆盖（如建设医院、培训医生、补贴贫困人口医疗）。健康权要求国家履行对健康的义务，包括提供健康设施、商品和服务；保障营养和食品安全、基本营养、住房、环境卫生和安全饮用水；提供基本药物，公平分配医疗资源，采取公平合理的公共健康战略和行动计划等。国家必须尊重、保护及落实健康权利。健康权既是私法上的权利，又是公法上的权利，国际经济、社会及文化权利委员会对于健康权的定义兼容了健康权的公法属性和私法属性，客观上使得公法、私法两种法域下的健康权的内涵连贯和价值趋同。

2. 健康权是自由权利和社会权利的混合权

健康权除了具有自由权的属性之外，还表现为一种靠国家的积极干预来实现人的健康的社会权利。健康权既具有自由权的属性，又具有社会权的属性，这与更广泛被人所熟知的单纯的自由权具有显著的差异。在维护健康的活动中，国家、社会和个人互相渗透，人们相互作用、相互影响、相互依赖，是一种"社会团结连带"的法律关系。对于健康权的维护，必须构建一种新的治理结构，在这种治理结构中，国家公权力、社会权利、个人意志被组合进一个层级秩序明确、功能分化清晰的系统安排中，是一种国家干预、社会共治及个人意思自治的新型的合作治理。

在法律实践中，关于健康权的社会法治化体现在诸多医疗卫生法律中。如我国《艾滋病防治条例》第2条规定："艾滋病防治工作坚持预防为主、防治结合的方针，建立政府组织领导、部门各负其责、全社会共同参与的机制，加强宣传教育，采取行为干预和关怀救助等措施，实行综合防治。"① 这种公共卫生法领域的群防群治原则

---

① *Kenya to Introduce Injectable ARVs for HIV Treatment*，https://www.kenyans.co.ke/news/107453-kenya-introduce-injectable-arvs-hiv-treatment.

及医事法领域的医师救死扶伤义务、医患和谐的价值追求、药事法领域的基本药物保障及医疗保障法领域的社会共同体关系建构，等等都闪烁着健康责任共担的智慧。我国医疗卫生领域的基本法——《中华人民共和国基本医疗卫生与健康促进法》的立法本意也是更加突出了社会生活的"公共性"和社会成员彼此之间的连带关系。中国卫生法所释放的这种公正和友爱的价值观无不渗透着强烈的社会团结连带思想，而这又与医学人文精神中的"医乃仁术""大爱无疆""救死扶伤"等的价值追求殊途同归。在国际社会层面，全球卫生法治建设也必须符合健康权是自由权与社会权混合权的要求，全球健康社会共同体关系建构是健康社会权属性在全球卫生法领域的充分体现。

现代医学最初表现为一种治病救人的科学技术，随着科学技术的进步，人口老龄化进程加速以及疾病谱从传染病向慢性非传染性疾病转变，医疗卫生服务已向四个方面扩大，即从单纯治疗扩大到预防保健，从生理服务扩大到心理服务，从医院服务扩大到社区服务，从单纯的医疗技术措施扩大到综合的社会服务，[①] 现代医学不仅通过健康评估、疾病诊治以及促进机体康复与人类紧密相连，还通过对疾病预防、健康教育、生活指导、心理咨询、优生优育等面向整个社会，因此现代医学已不再只是一门复杂的科学技术体系，而成为了一个庞大的社会服务体系，现代医学呈现了社会化的趋势。在全球丰富多彩、纷繁芜杂的健康利益诉求面前，一个国家的资源、能力与信息有时显得"捉襟见肘"，一些健康领域，如母婴产期护理、老龄人口的社区医疗照护、临终关怀、精神病

---

① 龚幼龙主编：《社会医学》，人民卫生出版社 2000 年版，第 1 页。

人的社区康复等，国家和政府权力甚至鞭长莫及，留下了许多健康投入、管理和运行上的"空缺"。而一些非政府组织则可以发挥补强功能，协助国家和政府承担公民生老病死的健康义务。社会扶助对国家治理具有治理补强价值。同时，政府的过度干预，也可能由于官僚主义和腐败等给国家带来危机。在历史上，可以看到迫使政府在法律上作出让步的通常不是社会成员个人，而是社会组织、社会集团或阶级。① "普通公民联合起来，也可能建立非常富裕、非常有影响力、非常强大的社团。"② 在个人主义和国家主义的浪潮中，个人、国家以及介于两种实体之间的各种群体是分不开的。纵观健康权的发展历史，人们的健康权意识是社会生长而非逻辑建构。健康权的获得一直是社会运动推进立法，在全球卫生法上，全球抗击艾滋病社会运动便是一个最好的注脚。同理，全球卫生关系是社会团结连带的法律关系，在全球卫生法律制度建构中，应顺应现代医学国际化和社会化的趋势，突出医疗卫生服务的"公共性"和国际社会成员彼此之间的连带关系。对于全球健康治理行动，采取国际组织、国家行为体和非国家行为体之间的合作治理模式应为适当。

3. 健康权是消极权利和积极权利的混合权

社会权利是与自由权利相对的权利，两者均以对国家的关系为主轴，但是表现出的法的实质内容是相异的。③ 自由权利是一种消极权利，只要国家不作为就能实现。社会权利是一种积极权利，

---

① 参见夏勇主编：《走向权利的时代（修订本）》，中国政法大学出版社 1999 年版，第640 页。

② ［法］托克维尔：《论美国的民主》，董果良译，商务印书馆 1998 年版，第 874-881 页。

③ 参见［日］大须贺明：《生存权论》，林浩译，法律出版社 2000 年版，第 12 页。

需要国家积极作为予以提供帮助才能实现。[1] 初期现代市民社会的宪法是以自由权为核心建立起来的，而后渐渐吸纳进社会权利。健康权最初表现为一种自由权利、消极权利等。在健康权领域，自由权利尊重健康权领域的个人意思自治，强调国家权力的不作为，表现为一种消极权利。消极权利强调了权利的防御功能，消极权利是一项静止的权利，即人们只有当自己的健康受到损害时，健康权的诉求才能被启动。随着社会经济发展和人们对健康的期望日益增长。消极健康权的维护越来越不能满足人们对获得健康所需物质条件的要求，关于健康权的社会权利和积极权利则更为显现优势。社会权利通常指个人要求国家提供直接的、实体性最低限度的积极作为的权利，集中体现在社会、经济生活方面的诉求，要求国家承担作为的义务。[2] 健康权作为一种社会权利，又表现为一种积极的权利，即公民有权要求国家履行健康义务，要求国家积极作为，建立制度、投入资源以保障公民获得基本医疗卫生服务（受益权功能）。健康权的积极权利，要求国家和社会履行健康义务，国家和社会在人们没有疾病发生的时候，就要提供良好的空气、水、卫生健康设施，以确保获得预防疾病的物质帮助。

4. 健康权是个人权利和集体权利的混合权

每个公民都享有获得最高健康标准的权利（个体性）。健康权的主体主要是个人，集体权利是人权发展到一定历史阶段的产物，如妇女的权利、儿童的权利、老年人的权利、残疾人的权利等。而且

---

① 参见广州大学人权理论研究课题组、李步云：《中国特色社会主义人权理论体系论纲》，载《法学研究》2015 年第 2 期。

② 参见夏正林：《社会权规范研究》，山东人民出版社 2007 年版，第 5 页。

国际公约中，涉及集体的健康权公约越来越多，如《残疾人权利公约》《儿童权利公约》等。健康权具有显著的公共性和外部性，个人健康状态直接影响公共卫生安全和社会整体福祉（集体性）。例如，疫苗接种、隔离措施等传染病防控、环境保护、食品药品安全监管等措施，既保护个体也保护群体，必要时需对个体自由进行合理限制（如强制隔离）。为了实现全球健康正义，有必要把健康权看成是一种更加集体性的而不是个人性的权利。由此，它能够保证世界上所有人都能够享受到健康和安全的权利。全球卫生法上健康权的维护，与其说维护健康权的自由权利、消极权利和个人权利，我们更加倾向于对健康权的社会权利、积极权利和集体权利的维护。对全球健康治理，不是从每个人的个人健康权利保护出发，而往往是对全球集体健康权的优先选择。

三、健康权的诉权

健康对人类的重要性不言而喻。然而，健康作为一项权利——健康权，为人类认知却是晚近的事。[1] 第二次世界大战以来，人权出现了国际化趋势，各国纷纷签订国际性和区域性的人权文件。戈斯廷教授认为，国际性的文件由三部分构成：[2]《联合国宪章》、"国际人权法案"、[3] 特殊人群的安全防范和禁止公然滥用的"核心条约"；[4] 区域性的人权文件主要包括《非洲人权和人民权利宪章》《美洲人权公约》《欧洲社会宪章》等。权利的可诉性，一般被理解

---

[1] 焦洪昌：《论作为基本权利的健康权》，载《中国政法大学学报》2010年第1期。

[2] 参见［美］劳伦斯·O. 戈斯廷：《全球卫生法》，翟宏丽、张立新主译，中国政法大学出版社2016年版，第216页。

[3] 具体包括《世界人权宣言》《公民权利和政治权利国际公约》《经济、社会及文化权利国际公约》及其任择议定书。

[4] 包括《消除一切形式种族歧视国际公约》（ICERD）、《儿童权利公约》、《残疾人权利公约》等九部核心条约。

为权利应受法院或准司法机构审查的能力。当法官能够在具体情景下考虑权利并且这种考虑能产生对这一权利的进一步判决，那么就可以说权利是可诉的。① 传统上，否定健康权等经济、社会和文化权利具有可诉性的观点占据上风，认为经济、社会和文化权利的表述多与国家的发展纲领和政策目标有关，其实施需要国家积极干预，依赖国家提供资源保障。② 但自 20 世纪 90 年代以来，传统观念出现了转变，全世界逐渐承认权利具有可诉性，亦即可裁决性。因此，健康权作为基本权利的一种，具有可诉性。

1. 国家司法路径

诚如南非宪法法院所说，许多公民权利虽然受类似预算因素的影响，但不影响其可诉性。③ 一些国家的尝试足可证明健康权正走出理论深闺，成为司法现实。在为数不多的此类案件中，荷兰、印度、南非对健康权的三种司法救济方式值得注意。④

在荷兰，一部国际条约一旦被荷兰政府批准，就自动成为其国内法的一部分，公民可以依据该国际公约进行司法救济。国际条约是否具有直接效力则是由法院进行判断。

在一个涉及荷兰病人基金会拒绝报销住院费的案件中，阿姆斯特丹上诉法院裁定：病人的住院费应当得到支付，为病人提供医疗保健是合理的，因此基金会应当承担其住院费用。在这个案件中申诉人援引了《经济、社会及文化权利国际公约》第 12 条的规定，尽管法院仍然回避了该公约在荷兰的直接效力问题，但是在该案件中

---

① 王德新：《经济、社会和文化权利可诉性问题探析》，载《北方法学》2010 年第 6 期。
② 彭锡华：《论经济、社会和文化权利的可裁判性》，载《法学杂志》2009 年第 8 期。
③ ［美］劳伦斯·O. 戈斯廷：《全球卫生法》，翟宏丽、张立新主译，中国政法大学出版社 2016 年版，第 232 页。
④ 参见夏立安：《经济和社会权利的可裁决性——从健康权展开》，载《法制与社会发展》2008 年第 2 期。

法院事实上是以该公约的第 12 条对拒绝报销住院费加以司法审查的，因此这一案件也暗含了该国际公约在荷兰国内司法中具有直接效力。

南非虽然签署了《经济、社会及文化权利国际公约》，但至今仍未批准实施。不过，1996 年生效的新《南非共和国宪法》对于公民权利的规定可以说是相当完备，其中包括了卫生保健权、紧急医疗救治权和儿童基本卫生保健权，而且还包括了被拘留人和罪犯的医疗救治权。很显然，南非的宪法制定者力图将健康权的国家义务在宪法中固定下来。[①]

在如此完备的宪法规则之下，南非的健康权诉讼采取的就是违宪审查的这样一种模式。卫生部长诉治疗行动组织案（Minister of Health v. Treatment Action Campaign）是比较典型的一个案例。[②] 2001 年 8 月南非比勒陀利亚法院受理了"治疗行动组织诉卫生部"一案，该案中原告是南非防治艾滋病的非政府组织，它控告南非卫生部拒绝将治疗艾滋病毒的关键药品——奈韦拉平推广使用的行为违反了宪法的相关规定。同年 12 月，该法院作出判决：指令南非卫生部部长在拥有诊所设备的所有公立医院和诊所提供奈韦拉平，指令其制定防治和减少艾滋病毒母婴垂直传播的综合项目纲要，并将这一项目纲要报告法院。随后南非卫生部将该案上诉到南非宪法法院，2002 年 7 月南非宪法法院作出了支持比勒陀利亚法院的判决，认为卫生部有为孕妇和艾滋病毒阳性的妇女提供奈韦拉平的义务。

---

① 参见夏立安：《经济和社会权利的可裁决性——从健康权展开》，载《法制与社会发展》2008 年第 2 期。

② 参见王严：《南非新社会运动探析》，载《非洲研究》2016 年第 2 期。

违宪审查制度本身是保证宪法实施的最重要的宪法制度，已经成为统一国家法治秩序、整合宪法目标与法律目标的最重要制度基石。[①] 南非宪法法院对于健康权违宪审查诉讼的有效尝试为许多国家提供了极大的借鉴意义。

世界有些国家对于健康权原则性地给予了确认，但没有法律在实体上或程序上予以具体落实，无法通过违宪审查制度的方式在国家层面对健康权进行规制。建议弥补结构性立法缺失，对于健康权这种与人密切相关的权利，应当制定相关的法律或者在部门法中对其加以规定。立法的保护是最基础、最全面的，通过在司法中适用法律而非宪法的方式，更能规避"宪法司法化"等问题的争议，对争议的解决、公民权利的保护起到积极而深远的作用。

虽然一些国家在宪法层面尚未提出较好的保护健康诉讼权的路径，这不等于其他的方式就不能作出评价，诉求人权救济。[②] 为保护社会公共利益而提起的公益诉讼可作为一种参考。所谓公益诉讼制度，是指国家、社会组织或者公民个人以原告的诉讼主体资格，对侵犯社会公共利益的行为，向法院提起民事或者行政诉讼，通过法院依法审理，追究违法者法律责任、恢复社会公共利益的诉讼制度。[③]

2. 国际"准司法"路径

当国内救济行不通或者可能有涉外情况的时候，可以寻求国际救济。国际救济机制的完善程度标志着经济和社会权利在国际法层面上的可诉性的程度。[④] 以经济、社会和文化委员会为中心的外部保

---

① 焦洪昌主编：《宪法学》，北京大学出版社 2013 年版，第 92 页。
② 参见林来梵、季彦敏：《人权保障：作为原则的意义》，载《法商研究》2005 年第 4 期。
③ 赵许明：《公益诉讼模式比较与选择》，载《比较法研究》2003 年第 2 期。
④ 参见郭曰君、吕铁贞：《经济和社会权利的国际救济机制述评》，载《环球法律评论》2008 年第 5 期。

护机制，体现为"准司法效力"的报告审查制度，对健康权可裁决、可操作的方向做了精心阐释。1985 年成立的经济、社会及文化权利委员会是联合国负责监督《经济、社会及文化权利国际公约》缔约国履行条约义务情况的机构，《经济、社会及文化权利国际公约》对权利逐步实现的规定，其真正用意是要求无论缔约国贫富，都公平、有效、充分地利用资源，以一切适当方法在短期内实现权利。[①]

根据其规定，缔约国须在公约生效后两年内向委员会提交报告，此后每五年提交一次报告。经济、社会及文化权利委员会研究各国和联合国专门机构送来的报告，向联合国经济、社会及文化权利理事会提出一般性建议，提请缔约国注意其提交的报告中的不足之处，促进缔约国、各国际组织和联合国专门机构采取行动。该委员会的"最后意见"不具有法律约束力，但却具有准司法的效力。

阿曼达·史密斯"阿司匹林"案[②]

阿曼达·史密斯（Amanda Smith）是一个因患了水痘（Chickenpox）而接受乙酰水杨酸（Acetylsalicylic Acid，简称阿司匹林）治疗的孩子，2002 年，她的代理人一纸诉状将英国的卫生大臣［药品安全委员会（Committee on Safety of Medicines）对其负责］告上法庭。1986年 3 月，药品安全委员会认为，依据文献，用阿司匹林治疗儿童发热可能会导致雷氏综合征（Reye's Syndrome），包括对神经系统的严重损伤。由于需要获得企业的支持，委员会一直拖到 1986 年 6 月才发布对该药副作用的警告。这一期间，阿曼达·史密斯一直在接受阿

---

① 何海岚：《〈经济、社会和文化权利国际公约〉实施问题研究》，载《政法论坛》2012年第 1 期。

② ［美］阿尔伯特·［походя］托克斯：《全球医药政策：药品的可持续发展》，翟宏丽、张立新主译，中国政法大学出版社 2016 年版，第 93 页。

司匹林的治疗，因而遭受了严重的损伤，伴有癫痫、四肢麻痹的症状，预期寿命大大减少。伦敦法院审理了这一案件，但驳回了这一指控，裁定委员会延迟发布警告理由充分（如果不推迟发布，已经获得的与企业全面积极合作的光明前景或许会丧失殆尽）。[①]

1975 年，东京地方法院裁决了一起极不寻常却又非常重要的案子。20 世纪初研制出来的氯碘羟喹（Clioquinol）最初是用作皮肤消毒剂。20 世纪 30 年代前后，它又被制成片剂用来治疗腹泻。1935 年以后陆续出现的一些偶发事件的报道及动物研究表明氯碘羟喹能够对神经系统产生毒性作用。1955 年后，日本发现了越来越多的致瘫、致盲的病例，此症状被冠之以亚急性脊髓视神经病（Subacute Myeloneuropathy，简称 SMON）。最初找不到原因，后来越来越多的证据表明罪魁祸首就是在日本广泛使用的氯碘羟喹。之后，单是 1969 年，累计 SMON 报告病例就达 1240 起，日本监管机构禁止了该药的进一步使用。

SMON 的受害者们将涉及的药企诉诸法庭，要求损害赔偿，他们同时向日本政府提出损害赔偿，因为其未能及时地禁止该产品的销售。东京地方法院发现，不利于氯碘羟喹的毒理学证据早在 1967 年就已获得，因而裁定药企和政府共同为该日期后所出现的损害承担责任。至于政府，法院特别指出：

卫生与福利部部长批准或是撤销药品生产许可的权力就是行政监管权力。因此，如果由于该药物的固有缺点而给使用者造成伤害，损害赔偿之责完全应由制造商或进口商来承担。但是，如果管理机

---

① C. Dyer, "Woman damaged by aspirin loses court claim", *BMJ*, Vol. 324, 2002, p. 444.

构的作为或不作为存在法律上的瑕疵。企业以及管理机构（国家或地方政府）在双方均对同样的损害负有赔偿责任的情况下，应承担准连带责任。本庭认为在上述日期后，卫生与福利部部长在行使监管职责时存在不作为过失。因此，本庭认为，政府作为本案中的被告之一，应该承担其他被告所负总责 1/3 的赔偿责任，其他被告对实施伤害负有直接责任。①

尽管这是硕果仅存的公共利益挑战监管政策的成功案例，但是，显而易见的一点是，至少根据英国、欧洲和日本的法律，这些诉求可以被合法地提交到法院。无论是所谓的决策错误还是玩忽职守，这类公共利益案件的一个重要方面是，药品监管往往被视作仅仅涉及商业申请人和企业的一个过程，监管机构也是这样为自己辩护的。我们在前面讨论保密问题时就提到了，现在这个体系是公开透明的。总的来说，必要时，其他机构或者公众可以要求公开材料或部分材料并寻求更正。

四、健康援助的内涵②

戈斯廷教授指出"全球健康"是指富裕国家对贫困国家的健康援助，是一种处于捐赠与授予关系的慈善形式。把全球健康的尝试看成是一种健康援助从根本上是不足的，因为它意味着世界按照需求被分成了捐赠者与被授予者。"援助"的概念也预设和强加了一种一方为施舍者而另一方为依赖者的内在不平等的关系。这使得富裕国家和其他施舍者都相信他们在进行"施舍"。它意味着财政资助和计划主要受到他们的支配，它也意味着施舍者决定了全球健康援助

---

① KICADIS, *SMON Patients vs the State and Others*, Decision of the Tokyo District Court, Kicadis Organizing Committee, Tokyo, 1979.

② ［美］劳伦斯·O. 戈斯廷:《全球卫生法》，翟宏丽、张立新主译，中国政法大学出版社2016 年版，第 16-17 页。

的数量和目标。结果，财政援助的水平无法得到预测，无法满足需求，而从长远上也不具有可持续性。这些健康援助的特征进一步意味着接受国不能为他们国家的居民承担全部的责任，因为他们可以把指责转嫁于捐赠者。

国家间的合作，无论是邻国之间还是各个洲之间，也是共同承担健康风险和共同培养应对风险的能力。人类的健康是一种全球共同的责任，它反映了共同的风险，它是一种要求每个人（即南方和北方、富人和穷人）都需要做出奉献的健康正义的义务。健康的全球管理必须被看作是一种合作关系，而财政和技术的援助则应该被看作是提高全球健康和减少健康不平等这一共同目标的不可分割的一部分。正像非洲联盟（African Union）所说的那样，世界已经走向了一个"大家负有共同责任和全球团结的新时代"。

南南合作（South-South Cooperation）

2012 年，在巴西的帮助下，非洲第一个公共抗反转录病毒药物工厂在莫桑比克建立，是南南合作的代表。发展中国家，特别是金砖国家（BRICS）（巴西、俄罗斯、印度、中国和南非）不断增加的经济和政治力量正在全球管理中不断进行创新。"20 国集团"（G20）主要的经济体已经成为国际关系中一个重要力量。"外交政策"以及"全球健康行动"的领导主要来自南方国家，由 5 个南方国家（巴西、印度尼西亚、墨西哥、塞内加尔和泰国）以及 2 个北方国家（法国和挪威）组成。南南健康合作正不断通过像"20 国南美健康委员会"（The 20-Nation South American Health Council）这样的地区联盟而出现。其目标是强化健康制度和协调基本药品的公平价格。目前的健康合作强调知识的分享和能力的培养。

第三节　全球卫生法的基本范畴

一、全球卫生法的概念和内涵

（一）卫生的概念

"卫生"一词，在我国古代，主要指"养生""护卫生命"。最早记载见于我国战国时期的道家经典《庄子·杂篇·庚桑楚》中。现代汉语里，《辞海》将卫生解释为，为增进人体健康，预防疾病，改善和创造合乎生理要求的生产环境、生活条件所采取的个人和社会措施。一般认为，卫生具有广义和狭义之分，狭义的卫生仅指医疗卫生活动，包括公共卫生、医疗保健、医疗保障、药品保障等医疗卫生活动。广义的卫生是指为维护和保障人体健康而进行的一切个人和社会活动的总和，如环境卫生、医疗卫生、劳动卫生、食品卫生、体育卫生等。

在中国的社会与文化语境中，健康是指没有疾病的状态。"卫生"与"健康"息息相关，源远流长。随着时代的发展，"卫生"从强调个体养生、维护个体健康逐渐扩展为个人和社会健康两个层面，1905 年，清政府设立主司维护健康、预防疾病的"卫生科"，"卫生"一词正式出现在国家行政管理机构名称中，并最终成为表示维护健康、预防疾病这一内容的社会标准用语提供了直接的动力和保障。[①] 发展至今，卫生制度，即为关注健康的制度的理念深入人心，在我国医疗卫生及政策法律领域，"卫生"即"健康"，两个词语表达意思相同。"卫生法"即"健康法"，与西方发达国家之

---

① 张瑞：《论"卫生"在晚清的含义——以〈卫生学问答〉与〈中外卫生要旨〉为中心》，载《河北学刊》2013 年第 3 期。

"Health Law" 意思表达一致。

（二）卫生法的概念

卫生法是指调整在保护人的生命健康活动中所形成的各种社会关系的法律规范的总和。卫生法调整与人体生命健康相关活动中所形成的各种社会关系。主要包括调整生命健康权益保障关系、国际国内对公共卫生管理中形成的法律关系、医疗行为法律关系、医疗新技术应用与发展所形成的新型关系、医药卫生和资源配置关系等。

卫生法有广义和狭义之分，狭义的卫生法仅指医疗卫生法。广义的卫生法除医疗卫生法律外，还包括食品卫生法、环境卫生法、劳动卫生法、体育法中如何保护人类健康的法律制度和规范，其外延十分宽泛。"健康入万策"，今天的社会健康需求，早已不是医疗卫生系统一个部门所能承载的，而是需要医疗卫生以及医疗卫生以外的多个部门的协同和参与才能实现的。因此，广义的卫生法更具包容性和开放性。

根据传统的学术分类，卫生法仅指国内卫生法。但是在世界范围内，由于疾病现象和疾病的治疗方法的同质性，还有全球化背景下国际法与国内法日益紧密的相互影响和融合，世界卫生组织框架下的全球卫生法及国别法等国际卫生立法理论和实践，构成卫生法的重要内容，因此以更为开放的学术视野来看，全球卫生法是卫生法体系的一部分，是卫生法体系的重要分支组成部分。

（三）全球卫生法的概念

全球卫生法是调整保护全球人类健康活动中各种国际关系，包括国际组织、国家行为体及非国家行为体之间各种关系的法律原则、规则和制度的总和。全球卫生法是为了维护全球健康公平和正义，是为了使全世界人民获得尽可能高水平的身心健康而制定的国际法律制度。全球卫生法是全球健康治理重要的法律工具，是现代卫生法律体系的重要组成部分。

法律体系是一个复杂且多层次的概念，可以从不同角度理解，全球卫生法律体系是指一个国家或地区内所有现行法律规范，按照一定的原则、结构和逻辑组成的相互联系、协调统一的有机整体。与全球卫生法的法律渊源概念和内涵不同，全球卫生法的法律体系是更倾向于一种学术分类，不同的学者对于全球卫生法的法律体系的划分存在不同。

全球卫生法有广义和狭义之分。狭义的全球卫生法仅指全球医疗卫生领域的原则、规则和制度，狭义的全球卫生法体系包括全球公共卫生法、全球医疗事务法、全球药品法和全球医疗保障法。狭义的全球卫生法由全球公共卫生法发展而来，随着全球卫生法理论和实践不断发展，全球医疗安全与服务、全球药品安全与可持续发展、与医疗保障相关的全球卫生经济法律制度日渐增多，逐渐被纳入到全球卫生法的体系中来，全球卫生法得以丰富和壮大。

广义的全球卫生法不仅包括世界卫生组织框架下规范全球卫生领域的《国际卫生条例》（International Health Regulations，IHR）、《烟草控制框架公约》以及《国际疾病命名规则》等对国家具有约束力的硬性法律，还包括不具有约束力的全球卫生的健康标准和医疗卫生行业规范等软性法律以及医疗卫生领域以外的其他一切维护人类健康的规范和准则。如国际人权法与健康、世界贸易组织法律与全球健康等主题亦构成广义的全球卫生法的范畴。广义的全球卫生法的参与主体则多种多样，包括国际组织、国家行为体以及非国家行为体等多种多样的全球健康组织结构。而全球卫生法的目标则是尽可能促进这些多元化的全球健康主体形成和谐的合作伙伴关系，实现健康公平与正义，最终为人类谋求尽可能高水平的身体健康和精神健康，为展示、描述、分析和研究全球卫生法的全貌，本书所采用的全球卫生法为广义的全球卫生法。

二、全球卫生法的特征

（一）全球卫生法主体的多元化的特征

利用国际法改善全球健康由来已久。全球卫生法在传统上被称为国际卫生法，属于国际公法的领域。传统上国际公法主要关注主权国家之间的相互作用，更加强调了国家中心主义和国家主权优先原则。通常情况下，非国家行为体的法律地位和作用没有得到应有的重视。以国家为中心的定位，国际法具有很大的局限性。因为国际法主要涉及主权国家的权利和义务，因此它不能轻易地管理从个人和民间团体到基金会和民营企业的非国家行为体。[①]

人类健康已然是全球责任，建立共同负责的框架是全球人类的使命。全球化的加速对全球公共卫生产生了深远的影响，呼吸系统综合症（SARS）等传染病的快速传播，也使人们充分认识到人类面临着跨越国境和地理边界的共同健康威胁。世界上没有任何一个国家可以在全球健康威胁中独善其身。一方面，面对全球健康威胁，在全球健康治理的浪潮下，包括世界卫生组织等国际组织、国家行为体、非国家行为体之间开展健康援助和健康合作已成为当今国际社会的常态，多边组织、民间社会、慈善组织甚至是个人等多种多样的组织和个人在全球、在世界各地的抗击非典、艾滋病、应对全球健康风险中发挥了重要作用。另一方面，从解决国际卫生争议的

---

① ［美］劳伦斯·O.戈斯廷：《全球卫生法》，瞿宏丽、张立新主译，中国政法大学出版社2016年版，第34页。

司法实践上看，世界上各种各样的多元的主体运用国际卫生法律规则和规范解决国际卫生争端，维护自身健康权益。在全球化的时代，人类的健康合作日益加强，全人类采取集体行动应对共同的全球健康灾难的趋势日益凸显。全球卫生法摒弃了国家中心主义，调动和调整全球国际组织、国家行为体及非国家行为体等多元主体，以形成和谐的多元合作伙伴关系去面对人类共同的敌人——健康灾难和威胁而显示了强大的优势。在健康全球治理的浪潮下，国际卫生法已然迈入全球卫生法的时代。

（二）全球卫生法是一门多学科交叉的新兴学科

全球卫生法是典型且复杂的多学科交叉学科。人们需要融合多个学科的知识、理论和方法来理解和应对全球健康挑战。全球卫生法是一门保护全球人类健康的法律，是一个新兴的多学科交叉的学科。全球卫生法与临床医学、公共卫生学、预防医学、流行病学、法学、哲学、心理学、社会学、管理学、人口学、经济学等学科都有交叉。法学是全球卫生法的核心学科，主要涉及国际健康条约、国际人权与健康权、知识产权等众多部门法。全球卫生法在疾病的流行病学特征、传播模式、预防和控制、健康促进、疾病监测、应急响应、卫生系统建设、评估健康干预措施的有效性和公平性、公共卫生伦理等方面与国际公共卫生学相交叉；在涉及国家利益、外交政策与全球健康治理的互动、国际组织的作用、组织结构与决策过程、全球卫生治理、南北分歧、多边主义、全球合作与协调等议题上与国际关系和政治学相交叉；在理解疾病、医学研究和发展的伦理与规范上与医学交叉融合，在涉及医保、卫生经济、全球卫生筹资等领域与经济学相交叉；在健康公平和各方利益平衡上也与伦理学相交叉；全球卫生法还涉及人类学、社会学等领域。全球卫生法需要在国家主权、个人权利和集体健康安全之间寻求平衡。全球卫生法本质上是法学、公共卫生、国际关系、经济学、伦理学、医学、社会学、环境科学等多学科知识在应对跨境健康威胁和促进全球健康公平目标驱动下深度融合的产物。这种多学科交叉性既是其挑战所在，也是其活力和解决复杂问题的潜力源泉。

毋庸置疑，全球卫生法是具有法律约束力的国际法。全球卫生法的产生和发展的社会基础，主要是众多主权国家在医疗卫生、公共卫生、药品贸易与安全等卫生健康治理活动中彼此交往和协作而形成的各种国际关系和整个国际社会的存在。全球卫生法对各个国家的国内卫生法都产生了深远的影响。在各个国家的卫生法上往往呈现了国际法国内化的特点。客观上使得一个国家的国内卫生法增强了全球卫生法的实施效力。

国际法有其自身固有的缺陷，与其他领域的国际法一样，全球卫生法不同于国内法，不能以国内法的标准评判全球卫生法。国际法的强制性比较弱，实施效果有待加强。[①] 一些主权国家不愿意因违背自己的局部利益而采取行动。全球卫生法因不具有主权国家的法律强制力，常常需要依赖国内法实现其法律效力，且一些全球卫生法粗糙模糊，较之国内卫生法，全球卫生法在法律强制和法律效力上还有待加强。

第四节　全球卫生法的法律原则

全球卫生法的法律原则，是体现全球卫生法的法治精神、指导思想和依据的法律准则。是全球卫生法基本理论的重要组成部分。

---

① 古祖雪：《国际法的法律性质再认识——哈特国际法学思想述评》，载《法学评论》1998年第1期。

全球卫生法的法律原则从全球卫生法实践中形成，能够反映全球卫生法的基本理念、解释全球卫生法的本质特征、体现全球卫生法的主导价值，具有高度的抽象性、权威性和稳定性。根据全球卫生法的本质特点、价值目标及功能，全球卫生法的法律原则包括维护健康权的原则、健康公平的原则、遵循医学规律的原则、全球参与的原则、善意原则。

一、维护健康权的原则

从世界范围来看，健康权已被国际法确定为一项基本人权。健康权是全球卫生法的逻辑起点，是全球卫生法学的基石。全球卫生法因维护健康权而存在，健康权的基础性地位是全球卫生法学实践理性的开端，它确定了健康全球治理行动的基本理由，将全球卫生法引向了基本的人类之善。

健康权是人的基本权利，健康权是国际人权法上人的基本权利，也是国家宪法上的基本权利。健康权涵盖了保障健康的物质条件和满足身体和精神双重健康的需求。健康权在法律性质上具有复合性、多维性和动态平衡性。健康权是混合权的观点在当代法学理论中获得了广泛支持。健康权并非单一属性的权利，而是融合了公法属性与私法属性、自由权利和社会权利、消极权利与积极权利、个体权利与集体权利的多维度复合体。

混合权视角下理解健康权的关键意义，健康权在权利性质、法律领域、主体维度上均呈现出显著的复合性与交织性。这种混合权特征反映了健康问题的复杂社会关联性和保障机制的多元协同需求。承认并理解其混合权本质，是构建有效、公平、可持续的健康保障法律体系的理论基石。它要求立法者、执法者和司法者在保障健康权时，必须进行多层次考量、多部门协作、多工具并用，平衡好自由与安全、个体与集体、权利与责任、资源与需求之间的张力。认识到健康权的混合权本质，全球卫生法律实践和制度设计具有重要意义。

健康权的混合权性质要求在全球卫生法上需要建立多元主体责任体系，健康是全人类的责任，不仅是国际组织、国家行为体，还包括非国家行为体、非政府组织、企业和个人也承担相应责任。健康权的混合权性质要求全球卫生建构中，不仅要平衡如传染病患者自由权与公众健康等个体间的权利冲突，也要平衡知识产权（药品专利）保护与公共健康需求（获取廉价仿制药）、资源分配等各方的利益冲突。健康权的混合权性质也要求通过全球卫生法治实现健康权利保障的"立体化"，不仅是国际法，还要求国际法和国内法的联动以及国家层面宪法及其国家内部的行政法、民法、刑法及社会法等多元法律的参与。健康权的混合权性质客观上使全球卫生法呈现出开放性和包容性的特征。

二、健康公平的原则

健康是人类的首要福祉，是人类所有福祉的基础，对健康的需求是人们的一项基本权利，卫生法基于维护这一基本权利——健康权而存在。随着社会经济的发展和人民生活水平的提高，卫生法越来越受到全社会的重视，当前，在中国的发展规划中明确强调了提高社会福祉，包括平等、正义和健康的原则。在当前"健康中国"战略背景下，其作用尤为凸显。健康权是人的一项基本权利，无论人们的社会经济地位如何，每个人都必须有机会得到良好的健康。在法理层面，卫生法确立了健康正义及健康权的基础地位，在操作层面，卫生法不仅需要规训和回应医疗卫生社会环境的转型与变化，还需要应对健康权引发的诸如"器官移植""干细胞研究""安乐死"及"基因编程"对生命本质的操纵等一系列社会难题。卫生法学在我国法治进程中可以扮演重要的角色，卫生法学使人们能够把法律作为一种工具来提高中国人民的健康水平，将有助于中国在国内和国际为提供人类健康和合作中继续作出努力。

卫生法的本质是以生命健康、社会卫生公益为法益的法律。卫生法的根本宗旨是对人类健康权的维护。每个公民都依法享有改善卫生条件，获得基本医疗保健和保障的权利，以增进身体健康，延年益寿，提高生命质量。保护人体健康，让每个人享有医疗卫生保健是社会的基本责任，也是一切卫生工作和卫生立法的最终目的。卫生法以追求人的生命健康为最大利益，此乃卫生法所要达到的最大法益。卫生法的价值在于使卫生服务更加公平和公正。在此背景下，公平是指卫生资源和服务分配与卫生需求相适应，对人类健康权的保护，就是建立一个有效的、综合的根据需要作出反应的卫生法律制度，保证公平对待每一个社会成员，不因贫富贵贱而区别对待，赋予其医疗卫生平等权。

全球健康正义是指公平分配那些为达到最高可能的身体健康和精神健康所需的物质条件和物质帮助。健康权的获得，不是指获得健康的状态，而是指获得保证健康的物质帮助条件。现代卫生法学对于公平正义考量的趋势，早已从对具体的传染性和非传染性疾病等疾病防控和救治问题转移到对医疗卫生资源的可及性问题上。毋庸置疑的是，医疗资源的可及性决定了人的生命质量和健康水平。从世界范围上看，南半球与北半球、贫穷国家与富裕国家、发达地区与不发达地区；在我国，南方和北方、东部和西部、城市和乡村等，社会经济发展的不平衡直接导致了医疗卫生发展的不平衡，同时，在医疗卫生服务体系的内部构造和动态发展上，存在着发展不平衡现象，这些医疗卫生发展的不平衡最为具象的表现就是医疗卫生资源配置的不合理，依据卫生法上健康公平的原则，全球卫生法着重需要解决的是全球医疗卫生资源的合理配置，以获得保证健康的决定因素，确保人人达到尽可能高的健康水平。

三、遵循医学规律的原则

（一）正面适用：好的医学+好的法律=好的卫生法

全球卫生法是多学科的交叉学科，是保障全球健康的法律工具。在众多维护生命健康的手段和方法中，医学及医疗卫生是最为有效和最为专业的手段，是维护人的生命健康最为核心的手段和方法。人类医学的发展史，是基于医学伦理的医学行为进步的历史。全球卫生法需要遵循好的医学规律。将好的成熟的医学行为固定在法律文本中，使之上升为法律规范，既尊重了医学的特点，又体现了法律的优先选择。那些促进健康的优先选择的制度制定，如"大医治未病"，预防为主、防治结合本是医学行为规范，已上升为全球卫生法的基本准则，世界卫生组织现行法中许多关于预防接种、传染病防治、国境卫生检验等的法律规范，均体现了预防为主、防治结合的原则。在全球卫生法上，好的医学规范不仅仅是医学技术进步、医疗方法和手段的娴熟，更需要好的医学良心和医学荣誉，医乃仁术、大爱无疆，医学应是人类在悬壶济世上的楷模。好的医学行为还必须遵循高尚的医学伦理规范。世界卫生组织的医疗卫生准则不仅要保留、固定和体现好的医学行为规范，更应考虑到那些医学伦理规范，如患者自主决定权、患者知情同意权等。在医学科技进步的今天，国际社会医疗领域出现了大量新技术新发明，如人工辅助生殖、器官移植、基因编辑、克隆技术、3D打印医疗，等等。卫生法对这些医学技术进步带来的社会新生事物的回应，更加离不开对医学伦理规范的考察。全球卫生法的法律原则、规则和标准应符合医学规范。好的卫生法与好的医学具有一定的相似性，其最终的目的都是为了维护人的健康和健康权。

（二）反面排除：医与法的交错与背离

现代医学已不再只是一种复杂的科学技术体系，而成为了一种庞大的社会服务体系，现代医学呈现了社会化的趋势。医学的社会化是一把双刃剑，医学的高风险性、医疗行为的不确定性和不可逆性等医学固有的缺陷常常令人失望，为医患矛盾、不健康因素的形成埋下隐患。医学在促进个体健康、群体健康及社会健康的同时，客观上也将医疗矛盾嵌入了社会。长期困扰人类社会的医疗纠纷问题便是一个充分的例证。因此，全球卫生法的立法在吸纳好的医学规范并将其上升为法律规范的同时，亦应警惕医学在社会生活中的固有缺陷，并加以调整和矫治。

现代医学模式，已由生物医学模式向生物-心理-社会医学模式转变，新的医学模式更加关注人的社会生存状态，从生物与社会结合的角度理解健康和疾病。体现在医疗卫生关系中，就是尊重人的生命和医疗权利，更加凸显医者的社会责任，更加强调医患双方的权利和义务。[1] 然而，常常被法律所忽视的是，医生和病人并不是医患关系中唯一的因素。[2] 医生和患者，本是普通的人际关系，而横亘于医生和患者之间的医学专业这门"艺术"，使医生和患者的地位发生了质的变化。[3] 医学如此神秘，因此也就形成了一种具有高超的、

---

[1] 参见伍天章主编：《医学伦理学》，高等教育出版社 2008 年版，第 91-92 页。

[2] 参见［美］恩格尔哈特：《生命伦理学基础》，范瑞平译，北京大学出版社 2006 年版，第 291 页。

[3] 参见［美］恩格尔哈特：《生命伦理学基础》，范瑞平译，北京大学出版社 2006 年版，第 295 页。

复杂的医学专业知识的精英思想和高高在上的父权思想。某些医生有时自命不凡,在现代医学高度发展的今天,某些医生仍然没有养成谦抑的品格,此时,即使道义和法律肯定了患者健康权利的追求,这项权利也在复杂神秘的医学专业面前变得虚幻模糊。医患关系由于医学专业这门艺术的参与而变得复杂。健康权及健康正义是法律的理想和夙愿,然而,该理想和夙愿的法律实践必须考虑到医学伦理在现实中的异化,并发挥法律的优势加以抑制和扭转。

四、全球参与的原则

在卫生关系中,信赖是卫生关系存在的前提和基础,合作是卫生关系存在的基本形式。卫生关系是一种社会团结连带关系。全球卫生法法律关系的一个突出的特点是全球各种各样的健康主体的社会团结连带关系。因此,从全球卫生法法律关系的内部结构来看,全球参与的原则是卫生法调整卫生关系的基本准则。全球参与的原则作为全球卫生法基本原则的基础,源于全球健康治理活动中所有行为合作伙伴关系的特殊性,为维护全球健康,抗击疾病及不健康因素,需要国际组织、国家行为体和非国家行为体、非政府组织甚至个人共同参与和合作,有关个体健康、群体健康、社会健康和全球健康,需要全球的共同参与,开展卓有成效的集体行动。全球卫生法的实施,有赖于全球国际社会的广泛参与。这一原则体现了全球健康治理的社会性。真正的卫生健康的进步要求团结,所有的参与者都承担相互的健康职责,无论是国际社会、国家、政府、社会还是个人,都要尽到自己的义务以保障人的生命健康和安全条件。真正的卫生健康进步要求全球的团结,所有的国家和参与者都承担相互的健康职责。国际团结要求一种平等的合作关系——所有参与者,无论是国内的还是国际的,都要尽到自己的义务并为各地的人民保障健康和安全创造条件。[①]

传统上的健康全球治理，通常强调的是医疗卫生部门的健康责任和义务。然而，全球化浪潮下，对于全球健康威胁，需要强化和完善医疗卫生领域的责任和义务，同时也必须采取卫生健康领域以外的措施。全球健康方面最根本的是必须动员全球的卫生组织以及卫生组织以外的其他国际组织，同时，也必须采用动员"整个国家和整个社会"共同行动。在全球健康治理理念下，"健康入万策"（Health-in-all Policy，HiAP）已成为全世界的共识。世界卫生组织应当敦促全世界所有国际组织和各国家政府部门把健康融入其政策和实践。

五、善意原则

在迅速全球化的当下，国家卫生与世界卫生的传统界限正逐渐变得模糊不清。全球的社会成员在卫生安全问题上彼此依赖，特别是在全球化带来了众多不可预知的健康风险和全球卫生治理的挑战时。[②] 善意原则作为国际法上准则，在全球治理中的国际合作、义务履行以及向前推动方面发挥着至关重要的指导作用。全球卫生法善意原则要求，全球卫生法律实施过程中，全球卫生法各方主体应遵守承诺，并善意履行法律规定。这一原则强调全球卫生法主体在执行法律时应当出于善意，确保法律的公正执行和有效实施。例如，《国际卫生条例》明确授权缔约国在面对突如其来的公共卫生事件时，可以采取超出世界卫生组织所推荐的"额外卫生措施"。然而，这些措施的采取并非毫无节制，而是必须严格基于科学依据、遵循比例原则，

[①] ［美］劳伦斯·O. 戈斯廷：《全球卫生法》，翟宏丽、张立新主译，中国政法大学出版社2016年版，第9页。

[②] 劳伦斯·O. 高斯汀、艾琳·L. 泰勒、郭晓明：《全球卫生法：一个定义和重大挑战》，载《法治社会》2022年第2期。

并且以善意（Good Faith）作为不可或缺的前提条件。《国际卫生条例》规定在正式宣布"国际关注的突发公共卫生事件"（PHEIC）之后，缔约国需以真诚的善意，灵活协调本国的防疫需求与国际合作义务，力求在两者之间找到最佳平衡点，避免因单方面过度限制措施而引发不必要的国际矛盾。①

国际法中"善意"概念仍然模糊，《国际卫生条例》中善意原则相关条款具有不明确性，在具体实践中常常容易导致措施的合理性依赖于个案判断，也容易偏离善意原则的初衷。借鉴世界贸易组织（World Trade Organization，简称 WTO）的成熟做法是通过组建专门的专家组对条款的具体适用场景进行详尽且细致的阐释。例如，在探讨善意原则的适用场景时，不仅应涵盖风险评估方法、措施期限等关键性问题，还应深入分析其在不同情境下的具体表现和可能产生的效果。这与 WTO 专家组在处理各类案件时的职责高度相似，即通过客观、全面地评估案件事实，并提出建设性的建议，从而帮助各缔约方更加深入地理解和切实履行条约义务。② WTO 争端解决机制中反复强调的善意原则，对于世界卫生组织而言同样具有重要的借鉴意义。

善意原则不仅要求缔约方在履行条约义务时必须秉持负责任的态度，还强调要避免任何形式的权利滥用或武断行为。世界卫生组织在制定操作性指南时，可以明确要求各缔约方在实施《国际卫生条例》过程中，必须严格基于诚信原则进行风险评估，并采取与之

---

① 刘凯旋：《〈国际卫生条例〉额外卫生措施适用研究》，大连海事大学 2023 年硕士学位论文。

② 张乃根：《论 WTO 争端解决的条约解释》，载《复旦学报》（社会科学版）2006 年第1 期。

相应的措施，同时确保这些措施的合理性和必要性。[①] 为此，世界卫生组织内部应增设法律监督委员会这类常设机构，核心目标在于通过系统化地监督各缔约国的履约情况，并提供必要的技术援助，以确保全球健康领域的法律实施。在全球卫生法的框架内，善意原则，其核心本质在于巧妙地平衡主权国家的自主性与全球健康利益的普遍性。各个国家在处理全球健康问题时，需要超越单纯的短期利益博弈，摒弃狭隘的思维，以更加开放和包容的姿态积极践行善意原则。

第五节　全球卫生法的功能

法的功能是指法律在社会生活中所发挥的作用和效能，是法律本质和目的的具体体现。

毋庸置疑，全球卫生法是具有法律约束力的国际法。全球卫生法对各个国家的国内卫生法产生了深远的影响。在各个国家内部的卫生法上往往呈现了国际法国内化的特点。全球卫生法需要依赖国家的卫生法律制度来实现其法律效力。因此，全球卫生法的制定对各个国家和国际健康治理均产生了深远的影响。

一、健康权的国家义务的履行

为维护民众的健康权，国家需要建立和逐步完善本国的一系列基本医疗卫生制度。国家有义务为本国居民提供达到最高水平的身体和精神健康的物质条件和物质帮助。

---

① 李先波、钟月辉：《WTO 争端解决机制权力的扩张——几类 WTO 争端解决机构管辖的特殊事项》，载《当代法学》2005 年第 6 期。

国家需要建立公共卫生、医疗服务、药品供应及医疗保障制度。为维护公民健康权，满足本国居民的健康要求，国家有义务和责任建立医疗卫生体系，为本国居民提供健康所需的基本服务和物品，以使本国居民获得达到最高水平的物质帮助。

在我国，2009 年 3 月 17 日公布的《中共中央、国务院关于深化医药卫生体制改革的意见》提出建立中国特色医药卫生体制，逐步实现人人享有基本医疗卫生服务的目标。该文件提出"到 2020 年，覆盖城乡居民的基本医疗卫生制度基本建立。普遍建立比较完善的公共卫生服务体系和医疗服务体系，比较健全的医疗保障体系，比较规范的药品供应保障体系，比较科学的医疗卫生机构管理体制和运行机制，形成多元办医格局，人人享有基本医疗卫生服务，基本适应人民群众多层次的医疗卫生需求，人民群众健康水平进一步提高。"成为新医改的纲领性文件。中共中央、国务院印发的《"健康中国 2030"规划纲要》，其第三章"战略目标"提出："到 2020 年，建立覆盖城乡居民的中国特色基本医疗卫生制度，健康素养水平持续提高，健康服务体系完善高效，人人享有基本医疗卫生服务和基本体育健身服务，基本形成内涵丰富、结构合理的健康产业体系，主要健康指标居于中高收入国家前列。到 2030 年，促进全民健康的制度体系更加完善，健康领域发展更加协调，健康生活方式得到普及，健康服务质量和健康保障水平不断提高，健康产业繁荣发展，基本实现健康公平，主要健康指标进入高收入国家行列。到 2050 年，建成与社会主义现代化国家相适应的健康国家。到 2030 年具体实现以下目标：人民健康水平持续提升。人民身体素质明显增强，2030 年人均预期寿命达到 79.0 岁，人均健康预期寿命显著提高。主要健康危险因素得到有效控制。全民健康素养大幅提高，健康生活方式得到全面普及，有利于健康的生产生活环境基本形成，食品药品安全得到有效保障，消除一批重大疾病危害。健康服务能力大幅提升。优质高效的整合型医疗卫生服务体系和完善的全民健身公共服务体系全面建立，健康保障体系进一步完善，健康科技创新整体实力位居世界前列，健康服务质量和水平明显提高。健康产业规模显著扩大。建立起体系完整、结构优化的健康产业体系，形成一批具有较强创新能力和国际竞争力的大型企业，成为国民经济支柱性产业。促进健康的制度体系更加完善。有利于健康的政策法律法规体系进一步健全，健康领域治理体系和治理能力基本实现现代化。"2016 年 8 月全国卫生与健康大会召开。会议指出："各级党委和政府要增强责任感和紧迫感，把人民健康放在优先发展的战略地位，以普及健康生活、优化健康服务、完善健康保障、建设健康环境、发展健康产业为重点，坚持问题导向，抓紧补齐短板，加快推进健康中国建设，努力全方位、全周期保障人民健康，为实现'两个一百年'奋斗目标、实现中华民族伟大复兴的中国梦打下坚实健康基础……要坚持正确的卫生与健康工作方针，以基层为重点，以改革创新为动力，预防为主，中西医并重，将健康融入所有政策，人民共建共享。要坚持基本医疗卫生事业的公益性，不断完善制度、扩展服务、提高质量，让广大人民群众享有公平可及、系统连续的预防、治疗、康复、健康促进等健康服务。要坚持提高医疗卫生服务质量和水平，让全体人民公平获得。要坚持正确处理政府和市场关系，在基本医疗卫生服务领域政府要有所为，在非基本医疗卫生服务领域市场要有活力。"2016 年 12 月 27 日公布施行的《国务院关于印发"十三五"深化医药卫生体制改革规划的通知》提出："到 2017 年，基本形成较为系统的基本医疗卫生制度政策框架。分级诊疗政策体系逐步完善，现代医院管理制度和综合监管制度建设加快推进，全民医疗保障制度更加高效，药品生产流通使用政策进一步健全。到 2020 年，普遍建立比较完善的公共卫生服务体系和医疗服务体系、比较健全的医疗保障体系、比较规范的药品供应保障体系和综合监管体系、比较科学的医疗卫生机构管理体制和运行机制。经过持续努力，基本建立覆盖城乡居民的基本医疗卫生制度，实现人人享有基本医疗卫生服务，基本适应人民群众多层次的医疗卫生需求，我国居民人均预期寿命比 2015 年提高 1 岁，孕产妇死亡率下降到 18/10 万，婴儿死亡率下降到 7.5‰，5 岁以下儿童死亡率下降到 9.5‰，主要健康指标居于中高收入国家前列，个人卫生支出占卫生总费用的比重下降到 28% 左右。"

我国医疗卫生服务体系包括公共卫生服务、医疗卫生服务、药品供应保障及医疗保障。根据医疗卫生服务体系分类，医疗卫生领域的法律制度包括公共卫生法、医事法、药事法、医疗保障法及全球卫生法。其中公共卫生法包括卫生监督、卫生检疫、疾病预防、采供血、健康教育、妇幼保健、传染病防治、职业病防治、麻风病防治、突发公共卫生事件等公共卫生服务法律规范及规律。医事法为规范医疗服务主体及医疗行为规范的法律，具体包括的责任有医疗执业行政法律责任、医疗侵权责任、医疗违约责任、医事刑事法律责任。医事法还包括医疗技术临床准入、医事程序法、医疗新技术等法律规范。药事法包括药品研发、生产、流通、使用等法律规范及其运行规律。医疗保障法包括医疗社会保险、健康保险、社会救助、互助保险等的法律规范。目前我国在医疗、医药、医保等领域的法律法规日趋健全。

由于生物-心理-社会医学模式的产生、疾病谱不断变迁及与医疗卫生相关的科学技术迅猛发展，新的医疗技术，新药临床应用，医疗卫生管理，卫生防疫，国际、国家卫生管理、调控等法律、政策的制定、修改和更新迅速，卫生法体系发展也在不断发展和完善中。

中国卫生法治的发展，中国卫生法治体系的健全，是新时代的呼唤。在当今的中国，医疗卫生法成为一个独立的部门法已经成为立法者、执法者和法学研究者的广泛共识。一个国家，承担着独立和集体的责任。政府有责任通过国内的卫生立法和安全法规来维护自己公民的权利。中国卫生法是管理中国人口健康的规则、规范、制度和程序的综合性法律规范。而如何运用法治思维，如何坚持民主立法、科学立法，如何确定我国立法思想、立法范围、权利义务，如何确保医疗、医药、医保制度的联动都将成为立法者和全社会关注的重中之重。

放眼世界，从卫生法立法趋势来看，世界经济的全球化必然推动法律的全球化，国际法与国内法正在呈现融合之势。尤其在医疗卫生领域，健康是全人类的共同价值追求，较之其他领域，生命和医学在技术标准、人文关怀等方面更具有全世界的共通性，这为卫生法立法国际化提供了客观条件。当前，构建"人类命运共同体"理念深入人心，中国已经不再是一个地理意义上的孤立的国家，而是一个世界结构中的中国。[①] 因此，中国卫生法治在强调中国本土化和中国特色的同时，以国际化的视野积极探索立法国际化的新课题，

---

① 参见邓正来：《谁之全球化？何种法哲学？：开放性全球化观与中国法律哲学建构论纲》，商务印书馆 2009 年版，第 15 页。

有助于推进中国医疗卫生创新法律制度的建设。

同全世界发展中国家一样，在中国的卫生健康领域，健康危害不仅来自疾病和灾害，也来自医疗卫生资源配置不平衡，世界卫生组织所倡导的医疗保障全覆盖体现了人类对健康正义的价值追求。

在医疗服务领域，为盘活有限的医院和医生资源和实现医疗资源下沉实现医疗服务人人均等，中国正在推进公立医院改革、大力发展社会办医、医生自由执业、医生多点执业等策略，有关医生集团、新兴的医疗集团、互联网医疗平台等应运而生。而相应的医疗卫生服务法律法规，尤其是卫生行政监督法亟待调整，这已成为卫生立法的当务之急。

在中国公共卫生领域，立法将从传统的传染病防治法向环境、人口、卫生经济等领域拓展。在消灭贫困和疾病救助方面，中国有关医疗慈善、医疗救助的立法亟待加强。

当今世界正面临着空气污染、气候变化、非传染性疾病、全球流感大流行、脆弱和易受攻击的环境、抗生素耐药性、埃博拉病毒、高威胁病原体、初级卫生保健薄弱、拒绝接种疫苗、登革热、艾滋病毒等多种健康威胁。[①] 进入新世纪以来，由于工业化、城镇化、人口老龄化，由于疾病谱、生态环境、生活方式不断变化，我国仍然面临多重疾病威胁并存、多种健康影响因素交织的复杂局面。

挑战与机遇并存。"健康入万策"。在当今中国推进全面依法治国的新时代，今日的中国，比以往任何时候都更加重视卫生法治的建设，中国正在和全世界一起，为人类所期许的个体健康、群体健康、社会健康乃至全球健康而不懈努力。"实践发展永无止境，立法

---

① 《世界卫生组织发布 10 大全球健康威胁》，载 https://world.people.com.cn/n1/2019/0122/c1002-30585386.html，最后访问日期：2025 年 7 月 29 日。

工作也永无止境"，中国的卫生法治正在为实现保障人民健康的最高目标，同时为所有中国人，包括那些最贫困的人口公平地分配良好健康的权益作出积极努力。

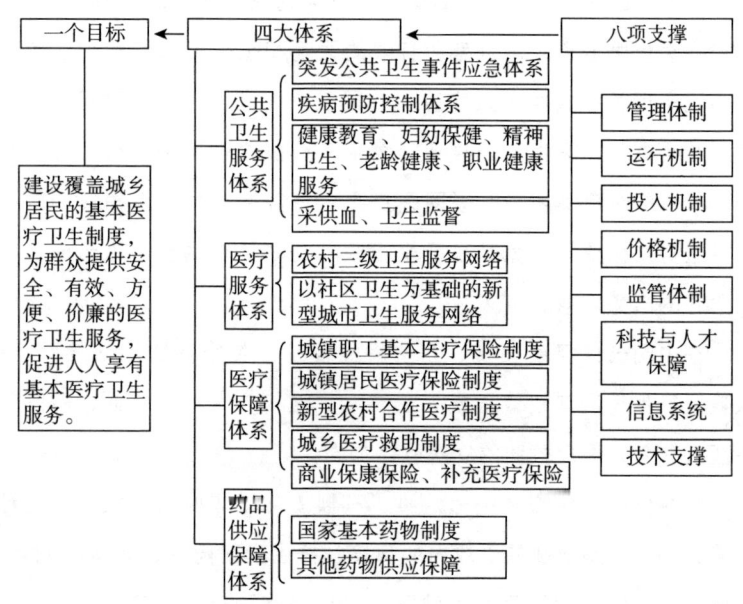

图1-1 我国基本医疗卫生制度框架

二、国际社会的健康义务

世界卫生组织估计，一套基本的卫生健康服务每人每年大约花费60美元，另外还需进一步投资以满足基本的人类需要。在低收入国家，实际上，税收政策不能为政府预留出更多的收入，因为它已经占国民总收入（GNI）的20%。只有那些人均年收入超过2000美元的国家才有能力提供最基本的健康服务。如果只利用国内资源，只有那些人均年收入超过2000美元的国家才可以以最低的国民总收入来提供基本的卫生健康保健。超过1/3的世界人口居住在人均年收入低于 2000 美元的国家。因此，需要外来的帮助为这些数以亿计的人们提供基本的卫生健康保障。[①]

世界卫生组织估计，富裕国家需要花费大约 0.1% 的国民总收入为国际健康发展提供帮助。如果低中等收入国家能够为自己的居民提供一个合理水平的健康服务，那么富裕国家就必须保证提供可预测的、可持续的和可以满足要求的资金支持。[②]

虽然发展中国家本身具有明显的、无可争议的义务。以在他们本国解决自身的问题。但是国际社会已经积极承担起诸如提供救援、经济支援以及指导等义务。否则，这些义务难以承担。如果说大多数工业化的国家现在承认，至少在理论上，在这方面他们是有责任和义务的，也是合情合理的。

面对国际上各个国家和地区的健康差距，国际社会已经采取重大措施来提升整体健康水平并促进发展。联合国的千禧年发展目标（MDGs）致力于帮助社会弱势群体脱离贫困。巴黎有效援助宣言和阿克拉行动日程都强调合作伙伴间的和谐、国家战略间的合作以及对结果的责任担当。治疗艾滋病、肺炎和猩红热的"全球基金"已筹集了数亿美元资助发展中国家开展健康治理。

所有国家都有义务履行促进健康的共同责任，为确保共同责任的履行，确立一套更加强大的、有效的制度和安排。地球上的所有人都应负起为了全球健康平等所进行的全球健康治理的共同责任。建立起有效的全球健康管理制度则显得尤为必要。

---

① 参见［美］劳伦斯·O.戈斯廷：《全球卫生法》，翟宏丽、张立新主译，中国政法大学出版社 2016 版，第 24 页。

② 参见［美］劳伦斯·O.戈斯廷：《全球卫生法》，翟宏丽、张立新主译，中国政法大学出版社 2016 版，第 24 页。

第六节　全球卫生法的法律渊源

国际法的渊源就是国际法的表现形式。[①] 国际法的表现形式是指按照一定程序协调各国的意志并确定为对国际法主体具有拘束力的各种国际法原则、制度、规则。[②]

一、全球卫生法上的国际条约

联合国《国际法院规约》（The UN's Statute of the International Court of Justice）第 38 条规定："一、法院对于陈诉各项争端，应依国际法裁判之，裁判时应适用：（一）不论普通或特别国际协约，确立诉讼当事国明白承认之规条者。（二）国际习惯，作为惯例之证明而经接受为法律者。（三）一般法律原则为文明各国所承认者。（四）在第五十九条规定之下，司法判例及各国权威最高之公法学家学说，作为确定法律原则之补助资料者。二、前项规定不妨碍法院经当事国同意本'公允及善良'原则裁判案件之权。"此条将国际法条约、习惯和一般原则规定为国际法的主要来源。国际条约是国家或其他国际法主体之间依据国际法所缔结的、旨在确定其相互权利义务关系的书面协议。1969 年签订，1980 年生效的《维也纳条约法公约》第 1 条规定："本公约之范围 本公约适用于国家间之条约。"国际条约是国家之间的国际协定，受国际规则制约。是国际法的最为重要的渊源，也是国际交往中具有法律约束力的核心工具。条约通常以正式文件形式存在，但口头协议在特定情况下也可能被认可。

---

① 参见周中海等：《国际法学述评》，法律出版社 2001 年版，第 42-43 页。
② 孙世彦主编：《国际法学的新发展》，中国社会科学出版社 2010 年版，第 5 页。

　　国际条约在确立国家间合作的法律框架，细化具体领域的规则，提供和平解决冲突的途径，明确争议问题的处理方式，推动经济、科技、文化等领域合作，应对全球性问题，维护国际秩序，稳定赋予国际组织职权，建立国际组织，规定国际组织职能方面具有重要作用。例如，《世界卫生组织组织法》授权世界卫生组织协调全球卫生事务的职责。依据《维也纳条约法公约》第 26 条规定的"条约必须遵守"原则，条约缔约方必须遵守。当条约可能与国内法冲突的情形下，部分国家规定条约优先。

　　国际条约有广义和狭义之分。狭义的国际条约通常指双边（两国之间）或成员数量较少的协议。广义的国际条约泛指国家或其他国际法主体之间缔结的、以国际法为准的书面协议，具有法律约束力。国际公约是多边条约的一种特定形式，通常由多个国家（尤其是全球性或区域性组织）通过国际会议或国际组织（如联合国）协商制定，面向国际社会开放加入。

　　为应对全球健康威胁，制定具有约束力义务的国际法是必要的，国家更有可能遵守作为国际关系事务的条约。作为一个规范性的组织，世界卫生组织具有广泛的使命和法律权力。世界卫生组织框架下，世界卫生组织成员国通过世界卫生组织发起和组织的谈判、协商制定的国际公约主要有三部，分别是《国际卫生条例》《烟草控制框架公约》及《国际疾病命名规则》，上述国际公约是全球健康的普遍性规则和广泛性规则，鼓励各国广泛加入。

　　由世界卫生组织发起并组织，经世界卫生组织各成员国谈判订立的《国际卫生条例（2005）》。2024 年的世界卫生大会再次组织世界卫生组织成员国谈判协商，对《国际卫生条例（2005）》进行了新一轮的修订。《烟草控制框架公约》是世界卫生大会根据《世界卫生组织组织法》第 19 条（其授予世界卫生大会以 2/3 的选票"通过公约或协议"的权力）批准。其表现形式为国际公约的议定书。《国际疾病命名规则》主要由世界卫生组织通过《国际疾病分类》（International Classification of Diseases，简称 ICD）体系制定，旨在统一全球疾病、损伤和死因的统计、诊断和分类标准。ICD 体系中疾病按病因、解剖部位、病理特征等分类，按照 ICD 编码规则，采用字母数字编码，每个疾病都有唯一的编码。2025 年 5 月，第七十八届世界卫生大会审议通过《世界卫生组织大流行协定》（WHO Pandemics Agreement），是全球首个大流行病专项协定。该协定明确了覆盖疫苗、治疗及诊断技术等领域的多边合作框架，创新性设立"病原体获取与惠益分享系统"。按照该协定，签约的制药商将向世界卫生组织提供针对突发大流行的病原体的安全、优质、有效的疫苗、治疗方法和诊断工具，目标是实时产量的 20%，并根据公共卫生风险和需求向各国分发这些产品，特别是发展中国家的需要。《世界卫生组织大流行协定》将在 60 个国家批准后生效。

全球卫生法中的国际条约的另一个来源是国际人权法。当今世界，人权观已被普遍接受。人权法以人人享有固有的平等和尊严为核心宗旨，对于促进健康平等和正义影响非凡。在诸多国际人权法律规范中述及健康权保护。如《消除一切形式种族歧视国际公约》《公民权利和政治权利国际公约》《经济、社会及文化权利国际公约》《消除对妇女一切形式歧视公约》《禁止酷刑和其他残忍、不人道或有辱人格的待遇或处罚公约》《儿童权利公约》《保护所有移徙工人及其家庭成员权利国际公约》《残疾人权利公约》《〈经济、社会及文化权利国际公约〉任择议定书》《〈公民权利和政治权利国际公约〉任择议定书》《〈消除对妇女一切形式歧视公约〉任择议定书》

《儿童权利公约关于儿童卷入武装冲突问题的任择议定书》《〈儿童权利公约〉关于买卖儿童、儿童卖淫和儿童色情制品问题的任择议定书》《〈禁止酷刑和其他残忍、不人道或有辱人格的待遇或处罚公约〉任择议定书》及《〈残疾人权利公约〉任择协定书》等。在这些"国际人权法案"中，将健康权维护纳入其中，以保障每个人享有最高标准的身心健康，构成了全球卫生法的重要法律渊源。

在全球卫生法的法律渊源上，国际条约的多样性深刻影响和促进了全球卫生法的发展。除了世界卫生组织条约和国际人权法上的健康权外，还有众多的国际法律制度与健康主题相关联，例如，国际贸易和知识产权领域中有一些涉及健康保护的国际条约，这些国际条约中涉及健康保护的法律规范亦是全球卫生法的法律渊源。

二、全球卫生法上的国际习惯法

国际习惯法（Customary International Law，CIL）是指由普遍的、一致的国家实践确立的法律规范。[①] 国际习惯法是国际法的重要渊源之一，由国家的实践（国家惯例）和法律确信（Opinio Juris）共同构成，具有普遍约束力。国际习惯法产生于各国普遍一致的实践，即使未被写入条约，习惯法仍有效，被各国出于法律义务而遵守。全球卫生法中的国际习惯法是指在国际健康领域中，通过国家实践和法律确信形成的具有普遍约束力的不成文规则。这些规则虽未明文写入条约，但被国际社会广泛接受为法律义务。全球卫生法中涉及的国际习惯法原则及相关内容有以下几个方面：

第一，国家主权与健康治理的平衡。依据国家主权原则，各国对其领土内的公共卫生事务拥有主权，包括制定卫生政策、实施检

---

① 国际习惯法产生于各国普遍的和一致的实践，而且这种实践被各国出于法律义务而普遍遵守。

疫措施等。而限制主权的国际习惯法义务通常要求国家在应对跨国公共卫生风险（如传染病）时，需遵守不损害他国利益的义务（如《国际卫生条例》体现的"不伤害原则"）。

第二，传染病控制的国际合作义务。国家有义务向世界卫生组织及时通报可能构成国际关注的突发公共卫生事件的疫情。这一义务源于长期实践（如《国际卫生条例》的前身《国际卫生公约》），并可能已形成国际习惯法。国际合作应对公共卫生危机的实践中信息共享与透明可能正在形成国际习惯法。

第三，人权保护的义务。非歧视原则要求在公共卫生措施中不得基于种族、国籍等因素实施歧视性限制（如旅行禁令），这一原则可能源于国际人权法的国际习惯法义务。限制个人自由（如隔离）的措施必须符合比例原则和必要性原则，且以科学证据为基础。

第四，尽管《国际卫生条例》本身是条约法，但其中某些条款（如疫情通报义务）可能反映了既有的国际习惯法。《国际卫生条例》缔约国需具备监测和应对公共卫生事件的能力，这一义务可能逐渐被接受为国际习惯法。

在法律实践中，各国的实际行为经常与理想中的规则冲突，可能阻碍国际习惯法的形成，导致实践上的不一致。许多国家在实施卫生措施时总是更基于政治而非法律义务，导致国际习惯法难以确立，存在一定程度上的法律确信的缺失。全球卫生法中的国际习惯法仍处于发展之中，核心义务（如疫情通报、非歧视）可能已形成，但具体范围存在争议。全球卫生法条约（如《国际卫生条例》）和世界卫生组织框架下的软法对习惯法的塑造起到关键作用，未来需通过国家实践的一致性强化相关规则的法律地位。

三、全球卫生法上的一般法律原则

国际法上的一般法律原则是国际法律体系高效、公正运行的关键要素。它们源于世界各国法律体系的共同智慧,在缺乏明确条约或国际习惯法时提供法律依据,在解释现有规则时提供指导,并确保国际法律程序的基本公正。它们是国际法灵活性和适应性的重要保障。一般法律原则是指被国家的法律体系认可的,强调国内法广泛原则的一套法律。①《国际法院规约》第 38 条规定:"一、法院对于陈诉各项争端,应依国际法裁判之,裁判时应适用:(一)不论普通或特别国际协约,确立诉讼当事国明白承认之规条者。(二)国际习惯,作为惯例之证明而经接受为法律者。(三)一般法律原则为文明各国所承认者。(四)在第五十九条规定之下,司法判例及各国权威最高之公法学家学说,作为确定法律原则之补助资料者。二、前项规定不妨碍法院经当事国同意本'公允及善良'原则裁判案件之权。"该条确定了国际法上的一般法律原则是国际法的三大主要渊源之一,与国际条约和国际习惯法并列。它们是指被世界各国法律体系普遍承认的、具有根本性和基础性的法律原则。一般性法律原则涵盖范围广泛,如善意原则、公平公正原则、禁止权利滥用原则、禁止反言原则、程序正义原则等。国际法上的一般法律原则在条约和习惯法没有规定时提供解决方案,填补法律空白,为国家在国际关系中的行为提供基本的法律准则。一般法律原则更侧重于法律技术层面和普遍的法律逻辑,它们为整个法律体系(包括基本原则的具体适用)提供支撑,其来源主要是各国国内法的共通之处,适用范围更广泛。全球卫生法是国际法的一部分,国际法上的一般法律

---

① [英]亨利·J. 施泰纳:《国际人权语境:法律、政治、道德》,牛津大学出版社 2008 年版,第 85-96 页。

原则同样适用于全球卫生法。

四、全球卫生法上的软性规范

世界卫生组织的规范作用，还包括采用各种软性的、不具有约束力文件的职责。世界卫生组织制定的医疗卫生工作准则、全球战略和行动计划，被各个国家广泛接受。世界卫生组织的软性规范是全球卫生法重要的法律渊源。

《世界卫生组织组织法》第 2 条规定："为达到其目的，本组织的任务应为：1. 担任国际卫生工作的指导与协调主权。2. 与联合国、专门机构、各国政府卫生行政主管，各学术或职业团体、及其所认为适当的其他组织建立并维持有效的关系。3. 根据申请，协助各国政府加强卫生业务。4. 根据各国政府申请，或愿予接受的情况下，提供适当的技术援助，并在紧急情况下给予必要的救济。5. 根据联合国申请，对特殊组合，例如联合国托管区人民，提供或协助提供卫生业务与设备。6. 在需要时，设置并维持行政与技术业务，包括流行病学及统计业务。7. 促成并推进消灭流行病、地方病、及其他疾病的工作。8. 必要时，与其他专门机构合作，加强防止意外创伤事故。9. 必要时，与其他专门机构合作，促成增进营养、住宅建设、环境卫生、文娱、经济或工作的条件、以及其他环境方面的保健工作。10. 促成致力于增进健康的科学与职业团体间的合作。11. 提议国际公约、协定与规章的签订及对其他国际卫生事态，提出建议并执行由此授予与本组织目的相一致的各项任务。12. 促进妇幼卫生及福利，并培育其在不断变化的总环境中具有融洽生活的能力。13. 促进在精神卫生方面的活动，特别是影响人类的和睦关系的活动。14. 促进并执行卫生研究工作。15. 促进医学、卫生及其有关专业方面的教学与培训标准的改进。16. 从预防与治疗的观点出发，必要时同其他专门机构合作，对各项足以影响公共卫生与医疗保健的行政管理及社会设施的技术，包括医院业务及社会安全方面进行研究并提出报告。17. 提供卫生领域的情报，咨询及协助。18. 协助培养各国人民对于卫生问题的正确舆论。19. 根据需要，制定并修订有关疾病、死因、及公共卫生实施方面的国际定名。20. 按需要，规定诊断程序标准。21. 发展、建立、并促进食品、生物制品、药物、及其他类似制品的国际标准。22. 总之，采取各种必要措施，达到本组织的目的。"自世界卫生组织成立以来，世界卫生组织颁布了大量的决议、建议、标准和指南，大多数直接或间接涉及传染病防治问题。例如，在应对突发公共卫生事件时，世界卫生组织组织医学与公共卫生专家，规划和提出应对突发公共卫生事件的各种科学建议和政策。在药品的可持续发展和药品安全领域，世界卫生组织制定了《基本药物标准清单》，在医疗技术领域，世界卫生组织确立了大量医疗卫生技术标准，如《饮用水水质标准》《健康住宅标准》等，在人权保障领域，世界卫生组织制定了《全球艾滋病预防控制策略》《避免歧视有关艾滋病病人和病毒携带者》等决议。在实验室生物安全领域，世界卫生组织制定了《实验室生物安全手册》。

在全球健康领域，与国际条约等硬性法律规范数量相比，健康领域中软性的国际建议性文件数量更为庞大。软性规范比国际条约更容易进行谈判、更容易凝聚共识、更容易被制定。尽管软性规范缺乏足够的约束力，但是它们可以随着时间的推移而建立共识。全球卫生法的软性规范是全球卫生法重要的法律来源，全球卫生法上涉及卫生标准和行业规范等的文件和倡议不仅是全球医疗卫生行业的行为标准，而且是全球健康治理的行动指南。

五、中国卫生法的发展

国内法本身不被视为国际法的正式或直接渊源。国际法规则主要产生于国家间的合意（国际条约）或普遍的国家实践与法律确信（国际习惯法）。但国内法在国际法的形成、解释和适用中扮演着重要角色。国内法对于证明国际习惯法的存在、解释国际法规则、实施国际义务、作为国际法庭审理案件的事实依据、作为提炼一般法律原则的素材以及推动国际法发展的动力等方面，都具有不可或缺的重要性。大量国内医疗卫生法律制度，不仅保护本国人民的生命健康，也在涉外法治建设中做出了中国贡献，因此以更加开放的视角来看，为面对全球健康威胁，一个国家的国内卫生法对于全球健康治理和全球卫生法的进步和发展具有重要意义。全球卫生法的法律实践，离不开对一个国家国内卫生法的考察。

回顾历史，中华人民共和国成立之初，具有国家临时宪法作用的《中国人民政治协商会议共同纲领》是建国初期卫生法治建设的基础性和纲领性的文件，第 48 条规定："提倡国民体育。推广卫生医药事业，并注意保护母亲、婴儿和儿童的健康。"1950 年政务院公布《政务院关于严禁鸦片烟毒的通令》，1953 年卫生部公布《清凉饮食物管理暂行办法》，1956 年国务院公布《关于防止厂、矿企业中矽尘危害的决定》，同年国务院公布《放射性工作卫生防护暂行规定》，1957 年全国人民代表大会常务委员会第八十八次会议通过《中华人民共和国国境卫生检疫条例》。针对建国初期医疗卫生领域的社会需求，立法严禁鸦片烟毒，预防烈性传染病传播，规范工业劳动卫生、食品卫生、放射卫生标准。中华人民共和国建立初期的立法内容涉及环境卫生、劳动卫生、食品卫生、学校和青少年卫生、放射卫生以及传染病防治等公共卫生各个领域的卫生管理、卫生标准和卫生技术规范等。初步形成了中华人民共和国成立初期的卫生法体系。对防治疾病，保护人民身体健康，保障社会主义经济发展起了重要作用，也为今后的卫生立法奠定了基础。

1978 年改革开放以来，以维护人民健康为宗旨的卫生立法进入了一个迅速发展的历史时期，在此阶段，中国的医疗卫生法治建设取得了巨大成就。自改革开放以后，我国卫生法律体系经历了从逐步恢复到快速发展的阶段，至 20 世纪末，我国卫生法律体系得以重建、恢复和发展。改革开放后我国卫生法立法着重加强了公共卫生领域和药品领域的立法，如《中华人民共和国食品卫生法》《中华人民共和国国境卫生检疫法》《中华人民共和国传染病防治法》《中华人民共和国药品管理法》。

20 世纪 90 年代，中国卫生法治以强化医疗服务法律建设为突出特征，其中尤其加强了卫生行政立法，如《中华人民共和国执业医师法》《中华人民共和国献血法》。1997 年我国正式提出依法治国方略，标志着中国的医疗卫生事业正式走向法治化的轨道。进入 21 世纪以来，我国的医疗卫生改革工作全面推进。2003 年，我国的卫生法在实践中经受了前所未有的考验。总结经验教训，2003 年 5 月，国务院公布《突发公共卫生事件应急条例》。这是一部以具体问题为导向的创新性的立法，在抗击非典中应运而生，法律实施效果显著。2009 年公布施行的《中共中央、国务院关于深化医药卫生体制改革的意见》提出了"建立健全覆盖城乡居民的基本医疗卫生制度，为群众提供安全、有效、方便、价廉的医疗卫生服务"的总体目标，为顺利实现新医改目标，保障医疗卫生事业健康发展，此阶段中国卫生立法大幅增量，如《中华人民共和国人口与计划生育法》《中华人民共和国食品安全法》《中华人民共和国职业病防治法》《中华人民共和国精神卫生法》。伴随经济的不断发展，中国医疗保障制度正在从公费医疗过渡到社会医保制度，为解决老百姓"看病难""看病贵"，立法对新兴医疗保障进行了回应，如《社会保险法》对社会医保进行了专章规定。此阶段卫生法立法量激增，国家出台了大量的卫生部门规章和地方性法规。

近年来，在依法治国的方针指导下，我国卫生法治的发展进入了快车道。2016 年中共中央、国务院印发了《"健康中国 2030"规划纲要》，其中第一章提到："主要遵循以下原则：健康优先。把健康摆在优先发展的战略地位，立足国情，将促进健康的理念融入公共政策制定实施的全过程，加快形成有利于健康的生活方式、生态环境和经济社会发展模式，实现健康与经济社会良性协调发展。改革创新。坚持政府主导，发挥市场机制作用，加快关键环节改革步伐，冲破思想观念束缚，破除利益固化藩篱，清除体制机制障碍，发挥科技创新和信息化的引领支撑作用，形成具有中国特色、促进全民健康的制度体系。科学发展。把握健康领域发展规律，坚持预防为主、防治结合、中西医并重，转变服务模式，构建整合型医疗卫生服务体系，推动健康服务从规模扩张的粗放型发展转变到质量效益提升的绿色集约式发展，推动中医药和西医药相互补充、协调发展，提升健康服务水平。公平公正。以农村和基层为重点，推动健康领域基本公共服务均等化，维护基本医疗卫生服务的公益性，逐步缩小城乡、地区、人群间基本健康服务和健康水平的差异，实现全民健康覆盖，促进社会公平。"利用法律来保障中国人民的健康和福祉已经成为国家和全社会的共识。为实现建设健康中国的宏伟目标，中国卫生法治体系的建设正在努力从模式化向中国特色化转型，如《中华人民共和国中医药法》；卫生法立法正在从粗放化向细目化发展，如

《中华人民共和国广告法》《医疗纠纷预防和处理条例》；为顺应医疗卫生事业的发展，大量旧法得以修订，如《中华人民共和国人口与计划生育法》《中华人民共和国红十字会法》《中华人民共和国基本医疗卫生与健康促进法》《中华人民共和国疫苗管理法》等。

我国相关卫生法调整的内容涉及医疗、医药、医保、公共卫生等医疗卫生各个领域，形成了较为完备的卫生法律体系。完备的卫生法律体系是国家卫生发展战略顺利实施的有力保障。我国医疗卫生法治不断适应卫生发展需要，体系建设逐步完善，在卫生立法、监督执法和司法实践等方面取得显著成效。我们有理由相信，在习近平新时代中国特色社会主义思想的指导下，在依法治国方针的引领下，我国卫生法治建设将在维护人民群众健康和促进社会经济可持续发展的道路上稳步向前推进。

国际法影响着国内法，但其成功仍然严重依赖于国内法。如果没有国内法有效的立法和执行，国际法所包含的权利和义务就不能得到履行。因此，在这个中国国家卫生法治进程加速的时代，世界卫生组织关注中国卫生立法，是世界卫生组织健康全球治理，医疗保障全覆盖，法律、政策纳入到中国国内卫生法体系进而提升中国健康福祉的良好契机。同时中国日益完善的卫生法治体系，也可以推进世界卫生组织框架下国际卫生法目标的实现。因此，对于中国卫生法的发展而言，对世界卫生组织框架下的国际卫生法以及对其他国家国别卫生法的引进和移植，将是有益的尝试。

在药品供应保障方面，目前中国正在大力促进医药分开改革，公立医院全面取消药品加成。由于部分药企缺乏激励机制，导致药品短缺时有发生，因此未来有关药品的供应保障将是立法的重点。

近年来，有关医疗决定权与患者知情同意权、患者自主决定权博弈的案例时有发生，有些案例已成为了社会公共事件。有鉴于此，最高人民法院于 2017 年 12 月 13 日公布的《最高人民法院关于审理医疗损害责任纠纷案件适用法律若干问题的解释》第 18 条规定："因抢救生命垂危的患者等紧急情况且不能取得患者意见时，下列情形可以认定为侵权责任法第五十六条规定的不能取得患者近亲属意见：（一）近亲属不明的；（二）不能及时联系到近亲属的；（三）近亲属拒绝发表意见的；（四）近亲属达不成一致意见的；（五）法律、法规规定的其他情形。前款情形，医务人员经医疗机构负责人或者授权的负责人批准立即实施相应医疗措施，患者因此请求医疗机构承担赔偿责任的，不予支持；医疗机构及其医务人员怠于实施相应医疗措施造成损害，患者请求医疗机构承担赔偿责任的，应予支持。"明确了无法取得患者及其近亲属意见时，医生的治疗决定权，堪称我国医疗卫生服务法领域的一个亮点。但是在司法环节，有关医疗证据司法审查、医疗损害鉴定等制度依然需要完善。2018 年 10 月 1 日开始施行的《医疗纠纷预防和处理条例》引入了医疗纠纷的人民调解，但是医疗损害鉴定的二元化问题依然未得到有效规制。

当今世界正面临着空气污染、气候变化、非传染性疾病、全球流感大流行、脆弱和易受攻击的环境、抗生素耐药性、埃博拉病毒、高威胁病原体、初级卫生保健薄弱、拒绝接种疫苗、登革热、艾滋病毒等多种健康威胁。[①] 进入 21 世纪以来，我国更是经历了非典、流感大流行、艾滋病持续低流行的健康危害，由于工业化、城镇化、人口老龄化，由于疾病种类、生态环境、生活方式不断变化，我国

---

① 《世界卫生组织发布 10 大全球健康威胁》，载 https：//world.people.com.cn/n1/2019/0122/c1002-30585386.html，最后访问日期：2025 年 8 月 13 日。

仍然面临多重疾病威胁并存、多种健康影响因素交织的复杂局面。随着人口老龄化社会的到来，糖尿病、高血压、冠心病等慢性非传染性疾病对健康的威胁正在日益加重。这些慢性非传染性疾病已成为主要的健康威胁因素。此种状况如果得不到有效控制，问题会变得更加严重。另外，吸烟、过量饮酒等高风险行为，民众健康素养低下等环境因素，也给国人的健康带来日益严重的危害。而在免疫规划、传染病、职业病防治、老龄健康、母婴安全、中医药可持续发展、科技创新、药品供应与药品安全等方面也依然不容乐观。城市与农村或者东部与西部，这些社会经济发展的不平衡也带来了卫生健康的保障和医疗卫生资源分配的不平衡。当前我们既面对着发达国家面临的卫生与健康问题，也面对着发展中国家面临的卫生与健康问题。如果这些问题不能得到有效解决，必然会严重影响人民健康、制约经济发展、影响社会和谐稳定。这就意味着，即使我们有先进的医疗卫生健康体系，我们依然还没有实现完全的健康正义。从法律层面考量，法律作为保障人民健康的工具还没有达到最优效果。这突出体现在卫生法立法中对优先选择考量的偏差，卫生法的法律文本与现实中的实践还存在距离。

第二章

全球卫生法的主体

全球卫生法的主体问题是全球卫生法的基本问题。想要具备全球卫生法的主体资格，需要具备直接参与国际法律关系的能力，需要直接享有国际法上的权利并承担国际法上的责任。全球卫生法的主体呈现出多元化的特点。全球卫生法的主体主要包括世界卫生组织、国家行为体和全球合作伙伴关系时代的多元主体。

第一节　世界卫生组织

世界卫生组织是具有国际合法性地位的全球健康管理机构。世界卫生组织是一个具有广泛授权和丰富专业知识的联合国专门机构。在全世界范围内，几乎每一个国家都是该机构的成员，世界卫生组织是具有全球领导力的全球卫生组织管理、监督机构。

一、世界卫生组织的历史沿革

全球健康治理合作始于传染病防控。国际社会很早就认识到传染病并没有国界，各国必须建立合作的规章和标准，以限制传染病的传播。首届国际卫生大会（International Sanitary Conference）在巴黎召开，旨在协调各国针对霍乱等疾病的检疫措施，尝试建立传染病防治的国际公约，但没有成功，起初的若干届国际卫生大会就这样告终。越来越多的国家参加国际卫生大会，参与关于适宜的控制和隔离措施的争论。关于霍乱病因和传播的理论依旧五花八门、科学家们在每届大会上都是争论激烈，正因为这样，在前六届的国际卫生大会中没有达成任何可接受的协议。直到 1892 年第七届国际卫生大会，1892 年欧洲国家最终通过了第一个《国际卫生公约》，当时参会的欧洲国家都认识到需要一个权威机构来监督 1892 年《国际卫生公约》的实施。1907 年在罗马召开国际性大会，《罗马协议》成立国际公共卫生办公室，总部设在巴黎，以监督《国际卫生公约》

的实施。1902 年美洲国家成立了美洲共和国国际卫生局（The International Sanitary Office of the American Republics），后更名为泛美卫生局（The Pan American Sanitary Bureau，PASB）以及现在的泛美卫生组织（The Pan American Health Organization，PAHO）。1921 年成立了总部设在日内瓦的国际联盟卫生组织（League of Nations Health Organization，LNHO）。

1945 年联合国成立，1945 年联合国国际组织会议（The UN Conference on International Organization）在旧金山召开，旧金山会议上，中国与巴西代表联合提议建立全球性卫生机构，会议一致批准设立一个专门全球卫生机构。1946 年 2 月，新成立的联合国经济和社会理事会（UN Economic and Social Council）呼吁召开一次国际会议，以便研究如何创建这样一个机构。1946 年在国际卫生大会纽约会议上，61 个国家的代表通过《世界卫生组织组织法》，首次将健康定义为"身体、精神与社会的全部的美满状态，不仅是免病或残弱"，超越了疾病防治的狭义概念。《世界卫生组织组织法》于 1948 年 4 月 7 日生效，1948 年 4 月 7 日世界卫生组织正式成立，总部设于瑞士日内瓦，这一天被定为"世界卫生日"。

泛美卫生局作为世界卫生组织的美洲区域办事处。目前，该机构仍具有双重身份——它既是一个独立的国际组织（泛美卫生组织），也是一个世界卫生组织的区域办事处［美洲区域办事处（AMRO）］。

世界卫生组织在 1948 年 6 月召开了第一届世界卫生大会，其通过的《世界卫生组织组织法》第 1 条规定："世界卫生组织的目的是使全世界人民获得可能达到的最高的健康水平。"世界卫生大会宣布疟疾、肺结核、性病、妇女儿童的健康、营养和环境卫生成为当时该机构的优先处理事项。通过了《世界卫生组织关于疾病和死因命名》的 1 号条例。1951 年的世界卫生大会，通过了世界卫生组织的 2 号条例《国际公共卫生条例》（The International Sanitary Regulations），1969 年重新命名，现在被称为《国际卫生条例》。

二、世界卫生组织的组织结构及职能

世界卫生组织是一个政府间组织，世界卫生组织的组织结构设计旨在履行其作为联合国系统内部机构，负责全球公共卫生的指导和协调机构的职责。其核心机构主要包括三个层级，并辅以重要的区域安排。世界卫生组织的核心决策机构和执行机构包括世界卫生大会（The World Health Assembly，WHA）、执行委员会（The Executive Board，EB）、秘书处（The Secretariat）。世界卫生组织的区域组织结构包括区域委员会、区域办事处、国家办事处。从广义上讲，世界卫生大会是该机构的指导和决策机构；执行委员会是执行机构，它负责监督和实施世界卫生大会的政策；秘书处，以总干事（D-G）为首，是为世界卫生大会和执行委员会提供咨询和服务的技术和管理部门。六个区域委员会重点关注地理区域内的卫生问题，下设 147 个国家办事处。大多数的国家办事处都是设在世界卫生组织开展项目的发展中国家。

（一）核心决策机构和执行机构

1. 世界卫生大会

世界卫生组织的全球健康管理权和世界卫生大会的准立法权力在国际法上是独一无二的。世界卫生组织是全球健康治理体制的中心，根据《世界卫生组织组织法》第 2 条的规定，世界卫生组织担任国际卫生工作的指导与协调主权，提议国际公约、协定与规章的签订及对其他国际卫生事态，提出建议并执行由此授予与本组织目的相一致的各项任务。

世界卫生大会是世界卫生组织的最高决策机构，具有准立法性质。每年5月在瑞士日内瓦召开，制定政策和批准预算，除了确定世界卫生组织的政策，审查和批准世界卫生大会的报告和活动以外，世界卫生大会还指导执行委员会和总干事的行动和调查。世界卫生大会的主要职能包括制定世界卫生组织的政策、任命总干事、监督财务政策、审议和批准规划预算方案、就重大卫生问题作出决议等。

世界卫生大会的会议包括全体会议和两个主要委员会召开的会议。这两个主要委员会的分工为：A委员会主要处理规划和预算事项，而B委员会主要处理行政、财务和法律等事项。此前有建议提出成立C委员会，以便提高透明度、协调性和参与度，但世界卫生大会一直拒绝成立这样一个委员会。

在世界卫生大会全体会议上，通过普通的决议需要经过简单的多数投票表决，但重要的宪法决定（如公约或宪法修正案）或根据议事规则（The Rules of Procedure）所做出的决定（如暂停会员国的表决权）需要2/3的选票才能通过。每个会员国都有1票表决权，但在传统上，大多数的决定都是以协商一致的方式做出的。《世界卫生组织组织法》第19条规定："卫生大会有权通过有关本组织职权范围内的任何公约或协定。通过此项公约或协定，须经卫生大会三分之二的多数票决定。经各个会员依照各该国立法程序予以接受后，此项公约或协定即可生效。"

《世界卫生组织组织法》第23条规定："卫生大会有权就本组织职责内的任何有关事项向会员提出建议。"《世界卫生组织组织法》第62条规定："每个会员应就本组织向其提出的建议以及执行各种公约、协定与规章所采取的措施提出年度报告。"世界卫生组织制定的医疗卫生工作准则、全球战略和行动计划、建议性文件，被各个国家广泛接受。世界卫生大会批准了种类繁多的全球战略、行动计划建议。《世界卫生组织组织法》第 21 条授权世界卫生大会通过"关于防止国际间疾病蔓延的环境卫生及检疫方面的要求和其他程序"的各项规章，旨在简化国际协议的制定流程以及鼓励国际协议的制定。

2. 执行委员会

执行委员会是世界卫生大会的执行机构。由 34 名在卫生领域技术中卓越的成员组成。成员由选举产生，任期三年。选举时考虑地域分布的公平性和代表性。其主要职能是执行世界卫生大会的决议和政策，向大会提供建议，推动大会的工作，为大会准备会议议程和决议草案，大会闭会期间在紧急情况下代行其职权。执行委员会通常每年召开两次会议（1 月和 5 月），主要的会议通常在 1 月举行，第二次较短的会议在 5 月紧接在世界卫生大会之后举行，也可以选择召开特别会议。总干事与执行委员会主席一起磋商来设置执行委员会的议程。

3. 秘书处

秘书处是世界卫生组织的常设工作机构和行政技术部门，负责日常运作和项目实施，秘书处由总干事领导。秘书处由总干事、技术和行政人员组成。总干事由世界卫生大会根据执行委员会的提名任命，任期五年，可连任。总干事是世界卫生组织的技术和行政官员。总干事负责任命秘书处的工作人员并确保其效率、忠诚和具备国际代表性。总干事的责任远远超出了技术和管理的范围，作为全球健康的领导，总干事必须募集资源、影响和协调国家和利益相关者，并确保世界卫生组织的地位和威望。

秘书处的组成包括总部、各技术和管理部门、6 个区域办事处、国家代表处的数千名卫生专家、行政人员和其他工作人员。主要职能是为成员国提供技术支持、协调全球卫生倡议、监测和评估全球卫生趋势、管理资源、执行世界卫生大会和执行委员会的决定、在突发公共卫生事件中协调各个成员国的分工和关系。秘书处包括大约 7000 名专家和技术支持人员，都是定期任用，他们在总部、区域办事处和国内工作。秘书处负责世界卫生组织的日常管理以及为世界卫生大会和执行委员会服务。

世界卫生组织总部主要部门包括总干事办公室、突发卫生事件规划司、传染病和非传染性疾病司、健康促进司、数据分析和行动促进影响司、对外关系及治理司、财务司、人力资源司、内部审计和监察办公室、法律顾问办公室、道德和廉政办公室等部门。

（二）区域组织结构

世界卫生组织的一个显著特点是其强大的区域组织结构，这是其组织架构的核心组成部分，旨在确保对地方需求的响应能力和因地制宜地处理。《世界卫生组织组织法》第 44 条规定："卫生大会应随时划定地理区域，按需要设立区组织。"这是世界卫生组织分权管理的重要体现。理解世界卫生组织的组织结构，特别是其独特的区域分权模式，对于理解其如何在全球、区域和国家层面运作以达成使全世界人民获得最高的健康水平至关重要。世界卫生组织 6 个区域组织拥有自己的决策机构（区域委员会）和执行机构（区域办事处），区域主任由区域选举产生，赋予区域高度的自治权来应对本地需求。这是世界卫生组织结构最突出的特点之一。世界卫生组织的每个区域组织包括一个由成员国代表构成的区域委员会和一个区域办事处。区域委员会的职能包括制定"专门区域性"的卫生政策、监管区域办事处、为总干事提供有关国际卫生问题的建议。区域办事处是区域委员会的行政机关。

1. 区域委员会

每个世界卫生组织区域（共 6 个）的最高决策机构。由该区域内的会员国代表组成。其主要职能为决定本区域的卫生政策和事项，审议区域主任的报告，监督区域办事处的活动，协调区域内国家的卫生工作、会议，通常每年召开一次会议。

2. 区域办事处

区域办事处为世界卫生组织在该区域的行政和技术中心，由区域主任领导。区域主任由本区域的区域委员会选举产生（而非由总干事直接任命），任期通常为五年，可连任。区域办事处的主要职能为根据全球政策制定符合本区域特点的战略和计划、直接向区域内成员国提供技术支持、协调区域内卫生项目和应急响应、管理区域资源、充当总部与成员国之间的重要桥梁。6 个区域办事处所在地分别为非洲区域办事处（AFRO）：刚果共和国，布拉柴维尔；美洲区域办事处/泛美卫生组织（AMRO/PAHO）：美国，华盛顿特区（注：泛美卫生组织既是世界卫生组织的美洲区域办事处，也是一个独立的政府间组织）；东南亚区域办事处（SEARO）：印度，新德里；欧洲区域办事处（EURO）：丹麦，哥本哈根；东地中海区域办事处（EMRO）：埃及，开罗；西太平洋区域办事处（WPRO）：菲律宾，马尼拉。

（三）国家办事处

世界卫生组织在许多成员国（特别是发展中国家和卫生需求大的国家）设有国家办事处或派驻国家代表。其主要职能包括作为世界卫生组织在该国的联络点、与政府和其他合作伙伴合作、支持国家卫生规划的实施、协调技术援助并在紧急情况下提供支持。

三、世界卫生组织的主要工作成就

（一）领导并组织全球健康治理

在成立初期，世界卫生组织针对肺结核、疟疾和天花等当时的重大灾害发起大规模运动。对侵害皮肤和骨头的热带疾病雅司病的控制也许代表了世界卫生组织最早的成果。20 世纪 50 年代中期制定"全球根除疟疾方案"（The Global Program for Malaria Eradication），但目前疟疾在全球范围内还没有被根除。

1958 年世界卫生大会指示总干事研究消灭天花的措施，并在下一年把全球消灭天花作为"主要目标"。"全球消灭天花计划"（The Global Smallpox Eradication Program）和"强化根除天花计划"（The Intensified Smallpox Eradication Program）随着 1980 年 5 月 8 日第三十三届世界卫生大会历史性地宣告"世界及其人民不再受天花的侵袭"达到高潮。今天，俄罗斯和美国还存在最后已知的天花病毒，在病毒可能已经落入极端分子手中的外界猜测中，世界卫生组织对销毁最后已知的天花病毒的利弊进行了辩论。[①]

在 20 世纪 80 年代末，世界卫生组织针对另外两种疾病进行了全球性根除：1986 年麦地那龙线虫病（几内亚线虫病）和 1988 年脊髓灰质炎，今天，这两种疾病都接近根除。在 1978 年《阿拉木图宣言》（Alma-Ata Declaration）中明确指出，初级卫生保健是实现"2000 年人人享有卫生保健"目标的关键和基本途径，以便每个人都可以"过着社会和经济上富裕的生活。"30 年后，世界卫生组织再次为提高初级卫生保健水平增添动力，呼吁开展以普遍覆盖和健

---

① 参见［美］劳伦斯·O. 戈斯廷：《全球卫生法》，翟宏丽、张立新主译，中国政法大学出版社 2016 年版，第 84 页。

康公平为标志的"卫生系统加强"工作。

（二）世界卫生组织框架下全球卫生法治建设

《世界卫生组织组织法》是全球健康治理的纲领性文件。《世界卫生组织组织法》为"协定""公约"和"规章"的谈判设置了不同的程序，为全球卫生法的确立奠定了基础。

世界卫生组织制定了防治疾病国际传播的环境卫生、检疫以及其他干预措施，可供国际通用的诊断程序标准，在国际贸易中交流的生物制品和药品的安全性、纯度和效能的标准和这类产品的广告和标签的建议性文件。颇具代表性的建议性文件《国际母乳代用品销售守则》和《全球卫生人员国际招聘行为守则》都建立了详细的规范标准。世界卫生大会批准了种类繁多的全球战略、行动计划建议。例如，《饮食、运动与健康全球策略》《减少有害使用酒精全球战略》和《精神健康行动计划》为相关慢性非传染性疾病防治建立了基准，被各国所遵守和执行。另外世界卫生组织与联合国粮食和农业组织（FAO）食品法典委员会联合制定的国际食品标准、世界动物卫生组织监视和控制可跨物种传播的文件、国际劳工组织通过的大量的协议都保护了消费者、劳动者的健康权益。

在全球健康领域，软性规范比国际条约更容易进行谈判、更容易凝聚共识和制定。尽管软性规范缺乏足够约束力，但是它们可以随着时间的推移而建立共识。

《世界卫生组织组织法》强调国内法和国际法之间的重要互动，在全世界范围内，对于国际卫生法国内化起到了积极的促进作用。

第二节　国家行为体

世界卫生组织将卫生组织定义为所有以促进、恢复和维护健康为基本目标的组织。卫生组织是指在一定区域内，根据人群的健康需求，通过区域卫生规划，以保护和增进人的健康为目的的各种不同的组织群。卫生组织是国家医疗卫生事业发展的载体和具体实施者，全球卫生法国家主体责任的主要承担者。在国家内部，广义的卫生组织包括所有与健康有关的组织。狭义的卫生组织是指与医疗卫生有关的组织。由于医疗卫生是维持人体健康的最主要手段，与医疗卫生有关的狭义卫生组织是研究的重点。在我国，承担国家主体责任的卫生组织主要为卫生行政组织及卫生服务组织。

一、中国卫生组织

（一）卫生行政组织

卫生行政组织是指依照宪法或行政机关组织法设立的，享有且能以自己的名义行使国家卫生行政权，并能独立承担由此而产生的法律责任的机构。我国卫生行政组织由中央卫生行政机关和地方卫生行政机构组成。中央卫生行政机关包括国务院、国务院的主管卫生行政部门、国务院直属机构。

1. 医疗卫生领域

1949 年 10 月 1 日，中华人民共和国建立。11 月，中央人民政府卫生部正式成立。作为中央人民政府的组成部分，成为当时卫生法治的主要力量。1954 年 9 月，第一届全国人民代表大会第一次会议在北京召开，会议通过了《宪法》和《中华人民共和国国务院组织法》（简称《国务院组织法》）。根据《国务院组织法》规定，中央人民政府卫生部更名为中华人民卫生部，省以下机构实行垂直管理。2013 年 3 月 14 日公布施行的《第十二届全国人民代表大会第一次会议关于国务院机构改革和职能转变方案的决定》规定："（二）组建国家卫生和计划生育委员会。为更好地坚持计划生育的基本国策，加强医疗卫生工作，深化医药卫生体制改革，优化配置医疗卫生和计划生育服务资源，提高出生人口素质和人民健康水平，将卫生部的职责、国家人口和计划生育委员会的计划生育管理和服务职责整合，组建国家卫生和计划生育委员会。主要职责是，统筹规划医疗卫生和计划生育服务资源配置，组织制定国家基本药物制度，拟订计划生育政策，监督管理公共卫生和医疗服务，负责计划生育管理和服务工作等。"随着计划生育工作由控制人口生育，到鼓励生育功能的转型，国家卫生和计划生育委员会完成了历史使命，同时也标志着卫生与计生合并过渡的完成。2018 年 3 月 17 日公布施行的《第十三届全国人民代表大会第一次会议关于国务院机构改革方案的决定》规定："（五）组建国家卫生健康委员会。将国家卫生和计划生育委员会、国务院深化医药卫生体制改革领导小组办公室、全国老龄工作委员会办公室的职责，工业和信息化部牵头的《烟草控制框架公约》履约工作职责，国家安全生产监督管理总局的职业安全健康监督管理职责整合，组建国家卫生健康委员会，作为国务院组成部门。保留全国老龄工作委员会，日常工作由国家卫生健康委员会承担。民政部代管的中国老龄协会改由国家卫生健康委员会代管。国家中医药管理局由国家卫生健康委员会管理。不再保留国家卫生和计划生育委员会。不再设立国务院深化医药卫生体制改革领导小组办公室。"

新组建的国家卫生健康委员会的主要职责是拟订国民健康政策，协调推进深化医药卫生体制改革，组织制定国家基本药物制度，监督管理公共卫生、医疗服务、卫生应急，负责计划生育管理和服务工作，拟订应对人口老龄化、医养结合的政策措施等。国家卫生健康委员会工作范围和工作职责的调整，标志着国家卫生工作的目标和重点从以治病为中心转到了以人民健康为中心。

2. 药品监管领域

1978 年 6 月 7 日国家医药管理总局正式成立，将中西药品，医疗器械的生产、供应、使用统一管理起来，结束了建国以来我国医药多头管理的局面。其后几经政府机构机制改革变迁，1998 年国务院将国家医药管理局、国家中医药管理局和卫生部药政局原药品监管职能合并，重新组建了国家药品监督管理局，直属国务院，省以下机构实行垂直管理。2003 年，国务院又在原国家药品监督管理局的基础上组建了国家食品药品监督管理局。新机构新增了对食品、保健品、化妆品的"综合监督、组织协调和依法组织开展对重大事故查处"的职能，同时承担保健食品的审批工作。2008 年 3 月，国务院机构实行"大部制"改革，国家食品药品监督管理局被划归卫生部。2013 年，国家食品药品监督管理局升格为国家食品药品监督管理总局，归属国务院直接领导。这次调整，质检总局在生产环节的监管职责、工商总局在流通环节的监管职责被整合进国家食品药品监管总局。2018 年，国务院机构改革撤销国家食品药品监督管理总局，组建国家药品监督管理局，由国家市场监督管理总局管理。国家药品监督管理局的主要职责是负责药品、化妆品、医疗器械的注册并实施监督管理。药品监管机构只设到省一级，市、县两级不再单设药品监管机构；药品经营销售等行为的监管，由市、县市场监管部门承担。

3. 医疗保障领域

我国 1998 年开始实行医保制度，医保行政管理和社会保险经办服务实行管办分开。人力资源和社会保障部下设的医保管理机构承担政策制定、行业监管职能，同时设置相对独立的医保中心负责具体的医保经办业务，制定医保支付方式并承担支付职能。但事实上医保中心和医保行政管理部门并未能真正做到管办分开。2018 年 3 月公布的《深化党和国家机构改革方案》要求组建国家医疗保障局，国家医疗保障局正式成立，新成立的国家医疗保障局直属于国务院，是一个和其他卫生行政机关平行的专业政府行政机关。这为迈向社会医保的"价值导向的医保战略性购买"职能，奠定了制度基础。

医保制度对于保障人民群众就医需求、减轻医药费用负担、提高人民健康水平有着重要作用。推动完善统一的城乡居民基本医保制度和大病保险制度，确保医保资金合理使用、安全可控，推进医疗、医保、医药"三医联动"改革。

新组建的国家医疗保障局，作为国务院直属机构，将分散于城镇职工和城镇居民基本医保、生育保险职责，新型农村合作医疗职责，药品和医疗服务价格管理职责，原民政部的医疗救助职责，整合在一起，实现集中管理。

国家医疗保障局主要职责是拟订医保、生育保险、医疗救助等医疗保障制度的政策、规划、标准并组织实施，监督管理相关医疗保障基金，完善国家异地就医管理和费用结算平台，组织制定和调整药品、医疗服务价格和收费标准，制定药品和医用耗材的招标采购政策并监督实施，监督管理纳入医保支出范围内的医疗服务行为和医疗费用等。

（二）卫生服务组织

卫生服务组织是指以居民和患者为主要服务对象，直接或间接向居民提供医疗、预防、保健、康复、健康促进、卫生信息等卫生服务的组织。医疗机构是卫生服务组织的重要组成部分。我国医疗机构的分类如下图。

我国医疗服务机构承担医疗、保健、康复、计划生育职能，承担部分预防和健康教育职能

（1）医院
– 综合医院、中医医院、中西医结合医院、民族医院、专科医院、护理院

（2）基层卫生机构
– 社区卫生服务中心（站）
·社区卫生服务中心、社区卫生服务站
– 卫生院
·街道卫生院、乡镇卫生院
– 村卫生室
– 门诊部
·综合门诊部、中医门诊部、中西医结合门诊部、民族医门诊部、专科门诊部
– 诊所、卫生所、医务室、护理站

图 2-1 我国医疗机构的分类

我国公共卫生服务网络如下图。

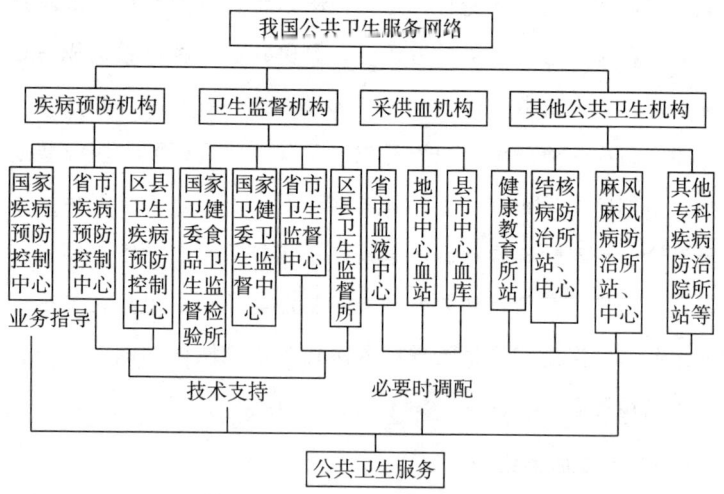

图 2-2 我国公共卫生服务网络

二、中国卫生组织的运行

中国医疗卫生服务体系包括公共卫生服务体系和医疗服务体系两部分。中国公共卫生服务体系是由为人民健康提供公共卫生服务的各种组织机构形成的具有不同功能、关系和相互作用的网络。包括：国家、省市、区县疾病预防控制机构、卫生监督机构、采供血机构、健康教育、妇幼保健、精神卫生、职业卫生、公共卫生研究机构等公共卫生服务机构，也包括承担大量公共卫生服务的基层社区卫生机构。各级医疗机构既提供预防、保健、公共卫生事件应急服务，也对公共卫生服务体系形成支持。

我国公共卫生服务机构呈现出逐年增多的趋势，按机构类别分类，我国公共卫生服务机构以疾病预防控制中心占比最多。按经济类型分类，公立公共卫生服务机构数以千计，但是非公立公共卫生服务机构不足百数。按主办单位分类，政府办公共卫生服务机构占据绝大多数，而社会办及个人办公共卫生服务机构占比很少。长期以来，公共卫生健康义务主要强调了国家义务，国家投入、管理和运行公共卫生事务。社会组织和个人在公共卫生事务中还没有形成更加广泛的影响力，这与公共卫生健康工作的社会性特征不相符合。公共卫生服务以群防群治为主要手段，必须把国家义务、社会及个人力量紧密结合起来，在强调公共卫生的国家义务的同时，发挥社会组织和个人对公共卫生的补强作用。只有这样，才能切实实现这种以群体健康保护为特征的健康权益维护。

2015年3月6日，国务院办公厅印发《全国医疗卫生服务体系规划纲要（2015—2020年）》（已失效）的规划目标是：优化医疗卫生资源配置，构建与国民经济和社会发展水平相适应、与居民健康需求相匹配、体系完整、分工明确、功能互补、密切协作的整合型医疗卫生服务体系，为实现 2020 年基本建立覆盖城乡居民的基本医疗卫生制度和人民健康水平持续提升奠定坚实的医疗卫生资源基础。我国城市医疗卫生服务体系见下图：

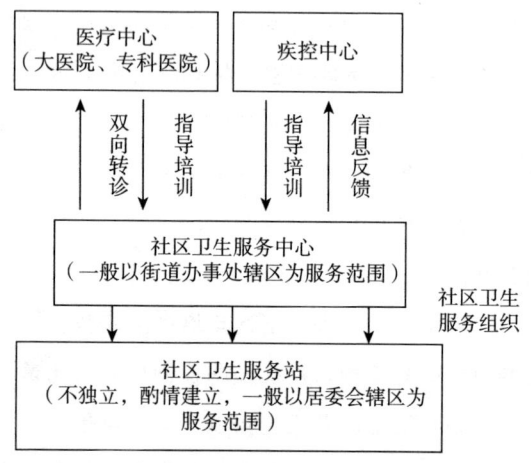

图 2-3 我国城市医疗卫生服务体系

社区卫生服务中心的任务是面向社会、面向基层、面向家庭，是我国初级卫生保健的形式，同时也是构成具有中国特色的卫生保健体系最重要的基层网络。社区卫生服务中心承载着疾病预防、保健、医疗、康复、卫生宣教、优生优育六位一体的功能。全世界的大型医院通常集中了先进的医疗设备和优质的医务人员，而社区卫生服务中心则因长期投入不足，导致医疗设备和医疗技术落后，医疗服务能力不足，常常导致大医院人满为患、小医院人烟稀少。而且由于人员编制和配比不合理，许多社区卫生服务中心只能以医疗保健为工作重点，而社区健康教育、妇幼保健、老龄人口的社区医疗照护等工作则显得力不从心，而居委会、街道、村委会等建制中则没有专业的医务护理人员，使得老龄人口医养结合，精神病人的社区照护，吸毒、酗酒、残疾人等特殊人群的社区健康管理照护，家庭医疗服务成为盲点和短板，这与大健康背景下的医疗卫生发展目标极不相称，医疗发展不平衡使医疗资源全覆盖充满了官僚化的、形式化的色彩，世界卫生组织所倡导的实质的医疗资源的全覆盖并没有真正实现。

第三节　全球合作伙伴关系时代的多元主体

全球化揭示了我们之间的相互联系、我们共同的命运以及我们共同承担责任的必要性。2000 年世界各国领导人通过的《联合国千年宣言》（The United Nations Millennium Declaration）指出："除了我们对各自社会分别要承担的责任外，我们还有在全球维护人的尊严、平等与公平原则的集体责任。"全球化以信息、人员、货物和服务的快速传播为标志，加速了传染性疾病的传播。文化规范和行为习惯的传播也带来了非传染性疾病的迅速增加。全球化也加强了人们对世界各地区的健康危害风险的认识。

《2005 年援助有效性巴黎宣言》倡议：①国家所有权，即国家建立自己的战略；②合作，即发展伙伴支持国家战略和使用本地系统；③和谐，即发展伙伴相互协调并简化其程序；④成果，即强调实现可衡量的健康改善；⑤共同责任，即国家和合作伙伴之间彼此负责。[1] 在全球健康领域，国际合作兴起，全球卫生合作进入了全球卫生合作伙伴关系的时代。为全球健康治理提供了新的创新发展路径。面对全球健康威胁，在全球化和健康全球治理的浪潮下，全球健康治理行为者正在以惊人数量增长，面对全球健康威胁，多种多样的全球健康治理行为者投入到全球健康治理的大潮中。"全球基金"（The

---

[1] *The High Level For an on Aid Effectiveness：A History*，http://www.oecd.org/dac/effectiveness/thehighlevelforaonaideffectivenessahistory.htm.

Global Fund to Fight AIDS, Tuberculosis and Malaria）、联合国艾滋病规划署和全球疫苗免疫联盟陆续成立。"总统防治艾滋病紧急救援计划"等政府倡议也反映了艾滋病的全球防治带来了根本性的改变，比尔和梅琳达·盖茨等富有的慈善家也加入了卫生领域，给主要的新合作伙伴提供了资金支持。对全球卫生法律和政策产生了深远的影响，非国家行为体、非政府组织的崛起有力推动了全球健康治理合作伙伴关系进入新时代。群众获得健康物质帮助的渠道显著拓展。多边组织"系统"中，关键的变化在于全球疫苗免疫联盟和"全球基金"两大特殊目的基金的成立。随着世界银行筹资能力的加强，世界卫生组织联合国儿童基金会、联合国人口基金和联合国艾滋病规划署的经费持续增长。总的来说，国家通过其对世界卫生组织和世界银行等政府间组织的控制继续对全球卫生产生重大影响。

虽然国家仍然是强大的行为者，但是新的全球卫生状况越来越受到被正式定义为"多个组织之间的合作和正式关系，在此关系中，各方追求一个共同的目标，并为此分担风险，共享好处"的合作伙伴关系的影响。① 这一共同性定义的背后是组成和目的的广泛多样性，以及重点和职能的不同领域，如"研究和开发、技术援助、卫生服务/系统支持、宣传、协调和金融。"许多全球卫生伙伴与世界卫生组织有密切关系。它们的理事会既包括来自政府和政府间机构的代表，也包括来自民间社会、基金会、私营部门和学术界的代表。

一、抗击艾滋病、结核病和疟疾"全球基金"

"全球基金"的成立旨在帮助解决艾滋病项目的巨大资金缺口。虽然关于贫穷国家的艾滋病治疗的呼声变得越来越响亮，但是资金

---

① WHO, *Partnerships*, World Health Assembly, WHO Doc. 62/39, April 30, 2009.

几乎是不存在的。在倡导者的推动下，国际社会在 2000-2001 年采取了一系列的步骤，2001 年 6 月，"联合国大会艾滋病问题特别会议"（The UN General Assembly Special Session on HIV/AIDS）同意成立"全球艾滋病和健康基金"。2001 年 7 月八国集团首脑会议宣布成立"一个抗击艾滋病、疟疾和结核病的新'全球基金'。""全球基金"是一个基金设置在联合国系统之外的独立的瑞士基金会。"全球基金"最初通过世界卫生组织管理，在 2009 年成为自治基金。

"全球基金"是一个成立于 2002 年的国际金融组织，旨在动员资源并协调全球行动，以应对艾滋病、结核病和疟疾这三大公共卫生威胁。它是全球最大的公共卫生项目资助机构之一，通过政府、企业、民间社会和受影响社区的合作伙伴关系开展工作。"全球基金"的核心使命是：①抗击艾滋病：支持预防、治疗和关怀项目，减少艾滋病毒新发感染和艾滋病导致的死亡。②控制结核病（包括耐药结核病）：扩大诊断、治疗和预防服务。③消除疟疾：推广蚊帐、药物和快速诊断工具，降低疟疾发病率和死亡率。"全球基金"通过每三年一次的"增资会议"筹集资金，根据各国疾病负担和项目需求分配资源来进行资金募集与分配。"全球基金"采取国家主导原则，即受援国提出申请，由多方利益相关方（政府、非政府组织、私营部门等）共同制定计划。在绩效拨款方面，资金拨付与项目效果挂钩，确保透明度和效率。"全球基金"体现了国际社会通过多边合作应对全球健康威胁的承诺。

"全球基金"的成绩令人瞩目。截至 2023 年，据估计，"全球基金"支持的项目已拯救超过 5000 万人的生命；为超过 2500 万人提供抗逆转录病毒治疗；检测并治疗了 5600 万结核病患者；分发超过 20 亿顶防疟疾蚊帐。"全球基金"通过投资实验室、医疗设备和人力资源，提升整体卫生体系的韧性，使卫生系统得到加强。中国曾是该基金的受援国，在艾滋病和结核病防控方面获得支持。在2003-2013年期间，中国获得了约8亿美元资助，用于中西部地区艾滋病防治。2010年后，中国逐步从受援国转为捐助国，体现了"南南合作"精神。例如，中国从2014年起，开始向"全球基金"捐款，2022年承诺三年内捐款3000万美元。

　　"全球基金"理事会包括多个领域的政府和非国家行为者，包括北半球和南半球。在其创新中，该基金与民间社会组织的合作值得特别注意。在"全球基金"中的20位具有表决权的理事会成员里，其中3位来自非政府组织，该理事会还包括来自基金会和私营部门的代表，而剩余17个席位为政府代表所占据（包括主要资助者以及来自划定地理区域的政府）。"全球基金"在其地方治理结构中也采用由多部门、多方利益相关者委员会起草"全球基金"项目申请书的方式。在"全球基金"项目运行中，来自民间社会的代表"作出了显著的贡献"，而且在一些国家被视为平等伙伴，"全球基金"允许非政府组织进行申请。"全球基金"的民间社会参与显示出该基金对公平的承诺，在其进行2011年的一轮拨款批准（最终被取消）时，该基金表示，将"系统地把公平因素纳入基于绩效的投资决策中。"全球基金"在2008至2010年拨款给了反歧视和人权的项目，该项目后来大获成功。作为其2012至2016年战略计划的一部分，该基金把人权提升为五个战略目标之一。① "全球基金"一直走在基于结果导向的融资模式前沿。拨款申请必须包括可衡量的结果目标。今天，基于结果导向的融资模式已经在全球卫生伙伴关系以及双边

---

　　① Global Fund, *The Global Fund Strategy 2012-2016: Investing for Impact*, Geneva: Global Fund, 2012.

项目中变得很普遍了。"全球基金"将探索与私营部门合作及社会影响力投资来实现创新融资。"全球基金"鼓励走在实现快速工业化的中等收入国家、新型工业化或资源丰富的经济体、企业合作伙伴关系、私人捐助者等多元主体参与创新融资。

目前"全球基金"的运行也面临着一些挑战。尽管已投入数百亿美元，但全球的实际需求仍远超可用资源。"全球基金"面临着持续的投资挑战。部分国家因治理能力不足导致资金使用效率低下。全球基金"一直在努力解决与国家需求和流程不一致的问题。依赖外部资金可能削弱本地卫生系统的长期自主性。为了协调资金和国家进程，拨款申请应尽可能地基于通过包容、以证据为基础的过程制定的健全国家战略计划来完成。然而，即使没有这样一个战略，国家仍然可以申请拨款。

二、全球疫苗免疫联盟

全球疫苗免疫联盟（The Global Alliance for Vaccines and Immunizations，简称 GAVI 联盟）以私人基金比尔和梅琳达·盖茨基金会为核心。比尔和梅琳达·盖茨基金会对技术、成本效益和可衡量影响的极大关注促使其投资疫苗接种。该基金会、世界银行、世界卫生组织和儿童基金会重点关注了全球对疫苗，尤其是疫苗免疫的接种。GAVI 联盟更集中地专注于确保符合发展中国家需要的疫苗的供应和交付。

在 20 世纪 90 年代末，近 3000 万名发展中国家的儿童没有接种过基础免疫疫苗，而这些新研发的疫苗往往是难以得到的。凭借比尔和梅琳达·盖茨基金会 1999 年最初承诺捐赠的 7.5 亿美元，这 4 个机构和其他合作伙伴在 2000 年共同发起 GAVI 联盟。[①] 与"全球基

---

① *Origins of GAVI*，GAVI Alliance，http：//www.gavialliance.org/about/mission/origins/.

金"一样，一个政府间组织（联合国儿童基金会）开始主管 GAVI 联盟，也像"全球基金"一样，GAVI 联盟后来成为一个独立的瑞士基金会。[①] GAVI 联盟的成立带有面向低收入国家的三重使命：扩大基本疫苗接种覆盖率；加快富裕国家引进的新疫苗的应用；激励相关领域研究。

GAVI 联盟资助国家通过其免疫支持服务来扩大免疫覆盖率，投资目标为基础设施，包括卫生工作者的培训、车辆和加强冷链，以便疫苗能够保持在适当的温度。GAVI 联盟资助更安全的注射行为，包括自动一次性注射器，以免卫生工作者通过重复使用注射器而在无意中传播疾病。

与当代的思想相一致，GAVI 联盟已经为加强卫生系统建立了一个资金链。GAVI 联盟鼓励有关交付疫苗所需的社区和区级系统的项目申请，特别是关于卫生人力、药物、设备和基础设施，以及组织和管理的项目。资助项目与国家卫生战略密切相关，为期 1 至 5 年。除了免疫覆盖率外，资助项目还包括加强孕产妇和儿童保健服务。

除了对免疫覆盖率的直接支持，GAVI 联盟旨在通过降低疫苗价格、保证充足的货源并催化疫苗开发以满足较贫穷国家的需求来改革全球市场。此外，通过整合需求、提高可预见性和增加资金，GAVI 联盟鼓励制造商参与疫苗的生产，尤其是在发展中国家。通过扩大疫苗市场，GAVI 联盟还鼓励分级定价，即在低收入国家以更低的成本售卖相同的疫苗，以扩大疫苗市场。GAVI 联盟致力于通过创新融资来改革疫苗市场。其"先期市场承诺"（Advance Market Commitment，

---

① *Institutional Timeline*，GAVI Alliance，http://www.gavialliance.org/about/mission/institutional-timeline/；*Governance and Legal Structures*，GAVI Alliance，http://www.gavialliance.org/about/governance/legal-structures/.

简称 AMC）的目的是纠正市场固有的缺陷，即制造商由于市场的不可预测性，而不愿意投资主要存在于发展中国家的疾病的研究。AMC 保证这些疫苗的资金，从而刺激市场并催化研究和开发，除此外还保证足够的生产能力。通过 AMC，肺炎链球菌疫苗最初每剂花了 GAVI 联盟 7.00 美元，后来降为 3.50 美元，与高收入国家的价格相比减少了 90% 以上。GAVI 联盟估计，到 2030 年肺炎链球菌疫苗的 AMC 将挽救 700 万生命。[①]

"国际免疫融资机制"（The International Finance Facility for Immunization，简称 IFFIm）是 GAVI 联盟的其他创新融资机制。IFFIm 成立于 2006 年，通过在资本市场出售债券，并由长期捐助者承诺支付给债券持有人来运作。因此，GAVI 联盟收到来自债券持有人的前期资金，同时捐助者经过多年的时间偿还给债券持有人。AMC 和 IFFIM 的区别为，AMC 确保长期的、可预见的疫苗供应，而 IFFIm 为 GAVI 联盟同时提供 AMC 和 IFFIM 的区别为，即时的和长期的资金。

GAVI 联盟致力于发展合作伙伴关系，GAVI 联盟的 4 个创始机构——比尔和梅琳达·盖茨基金会、世界卫生组织、世界银行和联合国儿童基金会——是 GAVI 联盟的董事会永久成员。在国家层面，GAVI 联盟围绕一个多方利益相关者模式，设立"机构间协调委员会"。GAVI 联盟在项目审查上一直很严格。GAVI 联盟在卫生系统上的筹资也部分地与项目进展情况挂钩。2011 年，GAVI 联盟的董事会决定，它将把现金拨款分为两部分：固定金额和基于绩效的总和。绩效拨款要求国家达到改进免疫覆盖率和公平的目标。跟疫苗资金一样，卫生系统资助根据一个国家的出生队列和人均收入设有上限。

---

① Tania Cernuschi et al., *Pneumococcal Advance Market Commitment: Lessons Learnt on Disease and Design Choices and Processes*, Geneva: GAVI Alliance, 2011.

通过严格界定其资助的范围，GAVI 联盟可以很好地预测其自身的融资需求，同时限制其整体的资金需求。GAVI 联盟通过要求政府共同筹资，筹资份额根据国民收入来确定，其目的是要确保国家的必要资金需要，并使国家走上自给自足的道路。

三、私人基金会

私人基金会是法律承认的非营利性公司或慈善信托实体，首要的目的是对不相关组织、机构或个人进行科学、教育、文化或其他慈善资助。

私人基金会长期以来在全球卫生治理上发挥着历史性的作用，来自私营部门的发展基金在全球健康治理中的作用不容忽视。私人基金会对全球卫生的贡献约为 10%。2007 年，美国基金会中心评估，美国私人基金会对全球卫生的贡献约为 20 亿美元，同年仅比尔和梅林达·盖茨基金会一家就贡献了 218 亿美元中的 3.9%，因此影响着其他私人基金会将资金投向全球卫生领域。①

洛克菲勒基金会（Rockefeller Foundation）是美国历史上最具影响力的私人基金会之一，由石油大亨约翰·D. 洛克菲勒（John D. Rockefeller）于 1913 年创立，总部位于纽约。基金会采用家族与非家族成员共治的科学化、规模化的理事会管理慈善模式，注重长期目标与区域合作管理运行旨在整合家族慈善资源、协调成员行动并加强家族联系。基金会建立初期以支持家族成员的项目为主，后逐步扩展至民权、环境保护、全球和平等领域，并在全球范围内推动可持续发展的实践。该基金会工作的核心领域是全球健康，它资助疟疾和黄热病的研究，推动中国的医疗系统发展和成立中华医学

---

① ［瑞士］勒夫贝尔：《创新卫生伙伴关系：多元化的外交》，郭岩译，北京大学医学出版社 2014 年版，第 137 页。

基金会（The China Medical Board），为医学院校提供资金。洛克菲勒基金会早期聚焦公共卫生、医学研究、农业科学和教育，后扩展至全球发展、气候变化、公平经济等领域。20世纪初资助钩虫病、疟疾和黄热病研究，推动全球疾病防控。该基金会参与成立了世界卫生组织的前身机构。该基金会还资助建立了诞生过多位诺贝尔奖得主的洛克菲勒医学研究所（现洛克菲勒大学）。该基金会支持青霉素的研发和普及。20世纪50-60年代资助"绿色革命"，即通过种植高产作物（如小麦、水稻）缓解全球饥荒。援建北京协和医学院（1917年），北京协和医学院的建立是中国现代医学的里程碑。[①] 截至2023年，该基金会资产约80亿美元，年资助额超2亿美元。今天，该基金会倡导全民健康覆盖并支持加强卫生系统的建设，其中包括在电子卫生保健新兴领域中使用移动电话、笔记本电脑和其他信息技术。洛克菲勒基金会一个世纪的资助，证明了具有远见的企业家能够对全球卫生产生十分积极影响。

1994年成立的比尔和梅琳达·盖茨基金会拥有更大的影响力和更多的资源。该基金会根据可能会对发展中国家造成的潜在影响程度来发放拨款。该基金会资助在非洲一些国家、印度和中国的控烟项目，还包括在印度和中国的主要艾滋病项目。[②]

比尔和梅琳达·盖茨基金会集中体现了基金会的创新作用，强调它"热衷于在各个层面改变全球健康的创新潜力。在基础科学方面的创新可能导致大的突破，但同样重要的是，在我们给那些有需

---

① 《洛克菲勒家族投巨资，如何在中国建立"北京协和医学院"？》，载 https://baijiahao. baidu.com/s? id=1830916678279963778&wfr=spider&for=pc，最后访问日期：2025年7月2日。

② *Tobacco Control: Strategy Overview*, Bill & Melinda Gates Foundation, http://www. gatesfoundation.org/What-We-Do/Global-Policy/Tobacco-Control; *HIV: Strategy Overview*, Bill & Melinda Gates Foundation, http://www.gatesfoundation.org/What-We-Do/Global-Health/HIV.

要的人提供负担得起的、有效的卫生工具所采取的方式上所进行创新。"① 该基金会还在抗艾滋病毒感染、疟疾和结核病的药物和疫苗的研究上投入巨资。

该基金会对于成本效益的偏好驱使其对"卫生计量系统网络"（The Health Metrics Network）进行资助以改善卫生项目的评估，并对治疗预防肺炎和腹泻等儿童疾病的疫苗进行资助。该基金会作为一个独立的组织，不受那些制约政府的政治压力的影响，因而能够进行立足长远、失败风险较小的投资。

该基金会的一个首要任务是消除脊髓灰质炎。成功根除脊髓灰质炎不仅能结束这种曾经每年造成成千上万儿童瘫痪的疾病，而且会比长期控制这种疾病更加便宜。

四、国内非政府组织

非政府组织是指依法建立的、相对独立于国家政府系统，以社会成员的自愿参与、自我组织、自主管理为基础，以参与社会公益活动或者互益活动为主旨的非营利性、非政治性、非宗教性的一类组织。② 非政府组织的特点是组织性、民间性、非营利性、自治性及自愿性。非政府卫生组织是指依法建立的、相对独立于国家政府系统，以社会成员的自愿参与、自我组织、自主管理为基础，以参与卫生健康社会公益活动或者互益活动为主旨的非营利性、非政治性、非宗教性的一类组织。我国非政府卫生组织主要包括各类由医疗卫生工作者自愿组成的医疗卫生学术团体卫生学会、由医药行业工作者自愿组成的产业经济性团体卫生协会、基金会及由广大群众卫生

---

① Bill & Melinda Gates Foundation, *Global Health Program Overview*, Seattle: Bill & Melinda Gates Foundation, 2010.

② 马庆钰:《中国非政府组织发展与管理》，国家行政学院出版社 2007 年版，第 3 页。

志愿者组成的民间卫生组织等。目前非政府卫生组织在我国医疗卫生领域发展迅猛、分布广泛，涵盖了医疗卫生领域内的各个细分行业。如中华医学会、中华预防医学会、中医学会、中华药学会、中华护理学会、中国医药协会、中国防疫协会、中国农村卫生协会等。长期以来，这些组织坚持不懈地通过推广普及健康教育和宣传、自救，推动医疗卫生领域的公众参与、推动医药科技进步、化解医疗纠纷、改善医患关系、推广医药产品、组织医疗卫生科研及促进国际医疗卫生交流等活动。这些组织为我国医疗卫生事业做出了积极贡献，对政府医疗卫生工作起到了补强作用。另外，在医疗救助领域，一些慈善组织也在医疗卫生活动中起到积极作用。2013 年 8 月公布的《民政部关于加强医疗救助与慈善事业衔接的指导意见》中充分肯定了慈善事业对于医疗救助的重要作用，鼓励各类慈善力量通过动员社会资源，为困难群众提供形式多样的医疗救助，帮助其解决看病就医负担。"嫣然天使基金""北京首善儿童肿瘤基金会"等慈善基金已成为多层次医疗保障的重要资源。

第三章

《国际卫生条例》：全球卫生法的"基本法"

　　《国际卫生条例》是管理全球健康的国际准则，《国际卫生条例》是 21 世纪最重要的全球卫生条约，也是全球传染病防治法律制度的核心制度。2024 年，第七十七届世界卫生组织通过了新修订的《国际卫生条例（2024）》，这是自 2005 年起，经历了近二十年的谈判、讨论和协商对该条例的首次重大修改。国际社会普遍认为亟须修订《国际卫生条例（2005）》，旨在加强全球应对公共卫生事件的能力，切实吸取全球大流行的教训。《国际卫生条例（2024）》标志着在抵抗传染病以及其他突发公共卫生事件，尤其是有可能跨越国界的突发公共卫生事件领域，全球健康合作的一个重大调整，《国际卫生条例（2024）》仅为增强开展合作和治理的透明度而建立网络，同时也要求所有成员国发展核心能力。

第一节　《国际卫生条例》的起源和历史演进

一、《国际卫生条例》的起源

　　早期国际卫生法律规范的确立始于传染病的防控。历史上，国际社会很早就认识到传染病并没有国界，各国必须建立合作的制度以控制疾病的蔓延。19 世纪，欧洲经历了数次霍乱大流行，1851 年第一届国际卫生大会召开，最初目的就是应对欧洲霍乱大流行。1892 年第七届国际卫生大会确立了第一个《国际卫生公约》，直到 1897 年第十届国际卫生大会召开之前，霍乱是国际卫生大会唯一关注的焦点。1897 年限制灭鼠的公约被采用，1903 年新的《国际公共卫生公约》把灭鼠认证的做法编入法典。1907 年《罗马协议》（The Rome Agreement）创建了总部设在巴黎的国际公共卫生办公室（The Office International d'Hygiene Publique，OIHP），把《国际公共卫生公约》委托给国际公共卫生办公室。1926 年《国际卫生公约》得到扩展，在针对的事件中增加了天花和斑疹伤寒。1933年一个单独的《航空国际卫生公约》被颁布以解决跨国航空旅行的公共卫生影响问题。

尽管国际传染病法的制定最初源自一些发达国家对生命健康安全重要性的感知。似乎最初对于这些发达国家来说最重要的是免受外部威胁的自我保护，而不是改善贫穷国家的卫生状况。但是，早期的传染病防治在国际法律的角度客观上推动了国际社会传染病防控，为世界人民的健康福祉添写了浓墨重彩的一笔。

二、《国际卫生条例》的确立和发展

第二次世界大战后，国际社会成立了联合国组织，二战后的世界满目苍凉，人的生命尊严被战争无情践踏。人们对于生命尊严和健康产生了前所未有的强烈期盼。世界卫生组织是全球管理和保障全球生命健康的专门机构，是国际上在联合国成立后建立的第一个联合国组织，这充分表达了人们对全球健康和生命尊严的高度关注。1948年，世界卫生组织成立。1951年5月25日，第四届世界卫生大会通过了《国际公共卫生条例（1951）》以取代《国际公共卫生公约》。《国际公共卫生公约》经过重新命名和谈判成为《国际公共卫生条例（1951）》。新的条例关注的仍然是边境的疾病控制问题，主要应对以霍乱、鼠疫和黄热病为主的六种疾病。《国际公共卫生条例（1951）》包括六种须报告的疾病：霍乱、鼠疫、流行性斑疹伤寒、回归热、天花和黄热病。《国际公共卫生条例（1951）》要求各成员国承担向世界卫生组织通报疾病暴发的情况和防控国境传染病的义务。

1969年，第二十二届世界卫生大会把《国际公共卫生条例（1951）》更名为《国际卫生条例（1969）》，不再应对流行性斑疹伤寒和回归热,只留下霍乱、鼠疫、天花和黄热病。在 20 世纪的剩余时间里,《国际卫生条例(1969)》基本保持不变。

1973 年,第二十六届世界卫生大会修改《国际卫生条例(1969)》有关霍乱的内容。1981 年,第三十四届世界卫生大会鉴于全球根除天花的目标而把天花排除在外。这一时期国际卫生法的边缘化和停滞不前与许多国家的自满有关,因为许多发达国家错误地认为传染病的时代已经过去,即使这些疾病继续肆虐非洲、亚洲和拉丁美洲。

20 世纪 80 年代开始,艾滋病出现并在全球传播。霍乱等疾病再次出现,1995 年刚果共和国暴发大规模的埃博拉病毒,人们认识到《国际卫生条例(1969)》缺乏灵活性、不足以应对新发传染性疾病的威胁,需要重新修订。1995 年的世界卫生大会通过了相关决议,呼吁对《国际卫生条例(1969)》进行修订。2001 年 5 月,世界卫生大会通过了题为《全球健康保障:对流行病的预警和反应》WHA54.14 号决议,决议要求世界卫生组织支持成员国加强发现和迅速应对传染病威胁和突发事件的能力。2002 年通过了题为《全球对影响健康的生物和化学物质或核放射材料的自然发生、意外泄漏或故意使用的公共卫生反应》WHA55.16 号决议。这些决议强调了修订《国际卫生条例(1969)》的重要性,但是没有产生实质结果。

2003 年呼吸系统综合征在全球范围内暴发,新发传染性疾病潜在的国际威胁再次显现。接着一年后在泰国出现了人感染高致病性禽流感(HPAI)的第一个人类病例。许多低收入国家缺乏对健康危害的早期发现和管理所需的监测能力,事实证明《国际卫生条例(1969)》不足以应对这些挑战。国际社会深刻认识到传染病防控的信息透明度和全球合作的重要性。呼吸系统综合征证明"比国际关系中以往任何治理创新更加激进的传染病治理战略已经成熟。"① 国际社会不得不重新思考全球合作，2005 年的世界卫生大会很快确立了新修订的《国际卫生条例（2005）》。

《国际卫生条例（2005）》对整个政府，而不是某个特定部门具有法律约束力，而且各缔约国受其所有规定的约束。该条例把世界卫生组织的管辖权从传染病的狭小范围扩大到具有国际重要性的公共卫生风险的整体范围。《国际卫生条例（2005）》着眼于全球防范，其措施从监测和能力到反应和边境控制。其累积效应可能改变世界卫生组织在国际法上的作用和地位，并建立了一个协调一致的全球防范框架。② 为应对全球健康威胁，《国际卫生条例（2005）》使得世界卫生组织在传染病监测、核实、建议及健康援助等方面的权力进一步扩展。

第二节　《国际卫生条例（2005）》确立的制度

《国际卫生条例（2005）》是在世界卫生组织主导下制定的。2005 年 5 月，第五十八届世界卫生大会通过了现行有效的《国际卫生条例（2005）》，于 2007 年 6 月 15 日生效，共有 196 个缔约国。

《国际卫生条例（2005）》包括 10 个部分 66 条和 9 个附件，规定了一套针对公共卫生风险防控与应对的国际法律制度，包括所有缔约国都有义务利用现有的国家机构和资源，建设、加强和保持突发公共卫生事件监测、风险评估、报告、核实、应对和合作。赋予世界卫生组织就应采取的公共卫生措施提出临时建议和长期建议的

---

① David Fidler, *Governance, and the Globalization of Disease*, Basingstoke, UK: Palgrave Macmillan.

② Michelle Forrest, "Using the Power of the World Health Organization: the International Health Regulations and the Future of International Health Law", *Columbia Journal of Law and Social Problems*, Vol. 33. No. 3., 2000, pp. 153 – 179; Allyn L. Taylor, "Controlling the Global Spread of Infectious Diseases: Toward a Reinforced Role for the International Health Regulations", *Houston Law Review*, Vol. 33, No. 5., 1997, pp. 1327–1362.

职能；规定各缔约国应在评估公共卫生信息后的 24 小时内，以现有最有效的通信方式，通过归口单位向世界卫生组织通报相关事件；设立突发事件委员会和审查委员会；等等。

一、《国际卫生条例（2005）》的宗旨与原则

《国际卫生条例（2005）》第 2 条规定："本条例的目的和范围是以针对公共卫生危害、同时又避免对国际交通和贸易造成不必要干扰的适当方式预防、抵御和控制疾病的国际传播，并提供公共卫生应对措施。"《国际卫生条例（2005）》在国家和国际层面上都发挥作用以便在国家领土内和国境上进行持续的监测和反应，以及协调和适度地对跨国风险进行全球监测和控制。《国际卫生条例（2005）》力求实现安全、贸易和人权的动态平衡。健康和贸易法都把疾病控制视作是嵌入一个通过全球化市场来促进经济活动的国际体系之中。《国际卫生条例（2005）》承认国家具有为了健康的目的限制贸易的权利，在面临某种突发公共卫生事件时，必须在一定程度上牺牲贸易和旅行的利益，但是禁止采取没有科学证据或合理理由的过度措施，避免减少因缩减贸易和旅行而造成不必要的损失。《国际卫生条例（2005）》不仅平衡了健康与贸易，而且还平衡了健康与人权。[①]《国际卫生条例（2005）》第 2 条规定："本条例的执行应充分尊重人的尊严、人权和基本自由；本条例应在联合国宪章和世界卫生组织《组织法》的指导之下执行；本条例的执行应以其广泛用以保护世界上所有人民不受疾病国际传播之害的目标为指导；根据联合国宪章和国际法的原则，国家具有主权权利根据其卫生政策立法和实施法规。在这样做时，它们应遵循本条例的目的。"

---

① Bruce Plotkin, "Human Rights and Other Provisions in the Revised International Health Regulations", *Public Health*, Vol. 121, No. 11., 2007, pp. 840-845.

　　《国际卫生条例（2005）》对国际旅行者的人权与缔约国的合法的公共卫生目标进行平衡。缔约国可以要求国际旅行者提供有关他们的目的地和旅行路线的情况和接受干扰性最小的非创伤性医学检查。未经旅行者本人、其父母或监护人的事先知情同意，缔约国不得对旅行者进行创伤性的医学检查、疫苗接种或其他卫生措施。旅行者必须被告知与这些卫生措施有关的任何健康风险，并且这些卫生措施必须符合既定的国家或国际安全标准。如果旅行者不同意接受这些措施，缔约国可以拒绝该旅行者入境。如果存在控制危急的公共卫生危害的必要，缔约国可强迫旅行者接受医学检查、疫苗接种或预防疾病传播的其他常用的卫生措施（如隔离或检疫）。《国际卫生条例（2005）》保障旅行者的自主权、身体的完整性和自由，要求缔约国采取能够实现公共卫生目标，且干扰性最小、限制最少的卫生措施。这反映了锡拉库萨原则对人权价值观的尊重，即公共卫生权力必须与所涉及的风险相称，并且必须符合国家内部的法律。

二、《国际卫生条例（2005）》确立的新制度

　　第一，国家法律、政策和资金。缔约国必须有一个适当的法律框架，为执行其《国际卫生条例（2005）》义务和保障其权利制定法律和法规。虽然《国际卫生条例（2005）》没有明确要求，国家卫生立法能够使《国际卫生条例（2005）》的施行制度化并得到加强。缔约国有权依据不同的法律制度、国内政策和社会政治背景决定是否以及如何实施《国际卫生条例（2005）》。截至 2010 年，大约有一半的缔约国已修订国内法律以便履行其在《国际卫生条例（2005）》中的义务。一些国家把《国际卫生条例（2005）》文本附加进国内法或把该条例作为参考纳入国内法。

　　第二，国家归口单位。缔约国必须建立国家归口单位并可供随

时联系,国家归口单位负责向世界卫生组织《国际卫生条例(2005)》要求联络点传送紧急通信,并充当一个沟通的机构。《国际卫生条例(2005)》要求国家归口单位建立"一个促进监测信息从本地流通向全球,或在缔约国之间实时流通的全球网络。"几乎所有的国家都成立了国家归口单位。

第三,通报(报告)。缔约国必须监测其领土内存在的公共卫生危害,并在24小时内向世界卫生组织通报有可能构成国际关注的突发公共卫生事件。缔约国应制定应对公共卫生威胁的应急计划。

第四,公共卫生基础设施。公共卫生的发展需要熟练的卫生工作者、数据系统、实验室以及跨部门的协作。

第五,国际关注的突发公共卫生事件。新条例将原有的传染病狭小范围扩展到"所有公共卫生风险",包括新发现的与复发的传染病,还包括涉及食品安全和动物疾病的突发公共卫生事件。

国际关注的突发公共卫生事件被界定为涉及以下四项指标的事件:公共卫生影响的严重性;事件不寻常性或者意外性;事件国际传播的危险性;导致限制旅行或贸易的严重风险性。

缔约国必须评估在其领土内发生的事件,以确定其是否有义务通知世界卫生组织。国家归口单位必须在24小时内以"现有最有效的通讯方式"向世界卫生组织报告可能构成突发公共卫生事件的所有事件。[①] 同样地,缔约国必须向世界卫生组织通报可能构成突发公共卫生事件的任何意外或不寻常的公共卫生事件,在确定发生了有可能引起疾病国际传播的公共卫生危害后的24小时内报告世界卫生组织,其具体依据包括出现病例、携带感染或污染的媒介或受污染

---

① 参见《国际卫生条例(2005)》第6条。

物品的输出或输入。《国际卫生条例（2005）》的决策文件要求缔约国报告满足以下四个情境标准的两个或两个以上的事件：①严重的公共卫生影响；②不寻常或出乎预料的事件；③国际传播的严重危险；④采取国际旅行或贸易限制措施的严重危险。例如，中东呼吸综合征（MERS）的出现明显符合至少两个类别，那么就有通报世界卫生组织的义务。

总干事拥有宣布突发公共卫生事件的专属权。[①]虽然缔约国必须报告可能构成这种紧急情况的疾病事件，但总干事有对于是否构成突发公共卫生事件做出最终决定的权力。虽然总干事必须与本国领土上发生疾病事件的缔约国协商，但不一定要遵循缔约国的意见。因此，缔约国拒绝合作并不会阻止世界卫生组织的行动。世界卫生组织不自动发布《国际卫生条例（2005）》的通知，而是通过启动与通报与疾病事件缔约国的对话，就进一步评估、调查所需采取的措施进行磋商。缔约国有义务继续向世界卫生组织提供关于所通报事件的及时的、确切的和充分详细的公共卫生信息，还包括缔约国需要的支持。缔约国可以随时让世界卫生组织对此事件知情，并与世界卫生组织就应对不被确定为突发公共卫生事件的事件所采取的卫生措施进行磋商。这种情况可能发生，例如，当现有的信息不足以完善决策文件时。

《国际卫生条例（2005）》第9（2）条规定："在可行的情况下，缔约国应当在获得在本国领土外确认发生有可能引起疾病国际传播的公共卫生危害证据后的24小时内报告世卫组织，其依据为出现以下输出或输入性：人间病例；携带感染或污染的媒介；或受污

---

① 参见《国际卫生条例（2005）》第12条。

染物品。"

《国际卫生条例（2005）》明确授权世界卫生组织考虑非官方的消息来源，如非政府组织、独立的科学家、社会网络平面媒体和电子媒体的新闻报道。利用新的监测信息技术一直是世界卫生组织全球疫情警报和反应网络（Global Outbreak Alert and Response Network，GOARN）的核心，该网络是现有的技术合作机制，集中人力和技术资源以便快速鉴别、确认和应对国际上重要的疾病。

世界卫生组织有机会获得民间信息，有权要求缔约国对信息进行核实，以及有权力与国际社会分享信息，鼓励各缔约国遵守该条例。鉴于信息传播的迅速，世界卫生组织将可以通过国家或非国家组织来源获取数据。缔约国得到的教训可能是，彼此透明和合作为最大限度地减少传染病的卫生和经济后果提供了最佳路径。

《国际卫生条例（2005）》授权世界卫生组织向缔约国提出长期和临时建议。这一权力使该组织在平衡健康保障与人权、国际旅行和贸易的同时，从科学和公共卫生的角度为最有效的卫生措施提供指导。

根据《国际卫生条例（2005）》第47条的规定，总干事应当确立由所有相关领域专业的专家组成的名册。《国际卫生条例（2005）》第48（1）条规定："总干事应成立突发事件委员会，应总干事要求就以下方面提出意见：某个事件是否构成国际关注的突发公共卫生事件，国际关注的突发公共卫生事件的结束以及建议发布、修改、延续或撤消临时建议。"《国际卫生条例（2005）》第50（1）条规定："总干事应当成立审查委员会，其职责如下：就本条例的修订，向总干事提出技术性建议；向总干事提出有关长期建议和对其修改或撤消的技术性意见；向总干事就所交付与本条例的实施有关的任何事宜提供技术性意见。"根据《国际卫生条例（2005）》第 15 条的规定，若确定正发生国际关注的突发公共卫生事件，总干事应当根据程序发布临时建议。

《国际卫生条例（2005）》力求促进缔约国更好地履行该条例。然而，该条例很少给予世界卫生组织明确的权力以监控缔约国对条例的履行、实施制裁或提供奖励，这是《国际卫生条例（2005）》的最严重的结构性缺陷。《国际卫生条例（2005）》主要依靠全球规范和透明度，因为民间社会和国际社会会要求缔约国对其决策负责。国际合作将是《国际卫生条例（2005）》取得成功的一个关键因素。《国际卫生条例（2005）》肯定了世界卫生组织在全球疫情警报和反应中的领导作用，授予该组织在管理全球卫生安全上的主要责任。《国际卫生条例（2005）》授予总干事协调国际监测、宣布国际关注的突发公共卫生事件、维持公共卫生核心能力、充当信息枢纽（接收缔约国报告和发布数据）和向缔约国提出建议的权力。总干事和世界卫生组织联络点会寻求突发事件委员会的外部建议，与其他主管组织协调一致，并与国家归口单位和相关政府部门进行沟通。

世界卫生组织在协调多个国家间的、国家与非政府组织间的、公共与私人间的活动的同时，也在与它们的协作中发挥了重要作用。[①]《国际卫生条例（2005）》已经得以扩展，以应对生物的、化学的和核放射性的灾害。这意味着世界卫生组织必须与传统上不被视为具有公共卫生义务的国际组织合作，这些组织在不同的法律制度中运作，如贸易、人权、食品安全、空中和海上运输。鉴于动物

---

① Max Hardiman, "The Revised International Health Regulations: A Framework for Global Health Security", *International Journal of Antimicrobial Agents*, Vol. 21, No. 2., 2003, pp. 207-211.

和食品在人类健康和疾病中的重要性,世界卫生组织《国际卫生条例(2005)》实施情况审查委员会强调世界卫生组织、世界动物卫生组织和联合国粮农组织之间的联系。

在一个多边、多组织、多网络的环境下,需要国际合作来保障全球卫生安全。《国际卫生条例(2005)》授权或要求加强与国际组织的沟通和协作,并支持本条例与其他国际制度的协调。该条例指定世界卫生组织作为实现这些目标的理事机构。世界卫生组织如何能够成功地协调多个实体以及它是否有权力去达到这一目标仍然是一个艰巨的问题。虽然技术合作伙伴关系是至关重要的,但是无论是世界卫生大会还是缔约国,都没有提供世界卫生组织实现其广泛的任务所需的资源。

三、《国际卫生条例(2024)》

尽管《国际卫生条例(2005)》是一部达成国际社会广泛共识的文件,《国际卫生条例(2005)》依旧存在一些不足和问题,该条例要求缔约国利用现有的国家机构和资源,来满足该条例的核心能力要求。《国际卫生条例(2005)》同样要求缔约国提供财政和技术资源,该条例要求世界卫生组织协助各缔约国,但实际上《国际卫生条例(2005)》没有分配任何资金用于这一目的,而且上述义务是不具约束力,只要求缔约国"尽可能"遵守。《国际卫生条例(2005)》对于如何满足能力建设的经济需求这一问题保持沉默,这构成了该条例没有提供明确答案的一个严重缺陷。

在基于一些国家利益和国家主权的问题上,在有关传染病的核实程序、世界卫生组织能否依靠非国家主体提供的报告以及世界卫生组织调查小组能否跨国界行动等的具体问题上,各主权国家间还没有达成真正的一致共识。

过去的二十年间，全球并没有因为物质文明的高度发达而实现真正的健康公平和正义，全球范围内出现了非典、H5N1、H1N1、H7N9、埃博拉病毒、寨卡病毒、猴痘、登革热等多种传染病在全球或局部暴发。全世界人民饱受传染病暴发流行的健康威胁。传染病全球防控已然上升成为全球治理的重中之重。有关《国际卫生条例（2005）》在全球传染病防治中的困境和教训，重塑了全球传染病防控体系，加强监测、疫苗研发和公共卫生合作成为国际共识。

2022 年 1 月，第七十五届世界卫生大会召开前夕的，美国就"国际关注的突发公共卫生事件"的信息要求向世界卫生组织提出修订建议，美国建议完善公共卫生风险下世界卫生组织和国家的调查与合作方法，建议设立遵约委员会以监督缔约国的守约情况。世界卫生组织执行委员会随之决定考虑《国际卫生条例（2005）》的修订问题。2022 年 5 月，第七十五届世界卫生大会召开。这次大会率先通过了《国际卫生条例（2005）》第 59 条"生效、拒绝或保留的期限"的修订决议。该决议要求缩短《国际卫生条例（2005）》修正案的生效期限。根据这一决议，《国际卫生条例（2005）》修正案的生效时间由原来的 24 个月缩短为 12 个月；缔约国对"《国际卫生条例（2005）》修正案作出拒绝或保留的期限"，由原来修正案通过之日起的 18 个月缩短为 10 个月。自第七十五届世界卫生大会起，《国际卫生条例（2005）》修订程序正式启动。在上述事项中，有一些修订议题引发了世界卫生组织成员国较多讨论。

第一，《国际卫生条例（2005）》的"目的和范围"。《国际卫生条例（2005）》第 2 条规定："本条例的目的和范围是以针对公共卫生风险，同时又避免对国际交通和贸易造成不必要干扰的适当方式，预防、抵御和控制疾病的国际传播，并提供公共卫生应对措施。"当前，各个国家建议修订该条例，以扩展《国际卫生条例（2005）》的目的和范围。一是建议将《国际卫生条例（2005）》的调整范围从现在的"公共卫生风险"扩大至"可能影响公共卫生的所有风险"；二是建议将"避免对国际交通和贸易造成不必要干扰"扩大至还要求避免对"生计、人权以及公平获取卫生产品和卫生保健技术及专门技能"造成不必要干扰；三是建议将《国际卫生条例（2005）》的目的从现在的"预防、抵御和控制疾病"扩大至"预防、抵御、防范和控制各种疾病"；四是建议在《国际卫生条例（2005）》目的中将现在的"提供公共卫生应对措施"明确为"提供公共卫生应对措施，包括通过加强卫生系统的准备和抵御能力"，即将"加强卫生系统的准备和抵御能力"作为公共卫生应对措施的重点。

第二，《国际卫生条例（2005）》的遵守和实施问题。有建议提出《国际卫生条例（2005）》应新增设遵约委员会、实施委员会或新增强制审查机制，以加强缔约国实施和执行《国际卫生条例（2005）》。这些提案试图填补《国际卫生条例（2005）》现行文本中的治理空白，涉及新增世界卫生组织的相关职能。

第三，公共卫生事件中的数据共享与信息流动问题。数据共享与信息流动是有效应对有国际传播可能的公共卫生事件的重要基础。《国际卫生条例（2005）》第5-14条确立了一套信息披露机制。有建议提出缔约国有义务与世界卫生组织共享基因序列数据，并在某些情况下共享其他数据；也有反对建议认为，共享数据应基于缔约国的能力和现行国内立法。相关审查报告指出，为了更好地防范未来的大流行，《国际卫生条例（2005）》有若干领域需要改进，可予以补充完善或有针对性地修改。

2005 年前后，中国根据实际情况，完善了国内卫生法律体系。相继公布并施行了《突发公共卫生事件应急条例》《中华人民共和国传染病防治法》，于 2007 年修正了《中华人民共和国国境卫生检疫法》，《中华人民共和国基本医疗卫生与健康促进法》第 4 条规定："国家和社会尊重、保护公民的健康权。国家实施健康中国战略，普及健康生活，优化健康服务，完善健康保障，建设健康环境，发展健康产业，提升公民全生命周期健康水平。国家建立健康教育制度，保障公民获得健康教育的权利，提高公民的健康素养。"第 6 条规定："各级人民政府应当把人民健康放在优先发展的战略地位，将健康理念融入各项政策，坚持预防为主，完善健康促进工作体系，组织实施健康促进的规划和行动，推进全民健身，建立健康影响评估制度，将公民主要健康指标改善情况纳入政府目标责任考核。全社会应当共同关心和支持医疗卫生与健康事业的发展。"此外，中国还制定了《"健康中国 2030"规划纲要》，发布《中国健康事业的发展与人权进步》等多份白皮书，促进人民健康权的维护与保障。2022 年联合国第六委员会相关议题的发言中，中国代表表示，中国致力于推进疫情防控国际法治合作，积极参与、配合世界卫生组织《国际卫生条例（2005）》的修订工作并认真履行义务，推动完善公共卫生秩序。中国在"区级卫生条例"修订工作组召开的多次会议中，中国提到了众多国家共同关注的议题，如国家归口单位的重要性。在国际社会的积极努力下，2024 年，第七十七届世界卫生大会召开，对法律实践问题作出回应，对《国际卫生条例（2005）》的一些条款进行了新的修订。

第一，新增"防范"（Pandemic Preparedness）概念，要求各国定期评估卫生系统能力，制定防范计划，并接受同行审查。强调对一些发展中国家的资金和技术支持,以降低全球卫生的不平等。

第二,定义"缔约国协商过程"当世界卫生组织宣布"国际关注的突发公共卫生事件"时,需与受影响国家协商,但最终决定权仍归世界卫生组织,世界卫生组织需要平衡国家主权与国际协作之间的关系。

第三,信息共享与透明度。各国须在 24 小时内报告可能构成"国际关注的突发公共卫生事件"的疫情信息(原为 48 小时)。要求共享病原体样本和基因序列数据,同时保障"获取和惠益分享"(ABS)机制。

第四,世界卫生组织的协调作用。强化世界卫生组织更快发布非官方来源的疫情信息(如科学家或媒体报道)的功能,即便未经成员国同意,也要建立新的"实施委员会"来监督条例的执行情况。

第五,公平应对机制。新增条款要求高收入国家协助低收入国家以获取疫苗、治疗和诊断工具(如通过技术转让或豁免知识产权)。

此次修订被视为全球卫生治理的重要进步,但实际效果取决于各国政治意愿和资源投入。

第四章

《世界卫生组织大流行协定》：
大流行病应对法

第一节　《世界卫生组织大流行协定》的背景

大流行病的多边防备和应对格局已经发生了变化:建立了大流行病基金;为未来大流行病开发了医疗对策平台;政府就大流行病协议进行了谈判。但全球卫生治理短板依旧存在,全球卫生安全治理面临严峻挑战,各国意识到需要加强国际合作,共同提升应对大流行病的能力。

2020 年 4 月,智利首次提出制定国际大流行病条约的设想。2021 年 12 月世界卫生组织成员国决定制定新的大流行防范协议。2021 年 12 月,世界卫生组织成员国一致认为迫切需要制定有法律约束力的国际协议,以提升全球应对未来大流行病的能力,推动资源共享,并实现疫苗和药物的公平分配。2021 年 12 月,世界卫生大会召开了一次特别会议,这是世界卫生组织成立 75 年来召开的第二次特别会议。在这次特别会议上,大会决定设立政府间谈判机构,起草和谈判一项公约、协定或其他国际文书(简称"大流行公约"),以加强对大流行的预防、防范和应对。而这种"大流行"被界定为一种在全球范围内暴发并持续传播的病原体,且会造成免疫力低下、死亡率高、社会和经济混乱,需要全球合作才能控制。2021 年底,世界卫生大会特别会议成立了政府间谈判机构,负责起草和谈判该协定。在"大流行公约"政府间谈判机构会议上,我国提出重视"大流行公约"的磋商谈判过程,主张"大流行公约"的制定应尊重成员国主权和相关权益,坚定维护多边治理机制,维护人类卫生健康共同体理念,尊重多样性和差异性、公平性等原则,"大流行公约"的谈判要特别体现公平团结和协商一致原则。中国进一步表达了希望各方共同努力以达成共识的愿景,希望各方都能在谈判中展现建设性态度，紧密合作，以实际行动推动人类卫生健康共同体。就"大流行公约"的具体内容，我国认为仍需要从技术、财政和资源层面进一步加大对发展中国家的支持力度，提高发展中国家对大流行病的发现能力和应对能力。同时，我国支持建立统一多边机制下的病原体获取和惠益分享系统，以确保获取卫生产品的公平性。

2024 年召开的第七十七届世界卫生大会除了修订《国际卫生条例（2005）》，根据《世界卫生组织组织法》第 19 条和第 21 条，世界卫生组织有制定其权限内任何事项国际协定或公约的权力，世界卫生大会有通过与预防疾病等事项相关的规章条例的权力。在第七十七届世界卫生大会上，世界卫生组织发表了联合国关于大流行病预防、准备和应对的政治宣言。2025 年 4 月 16 日，世界卫生组织"大流行公约"草案达成。2025 年 4 月 16 日世界卫生组织各成员国在瑞士日内瓦敲定"大流行公约"草案，该协定谈判由世界卫生组织主导，协定草案提交 5 月召开的世界卫生大会审议。该协定旨在改进全球大流行病防范与应对机制，概述了在未来面临全球健康威胁时，建立稳定的国际合作、公平和复原力的框架。协定草案的达成标志着"历史性进步"。2025 年 5 月第七十八届世界卫生大会召开，审议通过了《世界卫生组织大流行协定》，该协定将在至少 60 个成员国批准后生效。尽管协定以协商一致方式通过，但仍有 11 个国家投下弃权票，包括意大利、俄罗斯、伊朗等。意大利政府解释称，弃权是为了重申对国家主权的维护，但其认可协定中关于主权保障的条款。美国因已启动退出世界卫生组织程序，未参与谈判且不受协定约束，其立场被批评为削弱全球合作基础。

第二节 《世界卫生组织大流行协定》

"大流行公约"对全球公共卫生安全具有多方面的具体影响，主要体现在完善治理体系、促进公平性、增强应对能力等方面，《世界卫生组织大流行协定》确立的主要制度包括以下几个方面：①

第一，完善全球公共卫生治理体系。公约提出建立一系列新的工作平台和机制，旨在全面改革现有大流行监测、防范和应对体系，有助于明确各国在公共卫生领域的责任和义务，规范全球公共卫生事务的处理流程，加强各国之间的协调与合作，使全球公共卫生治理更加有序和高效。

第二，建立病原体获取和惠益分享系统。公约提出建立由世界卫生组织管理的"世卫组织病原体获取和惠益分享系统"，协定明确了覆盖疫苗、治疗及诊断技术等领域的多边合作框架，创新性设立"世卫组织病原体获取与惠益分享系统"。可迅速和及时分享具有大流行潜力的病原体的材料和序列信息，并分享因使用这些材料和序列信息产生的惠益。这既有利于各国及时了解病原体相关信息，提前做好防范准备，也能激励各国积极参与病原体研究，共享研究成果。按照协定，签约制药商将向世界卫生组织提供快速获取针对造成突发大流行的病原体的安全、优质、有效的疫苗、治疗方法和诊断工具，目标是实时产量的 20%，并根据公共卫生风险和需要向各国分发这些产品，特别注意发展中国家的需要，优先分配给发展中国家。这有助于确保发展中国家在面对大流行病时能够获得关键医疗资源。

---

① 《世界卫生大会审议通过〈大流行协定〉》，载 https://www.humanrights.cn/2025/05/21/d4901d0be8df41619e170fb894909d83.html，最后访问日期：2025 年 8 月 19 日。

第三，促进与大流行相关卫生产品技术和知识转让，加速疫苗和药物的研发与生产。协定要求各缔约方合作构建、强化并维持研发能力与机构的地区多样性，尤其侧重发展中国家。协定还规定各缔约方应与世界卫生组织合作，加强和发展旨在促进和便利相互商定的技术转让的机制和倡议。支持发展中国家的研发能力和研发机构建设，促进发展中国家参与研究，并快速分享研究信息和成果。这将有助于整合全球科研资源，加速大流行相关卫生产品的研发进程，同时确保研发成果能够及时在全球范围内共享。在各国和全球范围内动员技能娴熟、训练有素的卫生应急队伍，加强国际合作与协调。建立大流行财政协调机制及全球供应链和物流网络，确保卫生产品的及时供应和分配。建立由世界卫生组织主导的全球供应链和物流网络，保障全球公共卫生需求，特别是关注发展中国家的需要，有助于解决以往大流行病期间出现的卫生产品分配不均问题。协定还强调建立全球供应链和物流网络，努力消除障碍，确保有需要的国家以公平、及时、迅速、安全和负担得起的方式获得大流行相关卫生产品。

第四，提供可持续资金支持。公约设立了资金协调机制，为实施公约提供更可持续和可预测的资金支持。充足的资金是开展公共卫生工作的重要保障，有助于各国加强卫生基础设施建设、培训卫生人员、储备应急物资等，提升全球整体的公共卫生防护水平。《世界卫生组织大流行协定》是一项具有划时代意义的国际协定，它将为全球应对未来大流行病提供有力的制度保障和合作框架。该协定通过加强国际合作与协调，提升全球应对大流行病的能力，减少对全球经济和社会的影响。该协定对于全球疫苗和药物的公平分配，确保各国特别是发展中国家能够平等获取卫生资源具有重要意义。

《世界卫生组织大流行协定》的通过，标志着全球卫生治理体系更加注重公平和合作，特别是强调了对发展中国家的支持，这一协定将有助于提升全球应对未来大流行病的能力。

第五章
《烟草控制框架公约》：无烟草行动

吸烟有害健康，烟草是健康的杀手。在 20 世纪，烟草夺走了约 1 亿人的生命，这一数字与两次世界大战加起来的死亡人数不相上下。易燃或无烟的烟草导致的死亡人数比艾滋病、肺结核和疟疾合在一起导致的死亡人数还多，每年接近 600 万人，而且这个数字预计到 2030 年将上升到 800 万，其中的 80%会发生在低收入和中等收入国家。而这些数据还没有说明吸烟者遭受的残疾和痛苦，以及给家庭和社区带来的无法估量的心理、社会和经济损失。最令人不安的是，大多数的疾病患者和早亡者都是贫穷、受教育程度低的人群。

当前，全球大型卷烟公司已经进入无烟的烟草市场阶段，无烟的烟草产品让消费者不用燃烧就可以用口、鼻吸食。无烟烟草产品在南美和东南亚已经有数千年的使用历史。随着时间的推移，这些制品已经得到推广，给控烟带来了相当大的挑战。现在全球共有超过 25 种不同类型的无烟烟草制品，虽然大约有 40 个国家禁止进口和销售无烟烟草，全球的使用量和销售量依然在上升。大部分的无烟烟草产品中含有亚硝胺和尼古丁等有毒成分，这些成分大多都会对健康造成威胁。电子烟也已经得到普及，全球销量增长率为 30%之多。它们是被当作香烟的相对安全的替代品进行推销，2011 年 4 月，美国 FDA 把电子烟视为烟草产品，这样就把电子烟置于更为严格的控制范围中。

面对发达国家需求量的减少，大烟草公司已经将其强大的游说和营销策略转向了较为贫穷的国家，利用自有贸易和知识产权获得外国市场的进入权，并利用宽松的监管环境销售这些让人上瘾的产品。低收入国家的医疗卫生系统将面临癌症、糖尿病、心脏病和呼吸系统疾病剧增所带来的全面冲击。在全球 600 万跟烟草相关的死亡人数中，80%的死亡发生在低收入和中等收入国家。

虽然全球化让大烟草公司在发展中国家中越发变得肆无忌惮，但是世界卫生组织、各国政府和民间团体正在组织有系统性的反应。

第一节 《烟草控制框架公约》历史演进

一、《烟草控制框架公约》的社会背景

在19世纪，吸烟并不普遍。随着烟草大规模的生产和现代营销手段的到来，香烟越来越受到人们的欢迎。在20世纪中期，发展中国家香烟的流行处于巅峰，无处不在的巧妙营销把香烟塑造成幸福生活的必需品。它曾经象征着成年和青春，象征着男性的强壮和女性的优雅。同时，从实验室老鼠、吸烟者死后肺部的解剖，包括流行病学监控，人们逐渐把吸烟跟癌症、心血管疾病和呼吸道疾病联系起来。然而，让公众戒掉一种非常上瘾的产品并非容易的事。

刚进入20世纪时，肺癌非常少见，它是一种医学特例。随着比较温和的烤烟型香烟的出现，吸烟者开始深深地吸气，把肺部暴露给致癌物。而随着20世纪初期人口开始大量吸烟，与烟草相关的疾病急剧增加。

到20世纪中期，烟草在全球开始流行。1964年美国卫生局局长卢瑟·泰瑞（Luther Terry）发表的具有重大影响的吸烟报告，毫无疑问是个转折点。1970年，美国国会禁止电台和电视台做香烟广告。[①]

随着吸烟危害的证据不断增加，各烟草公司竞相把它们的品牌描写成最健康的产品，声称这些经过过滤和薄荷醇处理的香烟更安全，焦油含量更少。这种欺骗性做法在很多国家一直沿用到今天。

---

① 《1964年美国外科医生关于吸烟与健康的报告》，载 https://www.x-mol.com/paper/1549613240082919424/t，最后访问日期：2025年8月19日。

烟草巨头企业还设计出低焦油和过滤的香烟以提高尼古丁的水平，这是一种让消费者上瘾的邪恶的操作方法。此后的内部公告显示，烟草巨头虽私下承认这些属于健康威胁，却荒唐且不惜代价地公开否认。这种欺骗行为达到登峰造极之时可能是在 1994 年，当时烟草行业一些 CEO 们宣誓之后向美国国会作证，他们相信吸烟既不会上瘾也不会致癌。[①] 在公共卫生危机中，到 20 世纪 90 年代后期，大多数工业化的国家都采取了强有力的监管措施，烟草的消费量直线下降。随着烟草行业把重心转移到发展中国家缺乏监管的市场上，国际合作的必要性变得非常清晰。受收入的增加、贸易自由化和密集营销的刺激，吸烟这一行为正在从发达国家转向发展中国家。高收入国家经常帮助国内烟草生产商和广告商向发展中国家出口烟草。大烟草公司借鉴国内法和国际法投资和贸易条约，无耻地向国家烟草控制政策发起了挑战。它与法律背道而驰：法庭把法律当作一种实现公正和健康的工具，而行业却把法律作为利剑来抗击严格的烟草管制。

世界卫生组织是全球卫生领导的核心。[②] 作为专门负责国际卫生的联合国机构，世界卫生组织很早就公布了烟草对全球卫生的危害。1995 年 5 月，世界卫生大会在总干事报告中，对出台一个可以被联合国采纳的国际控烟手段（如指引，声明或国际公约）的可能性进行了分析。此时，烟草已经在全球形成了大规模的流行，烟草危害的证据已经非常充分，世界卫生组织敦促成员国通过立法减少烟草的生产，但效果不明显。

---

① 《召开健康和环境小组委员会前对烟草制品的监管听证会（第一部分）》，第 103 次会议，第 2 届，1994 年。

② Allyn L. Taylor, "An International Regulatory Strategy for Global Tobacco Control", *Yale Journal of International Law*, Vol. 21, No. 2., 1996, pp. 157-304.

考虑到烟草产品和营销的全球化，国际合作必不可少。烟草行业受到了广泛的谴责。1993－1994 年，一大批激进的公共卫生学者，都倡议世界卫生组织采取更加积极的行动，因而出现了一系列的社会行动和政治决议，并为《烟草控制框架公约》的出台做好了准备。

1998 年，挪威前首相格萝·柏兰德栏特（Gro Havlem Brundtland）当选世界卫生组织总干事，上任后立即启动了一个特别的项目"无烟草行动"。1999 年 5 月，世界卫生大会通过了 WHA52.18 决议，《烟草控制框架公约》要求成立一个技术工作组，准备制定所需的相关草案文件，并且设立一个政府间谈判机构（Interovernmental Negotiating Body，IND）进行公约及相关的议定书的谈判。

在 2000 年 5 月第五十三届世界卫生大会中，各成员国政府认为目前都已经做好了充分的准备工作、起草工作，开始呼吁进行有关公约的正式谈判，最终促成了一个里程碑式的全球健康条约。

二、《烟草控制框架公约》的确立——议定书方式

2000 年 5 月，在世界卫生组织牵头组织下《烟草控制框架公约》开始进行谈判，其中一个重要的争议点是关于公约的结构，即公约本身的基本形式。在最初商议公约的结构时，各成员国的意见是，制定一个包含首要原则的"框架公约"。根据这一提案，框架公约的有关方就需要就"议定书"或者补充性协议和可选择的子协议进行谈判。每一个议定书既可以由通过公约的所有国家接受，也可以由部分国家接受。

很多国家想要彻底禁止所有烟草产品的广告，但是美国却不同意彻底禁止烟草广告。

随着谈判的深入，几乎所有人都希望能有一个强有力的框架公约（在公约中应该直接包含禁止烟草广告或者至少逐步限制烟草广

告的条文）。但是美国代表却表示反对，美国代表团继续推动平行议定书的制定。实际上：为了达成一致、最终的《烟草控制框架公约》有关烟草广告的措辞不得不软化为，每一个缔约方，都应该根据其宪法或宪章准则，全面禁止烟草广告、促销和赞助。这应包括根据缔约方的法律环境和技术手段，全面禁止源于本土的跨国烟草广告、促销和赞助。其结果是，在缺乏强有力的约束力的情况下，截至2010年，只有26个国家对烟草广告实行完全禁止，而根据议定书的提案，可能一开始就会有80多个国家签署，而且还会有更多的国家陆续参加。①

2003年，世界卫生大会一致同意采纳《烟草控制框架公约》，2003年6月16日开始签署该公约，到12个月后签署期结束时，已经有168个国家签署，使《烟草控制框架公约》成为联合国历史上最广泛最迅速被接受的条约之一。2005年2月27日该公约生效，为减少需求，减少供应和信息资源共享提供了强制性规范。截至2013年，共有177个国家加入公约，覆盖了全球人口的88%，但两个人口密集的国家，美国和印度尼西亚的缺席却引人注目。②

根据《维也纳条约法公约》（The Vienna Conventions on the Law of Treaties）的定义，条约是指国家之间（或者国家与国际组织之间）具有约束力的协议，目的是规定法律权利和义务。具有缔约权力的国际组织，如世界卫生组织的《国际卫生条例（2005）》，谈判达成的协议也包括在定义的范围内。

---

① ［瑞士］罗斯坎、基克布施：《全球卫生谈判与导航：全球卫生外交案例研究》，郭岩译，北京大学医学出版社2014年版，第23—31页。

② *Parties to the WHO Framework Convention on Tobacco Control*，WHO，http://www.who.int/fctc/signatories-parties/en/. President Bush Signed the FCTC on May 10, 2004, but it has not yet been sent to the U.S. Senate for ratification.

《烟草控制框架公约》是唯一一个依据《世界卫生组织组织法》第19条而通过的条约，世界卫生大会行使以2/3票数"通过公约或协议"的权力。《世界卫生组织组织法》第20条规定："各会员在上述公约或协定通过后十八个月内，应采取步骤，决定是否接受，并通知总干事。如于规定期限内不接受此项公约或协定，应书面声述其不接受的理由。如已接受，会员应同意按照第十四章的规定，向总干事提出年度报告。"第62条规定："每个会员应就本组织向其提出的建议以及执行各种公约、协定与规章所采取的措施提出年度报告。"

框架性公约、议定书方式是保护健康和环境的跨国社会运动的强大工具；在这种模式下，多国订立一个有约束力的条约，该条约采用具有主要标准规范、信息共享和持续监控的渐进式程序。随后可以通过议定书的规定承担更严格的责任。《烟草控制框架公约》为各国系统全面的控烟政策提供了国际合作的蓝本。框架性议定书的方式具有相当大的灵活性优势，使签署国可以在当前政治允许的情况下，决定特定层面的关键问题，把比较复杂或者有争议的问题留到以后的议定书。它也使签署国可以就新出现的问题谈判制定准则和协议。另外，它发动了一场自下而上的社会动员，民间社团参与《烟草控制框架公约》联盟就是一个例子。

第二节 《烟草控制框架公约》确立的制度

一、《烟草控制框架公约》的目标和指导原则[①]

《烟草控制框架公约》第3条规定："本公约及其议定书的目标

---

① 参见〔美〕劳伦斯·O.戈斯廷：《全球卫生法》，瞿宏丽、张立新主译，中国政法大学出版社2016年版，第188-202页。

是提供一个由各缔约方在国家、区域和全球各级实施烟草控制措施的框架,以便使烟草使用和接触烟草烟雾持续大幅度下降,从而保护当代和后代免受烟草消费和接触烟草烟雾对健康、社会、环境和经济造成的破坏性影响。"公约的指导原则包括告知公众吸烟对健康的危害,加强政治上的支持,促进国际合作和推动民间社会的参与。

《烟草控制框架公约》的"普遍责任"概述了达到这些目标的大致策略,要求签署国通过全国协调合作和有效的规则制度,制定、执行和定期更新综合性的、跨部门的控烟策略。签署国必须相互之间以及与国际组织之间进行合作,比如,共享信息以及为有效执行公约筹措资金。公约只设定最低要求,鼓励签署国实施更严厉的政策并签署双边或多边协议。①

虽然《国际卫生条例(2005)》要求在公共卫生、贸易和人权之间取得"动态的平衡"(第六章),但《烟草控制框架公约》把公共卫生放在优先位置,强调保护"公共卫生"的国家权力。《烟草控制框架公约》强调的是社会经济权力,申明世界卫生组织章程的首要准则——获得最高的健康标准是每个人享有的基本权力之一。因此,《烟草控制框架公约》在公共卫生和人权之间找到了协同。

然而,在《烟草控制框架公约》中,健康和贸易之间的关系模糊不清。公约没有包含明确的贸易条款,因为签署国没能达成一致的意见。虽然缺少正规的法律效力,《烟草控制框架公约》签署国会议(简称COP)于2010年11月29日通过了《埃斯特角宣言》(The Punta del Este Declaration),重申签署国"优先执行控制烟草消费的健康措施的坚定承诺。"签署国维护本国根据《烟草控制框架公约》

---

① 参见《烟草控制框架公约》第 2 条。

"制定和执行国家公共卫生政策"的自主权，包括管理知识产权的运用。①

二、《烟草控制框架公约》的主管机构

COP 是《烟草控制框架公约》的主管机构，由公约的所有签署国组成。COP 授权是通过采纳公约的议定书、附件和修正条款采检讨和促进条约的执行。COP 的目标是取得一致通过，但不能取得一致通过时，出席会议的签署国中的 2/3 多数国家通过就可以作出决定。世界卫生组织设立 COP 的秘书处，秘书处的职责是支持签署国履行其的公约责任。

COP 有权设立附属机构，比如，关于烟草产品非法交易议定书的政府间的谈判机构，也有权制定工作组的指引建议。在框架性公约下，签署国更愿意采纳指引而不是议定书，因为指引设定了"比较温和"的准则。

框架性公约联盟虽然不是《烟草控制框架公约》的正式机构，但是它是由 350 多个非政府组织构成的国家网络，在《烟草控制框架公约》和非法交易议定书的谈判中发挥了影响，而且它还将继续充当强有力的支持者。联盟展示了社会运动在敦促政府履行条约责任中发挥的力量。

三、保护公共卫生不受烟草巨头的既得利益侵害

《烟草控制框架公约》要求签署国制定烟草控制政策时不受"商业和其他既得利益"的干扰，这显示了《烟草控制框架公约》对烟草巨头的不信任。

----

① Conference of the Parties to the WHO FCTC, Fourth Session, *Punta del Este Declaration on the Implementation of the* WHO FCTC, FCTC/COP4 (5), Punta del Este, Uruguay, November 18, 2010.

（一）减少需求：防止和减少烟草的消费

烟草是唯一使多达一半的消费者致命的合法产品。它不但导致吸烟者（和非吸烟者）死亡，还常常使消费者遭受肺癌或肺气肿带来的长期痛苦。公共卫生应对有害产品的传统方法是影响人们的行为以避免或减少风险，具体做法是防止个人，尤其是儿童和青少年染上吸烟的恶习，并帮助吸烟者减少对烟草的依赖或更好地完全戒烟。因此，《烟草控制框架公约》要求签署国采取减少需求的措施——税收、价格和非价格措施。

（二）征税和定价

税收和价格对于防止和减少烟草使用非常有效。不管是通过税收、关税还是销售，价格越高，吸烟的人数下降越快，对于儿童或青少年这种低收入的消费者更是如此。虽然签署国保留税收的自主权，但是《烟草控制框架公约》鼓励以健康为目的，指导烟草的税收和定价，限制或禁止国际旅客销售或进口免税烟草产品。签署国必须向 COP 汇报烟草税率和消费趋势。

（三）环境暴露：百分之百的无烟环境

减少烟草需求的政策把目标对准"利己行为"，因此，《烟草控制框架公约》要求签署国在工作场所、公共交通和室内公共地方保护人们不受烟草烟雾的侵扰。很多国家已经出台全国性的室内空气清洁法案，禁止在大多数或全部封闭的公共地方吸烟。有些城市甚至限制室外吸烟（如沙滩、公园和购物区）。其他法律禁止在有儿童的车辆上吸烟，但是没有禁止在家里吸烟，这是儿童接触烟雾的主要场所。总而言之，无烟法律减少了吸烟人数，提高了空气质量，支持人们获得更长的寿命和更良好的健康。

"乌拉圭图表警语和品牌差异化案"（The Uruguay Graphic Warnings and Differentiated Branding Case）①

2010 年 5 月，菲利普·莫里斯公司（瑞士）（Philip Morris Switzerland）——国际采购经理人指数（PMI）的子公司，发起了国际联合仲裁，按照瑞士-乌拉圭推动和保护国际投资联合协定（Switzerland-Uruguay Agreement on the Promotion and Protection of Foreign Investments），寻求对乌拉圭的损害赔偿。这一仲裁请求涉及协议的三项条款，要求参与方：①不能通过非合理的或歧视性的方式阻碍投资的使用和增长；②除非出于公众利益或补偿金的情况，不能没收财产；③公正合理地处置索赔人的投资。这一协议同时要求参与方普遍遵守国际公约，特别是世界贸易组织的知识产权义务。

这一案例牵涉到乌拉圭烟草包装法的三个方面，要求烟草包装 80% 的面积应用于健康警语、强制使用政府规定的图案、单一商标不可以用多种形式推销，如将类似"万宝路"这样的著名商标被分为"常规""轻型""温和型"产品类别（这就是品牌差异化）。

作为《烟草控制框架公约》的缔约方，乌拉圭有权利和义务实施包装标识和品牌的严格规章。在《埃斯特角宣言》中，COP 对乌拉圭的自卫措施作出了回应，并提出维护其"界定和贯彻国家公共健康政策的权利"。正如一位国际法官所言："烟草产品的贸易历来受到众多法规的严格管控，从烟草行业以往的丰富经验来看，这一情形是众所周知的。"

在《烟草控制框架公约》的强化下，国家规定的健康警语随处可见。研究表明，大量的图表健康警语能有效地减少烟草的使用。

---

① 参见［美］劳伦斯·O. 戈斯廷：《全球卫生法》，翟宏丽、张立新主译，中国政法大学出版社 2016 年版，第 205-206 页。

乌拉圭也有权削减差异化的误导性香烟品牌,因为它向人们传递了伤害更轻的幻觉。对于国家明令禁止使用诸如"轻型"或"温和型"这种欺骗性标签,大烟草公司现在正在使用一种颜色标签手段,如用金色(代表"轻型")或用绿色(代表薄荷味)。理所当然,国家也有权禁止以狡诈的营销方式销售致命性商品。

针对乌拉圭的诉讼分为两个不同的阶段。第一阶段,关于菲利普·莫里斯公司的主张,乌拉圭提出了质疑仲裁庭是否有权审理的挑战。仲裁庭于 2013 年上半年听取了关于裁决权问题的相关辩论,并于当年 7 月判定其具有裁判权,这使得仲裁庭对案件的是非曲直能够做出决定。听证会的第二阶段可能于 2014 年末或 2015 年初开始,而审判结果可能要两三年之后才能出现。

"澳大利亚平装案"(The Australia Plain-packaging Case)[①]

大烟草公司那些好斗的辩护律师们针对来自乌拉圭的攻击并不感到意外,意外的是要面对一个强大的且有着长久严格烟草管理法规的国家的挑战。澳大利亚是第一个推行平装法规的国家,要求烟草产品以简单的且加以健康警示的包装进行售卖。在这一法规之下,唯一可以区别不同品牌香烟的方式,是通过用统一、标准的及深褐色字体标识的产品名称来区别。但澳大利亚的香烟包装绝非平装,而是以形象描绘着吸烟危害的夸张图片示人,如被癌细胞吞噬的嘴、瞎的眼球、一个卧病不起奄奄一息的孩童(在巴西,香烟包装上有死婴、大出血的大脑以及坏疽的脚)。

澳大利亚意识到大烟草公司利用烟草包装来回避对烟草广告

---

① 参见〔美〕劳伦斯·O. 戈斯廷:《全球卫生法》,翟宏丽、张立新土译,中国政法大学出版社 2016 年版,第 206-208 页。

的限制。他们通过生动的色彩和高档的材质进行包装并以诱人的图像传递其商业信息，发出该品牌会给吸烟者带来愉快体验的信号。每一次吸烟者拿起一根香烟就相当于给亲友和旁边人做了一次该香烟品牌的广告。此外，引人注目的包装也会让更多年轻人尝试吸烟。

由于担心平装香烟会泛滥全球，大烟草公司对澳大利亚政府发起了猛烈的攻击（如虽然英国最近宣称会推迟这一措施的实施，一直到澳大利亚限令的冲击得到解决，但加拿大、新西兰和英国也正考虑推行100%的平装香烟）。烟草行业投资数百万美元用于传媒战役暗示，平装香烟充当了一个"保姆国家"的家长的角色，这一角色会使政府以纳税人的钱财为代价，陷入无休止的诉讼。烟草行业主张，法律代表了一个"灾难性急剧下滑"，它会支配酒精饮料和非健康食品的包装。为了刁难政府并让更多的吸烟者成瘾，英美国家烟草公司大幅度削减了香烟价格。

在政治上，烟草公司开始资助（当时的）反对派自由党。一些表面上代表着小商业主利益的烟草集团组建和资助了一些基层组织，他们也参与到一些宣传活动（人造皮草的倡议）中。

大烟草公司的自私性行为太过明显，以至于恶化了其公众基础。一些漫画家对这种赤裸裸的诡辩进行了描述，一个烟草律师也提出诉求："我客户的事业会在痛苦中缓慢毁灭，他应该得到补偿！"

仅在澳大利亚，在烟草平装法案通过几小时后，大烟草公司提起了刑法诉讼：他们向澳大利亚的高级法院提起投资条款仲裁，随后，他们又通过中转国在WTO提起了诉讼。

澳大利亚高院。强大的公司财团［英美烟草（British American Tobacco）、帝国烟草（Imperial Tobacco）、日本烟草（Japan Tobacco）

以及菲利普·莫里斯公司）向澳大利亚高院寻求补偿，声称平装法案违反了《澳大利亚联邦宪法》第51条，根据该条款的规定，政府应该根据公正的理由征用所获取的财产（很多国家都有类似的条款，如美国禁止在合理补偿之下获取财产）。平装法案强行限制了烟草公司使用其商标的权利，因此缩减了其财产的价值。然而，高院于2012年判决，此案不存在"获取"私人财产，因为政府并未使用烟草商标，也没有获取所有人的利益。高院的判决宣称，对商标和标识的禁止还有其他关于烟草零售包装的限制，到2012年12月才生效。虽然现在断定烟草包装的影响还为时过早，但越来越多的证据表明，这一法规使得香烟的吸引力下降并且导致了越来越多的吸烟者开始戒烟。

投资条款的裁决。2011年，菲利普·莫里斯亚洲公司（Philip Morris Asia，PMA）报告了中国香港-澳大利亚双边投资协定（Hong Kong-Australia Bilateral Investment Treaty）。正如米切尔和斯图尔特（Mitchell and Studdert）所观察，"在澳大利亚包装法发布的几个月之前，一家菲利普·莫里斯公司的中国香港子公司（Hong Kong-based Subsidiary of the Philip Morris）采取了一个巨大的商业动作，买下了菲利普·莫里斯公司（澳大利亚公司）（Philip Morris［Australia］）的全部股份。"菲利普·莫里斯亚洲公司主张，澳大利亚的烟草包装规定，在没有补偿的情况下没收了其投资资产和知识产权，这对其不公平和不公正，使其投资受损，违反了《与贸易有关的知识产权协定》，而且也违反了巴黎公约中关于产业财产保护的条款。

虽然平装法案可能会影响到投资者的财产，但却是一个实现基本公共利益的恰当措施。此外，考虑到近年来澳大利亚对烟草行业日益严格的管制，菲利普·莫里斯亚洲公司不能对其商标的完全使用有合法期待。截至2013年，投资争议案还没有得到裁决。不过，澳大利亚政府已经郑重宣布，不再参与任何会给烟草公司带来经济利益的协定或者不再进行国际仲裁。

"印度尼西亚—美国丁香香烟案"①
(Indonesia-U. S. Clove Cigarettes Case)

2009 年出台的美国《家庭禁烟和烟草控制法》（FSOTCA）禁止了除等待美国 FDA 审查的薄荷香烟外的所有带口味的烟草。印度尼西亚就此向 WTO 提出申诉，称《技术性贸易壁垒协议》（TBT）协议（见第九章）具有歧视性。虽然所有的香烟都存在严重的健康风险，但印度尼西亚强调，丁香香烟（主要来自印度尼西亚）和薄荷香烟（主要由美国生产）是"同类产品"。2012 年 4 月 4 日，WTO 争议庭（AB）做出裁决，认定美国的这一限制政策具有歧视性。通过权衡对比公众卫生法规和反对贸易歧视，WTO 争议庭发现"薄荷香烟和丁香香烟都掩盖了烟草的呛鼻"，因此具有相同的产品特征。

"丁香香烟案"（Clove Cigarettes Case）最令人担心的地方是，WTO 践踏了一部历经了多年政治退让而流行的并具有历史意义的公共卫生法——一部每个民主的机构都必须遵守的法律。薄荷香烟占据了大量的美国国内市场份额，而丁香香烟对于美国市场而言则是个新进入者。美国有着众多的喜爱薄荷香烟的烟民，国会担心完全禁止这种香烟会导致人们的痛苦、增加健康系统的压力并诱发非法交易。WTO 争议庭的裁决发出了一个微妙的信号，即由政治妥协达成的有限免除，会引发在贸易规则下的"类似申诉"。这可能会限制政府做出重要的但能增加公共卫生法律影响的进步决策。

---

① 参见［美］劳伦斯·O. 戈斯廷：《全球卫生法》，翟宏丽、张立新主译，中国政法大学出版社 2016 年版，第 209 页。

WTO 争议庭确实在寻求各种办法来消除各国的担忧："我们不认为 WTO 的任何协定应该被理解为在阻止成员国设计和实施公共健康政策，特别是烟草控制政策。此外，我们还承认世界卫生组织成员国在烟草控制行动方面的重要性。"

WTO 的法律要求美国在一个"合理的时间内"遵从 WTO 争议庭的判决，此案应于 2013 年 7 月之前执行。美国声明会服从争议庭的判决，并且在限定的时间框架内使自己的行动符合《技术性贸易壁垒协议》的要求。美国推行了一系列措施来管制薄荷香烟，并由此开始了这一执行过程，例如，美国 FDA 出版了有关限制薄荷香烟规则制定的高级通告，并发布了一项关于薄荷香烟影响健康的科学评估报告，说明了它们对烟民戒烟有消极影响。

然而，印度尼西亚争辩说，美国并未在限制时间内执行争议法庭的判决，要求美国推迟贸易限制政策。直到 2013 年 9 月，WTO 才同意对这一事件进行裁决。

第三节 中国烟草法治新进展

一、中国烟草市场的新变革

据中国疾控中心的数据，中国现有吸烟人口超过 3 亿人，每年因吸烟导致的相关疾病死亡人数超过 100 万，这不仅对个人健康构成威胁，也给家庭带来了沉重的心理和经济负担。烟草消费造成的直接和间接经济损失高达 1.5 万亿元人民币，约占全国 GDP 的 1.5%。中国控烟的任务面临巨大挑战。[1]

---

[1] 《中国发布吸烟危害健康报告：烟民数量超 3 亿，吸烟率仍处较高水平》，载 www.chinanews.com.cn/gn/2021/05-26/9486252.shtml，最后访问日期：2025 年 8 月 19 日。

在中国，2025年中国政府将烟草控制列为重点工作之一，目标是到2035年将成人吸烟率从目前的24.5%降至12%以下。这一目标虽然挑战巨大，但对提升国民健康水平、降低医疗负担至关重要。从国家战略到个人健康，从产业调整到文化观念，中国烟草市场正经历一场全方位的变革，将为中国带来更健康、更可持续的发展路径。

2025年中国烟草市场正经历前所未有的变革。中国国家统计局最新数据显示，2025年第一季度全国卷烟销量同比下降17.3%，创下近十年来的最大降幅。与此同时，烟草税收占国家财政收入的比例已从2020年的6.8%下降至2024年的5.1%。这些数字背后，是一场关乎3亿烟民、波及全国烟草产业链的深刻变革。

全国烟草控制工作正全面升级。《中华人民共和国烟草专卖法实施条例》明确将室内公共场所全面禁烟范围扩大至商场、餐厅等场所，并首次将电子烟纳入监管范畴。违规吸烟罚款从原来的50元上调至最高的500元，对经营场所的处罚上限则达到5万元。中国烟草包装正经历革命性变化。新规要求从2025年7月起，所有销售的卷烟包装上的警示图片面积不得小于包装面积的65%，远高于此前30%的标准。烟草价格杠杆的调节力度显著增强。中国财政部于2025年3月宣布将卷烟消费税率提高到18%。中国电子烟市场正面临着严格监管。

中国医疗卫生系统对烟民的支持力度空前。全国已有1.8万家医疗机构设立戒烟门诊，较2023年增加52%。国家医保局将戒烟药物纳入医保目录，个人自付比例从原来的全额自费降至30%。中国公共场所控烟成效显著。北京市疾控中心监测数据显示，市民二手烟暴露率从2023年的41.2%降至2025年的18.5%。上海、广州等城市也呈现类似趋势。这一改善将直接降低心脑血管疾病和呼吸系统疾病的发病率。

中国控烟的步伐正在加快。世界卫生组织今年 5 月发布的全球烟草控制报告中,中国控烟政策执行力评分较 2023 年提升 18 分,位次提升 12 位,成为控烟进步最快的主要经济体之一。世界卫生组织驻华代表表示:"中国控烟正进入快车道,值得肯定。"

二、中国控烟法治实践新进展

新修正后的《中华人民共和国烟草专卖法》于 2015 年 4 月 24 日正式施行,中国烟草市场迎来史上最严格的监管措施。这一变化标志着中国的控烟工作进入了法治化、规范化的轨道,旨在通过构建全方位的烟草管控体系来减少吸烟带来的健康和社会经济负担。新修订后的《中华人民共和国烟草专卖法》加强对公共场所吸烟行为的限制,确保非吸烟者免受二手烟的危害。对违反规定的个人和单位,新规将大幅提高罚款金额和其他处罚措施,以增加违规行为的成本。新规首次将其纳入监管范围,意味着未来电子烟的生产、销售及使用都将受到更严格的管控。新修订后的《中华人民共和国烟草专卖法》的施行,体现了中国政府对于控制烟草危害的决心。

在公共场所控烟方面,《国务院关于公共场所严禁吸烟的规定》明确了公共场所禁止吸烟的范围,包括但不限于影剧院、歌舞厅、会议厅、图书馆、托儿所、幼儿园、中小学教室等,以及商店、书店、邮电业、金融业的营业厅,医疗机构的挂号区、候诊区、诊疗区和病房区等。规定了禁止吸烟的公共场所的管理单位应当履行的职责,如制定禁止吸烟的制度和措施,设置统一的禁止吸烟标志,不得设置吸烟器具和附有烟草广告的标志等。赋予了公民在禁止吸烟的公共场所要求吸烟者停止吸烟、要求管理单位履行职责以及向卫生行政管理部门举报违反规定行为的权利。《北京市控制吸烟条例》第 10 条规定："下列公共场所、工作场所的室外区域禁止吸烟：（一）幼儿园、中小学校、少年宫、儿童福利机构等以未成年人为主要活动人群的场所；（二）对社会开放的文物保护单位；（三）体育场、健身场的比赛区和坐席区；（四）妇幼保健机构、儿童医院。市人民政府可以根据举办大型活动的需要，临时划定禁止吸烟的室外区域。"其他公共场所、工作场所的室外区域，可以划定吸烟区，这一原则确保了公众在大多数公共环境中的健康权益。对于违反《北京市控制吸烟条例》的规定，在禁止吸烟场所吸烟的个人或单位，将依法承担相应的法律责任。根据条例的不同条款，处罚措施包括责令改正、警告、罚款等，具体处罚标准依据违规行为的性质和情节严重程度而定。

第六章

全球艾滋病防治法：走向"零"艾滋

人类自诞生以来，就一直受到传染病的困扰，在一定程度上是人类社会的历史，也是一部传染病演进史。传统上，人们普遍认为传染病防控属于公共卫生问题，公共卫生权力属于主权国家。而随着人类社会工业化、信息化及经济全球化的发展，新发传染病的急剧扩张和传染病的跨境传播问题日益凸显。近年来，人们深刻认识到，对于全球传染病的预防控制，仅凭医学手段并不能从根本上解决传染病的预防控制问题。而各个国家各自为战将无法控制传染病的跨境传播，病毒无国界，任何试图在国家边境阻止健康威胁的行为都收效甚微。因此对传染病的预防和控制需要国家和国际社会一起采取行动。在国际社会，利用国际社会法律控制全球传染病已然成为全球人类的迫切需要。从全球卫生法的发生、发展、历史进程来看，全球卫生法，正是从偏安一隅的全球传染病法律治理的实践中来。在公共卫生全球化，尤其是新发现传染病的全球暴发流行的冲击下，国际法对于解决全球健康问题的重要性与日俱增。人们越来越认识到旅游、贸易等人员物资国际往来对于传染病发生及发展的影响，国家法律不能确保采取有效和平衡的方法，从而推动了对跨国解决方案的需要。因此，有关全球传染病防治的法律过去是，现在和未来依旧是全球卫生法的核心内容。

1981年在美国男同性恋群体中发现了医学上罕见的艾滋病病毒感染。短短几年间，艾滋病在世界各大洲都被发现了，它覆盖到了整个世界，成为人类历史上最具灾难性的疾病——引发了数不清的人类灾难、社会解体和经济毁灭。

第一节　全球艾滋病威胁的严峻现状

艾滋病（Acquired Immune Deficiency Syndrome，AIDS），即获得

性免疫缺陷综合征。艾滋病是由艾滋病毒引起的，艾滋病毒又称为人类免疫缺陷病毒（Human Immuno-deficiency Virus，HIV）。艾滋病毒是一种逆转录 RNA 病毒，在血液、精液、阴道分泌物中浓度最高。艾滋病属于一种性传播性疾病、传染病。传染源为艾滋病毒携带者和艾滋病患者。艾滋病传播途径包括性接触传播、血液传播、母婴传播。社会上对艾滋病最多的反应是否认、忽视和沉默，艾滋病患者得到的最糟回应是边缘化、歧视和惩罚。

共同使用受污染的注射器材，使数以百万计的吸毒者面临艾滋病和其他高危血源性疾病感染（如乙肝和丙肝）的风险。为了最大限度地利用毒物，通过注射方法的吸毒者常常"抽出注射器的柱塞，把注射管装满血液，然后重新注入体内"，在传递给下一个共用针头的伙伴之前，他们会冲洗掉上面的残留药物——这一过程被称为"启动"。注射引起的流行疾病呈加速的趋势，一旦静脉注射吸毒者上瘾，艾滋病毒将会传染给性伴侣和新生儿（通过分娩）。通常，吸毒者是社会中最边缘的人，国家视他们为罪犯。这样，当面对歧视和遭受暴力的时候，他们拒绝寻求保护。大约有 75% 的静脉吸毒者生活在发展中国家，他们几乎都没有接受过任何公共服务。

全球的性工作者也不同程度地受到了艾滋病的影响。在亚洲，性工作在艾滋病的大流行中是"唯一最强大的助推力"。女性性工作者的感染率通常非常高，因为参与者既在地下交易，又不能求助于法律保护，性工作者在接受风险和放弃他们的生计之间就没有选择的余地，她们急需这些微薄的金钱来维持自己和孩子们的生存费用。

囚犯们被政府通过监狱来监督，而监狱是一个艾滋病毒、其他性传播疾病或血源性疾病感染的高风险区域，这点尤其引人注目。恰巧，艾滋病毒在全世界的监狱系统都很猖獗。在许多低收入和中等收入国家，囚犯的艾滋病毒流行率超过了 10%。在高收入国家的大型城市监狱，也可以找到相同的感染率。

移民面临语言、文化和法律地位的多重挑战。由于面对暴力和压迫，加上获得的健康医疗服务有限，他们非常容易受到感染。

艾滋病的临床表现分为三个阶段：①急性感染期感染后 1-3 周，出现发热、乏力、咽痛，个别人有头痛、皮疹、脑膜脑炎、急性神经炎、淋巴结肿大、肝脾肿大等症。当实验室检查出艾滋病毒抗体为阴性或可疑，就成为了空窗期。这个时期的血液因查不到抗体，可被误认为是无艾滋病毒存在的安全血液，因而在输血后可感染。②潜伏期一般平均为 8-10 年，潜伏期也许没有任何可察觉的症状，但不是所有感染者都会发展成为艾滋病。在现实生活中，一些人经常长年（十年以上）都处在带毒状态，而不出现症状或只出现一些与艾滋病相关的较轻微的病症，但这些人可能将病毒传给他人。③艾滋病期，艾滋病最常见的表现：有因免疫缺陷所导致的机会性感染，神经障碍及肿瘤。症状有持续不规则发热，进行性体重减轻、持续不明原因的腹泻及全身淋巴结肿大等。机会性感染有卡氏肺囊虫肺炎和真菌，带状疱疹，非典型分枝杆菌及其他革兰氏阴性杆菌（如结核杆菌）的感染及多种病毒感染等。神经障碍主要有头痛、视力障碍、精神异常或痴呆等。最多见的肿瘤为卡波济氏肉瘤，中枢神经系统肿瘤和淋巴肿瘤。患者最后死于各种感染性疾病和肿瘤，最终，免疫系统崩溃，直至导致死亡。

由于艾滋病目前无法治愈，对人们健康及社会经济发展的危害超过了任何其他疾病，给个人、家庭、社会和经济发展带来灾难性后果。

自从 1981 年，艾滋病在美国同性恋人群中首次被证实以来，在很短暂的几年里，艾滋病覆盖到了整个世界，截至目前，艾滋病造成3500多万人死亡。艾滋病已成为人类历史上最具灾难性的疾病。艾滋病堪称人类社会的瘟疫，是当前全球最突出、最引人担忧的健康威胁。在人类共同面对艾滋病这一人类灾难的面前，全社会乃至全球团结的抗击艾滋病运动对艾滋病人群健康权的推进是全球卫生法发展史上的最为成功经验之一。

第二节　全球动员：国际法的考察

一、全球抗击艾滋病行动①

艾滋病是社会传播性疾病，社会中对性工作者、吸毒者、男同性恋、女同性恋、双性恋、变性人等群体的歧视，让公众的认知受到了影响。在世界范围内，最初对艾滋病的回应是否认、忽视和沉默，面对绝望和社会排斥，艾滋病群体勇敢地站了起来并为他们的生命而斗争。最初，由于被迫隔离，感染艾滋病毒的患者或艾滋病人以及他们的爱人组成了草根网络、建立了支持系统以照顾生病的人，并发起运动来争取科研、平等权利和公平治疗。抵抗艾滋病运动逐渐影响到了几乎每一个领域——科研、安全、贸易和社会正义。那些全球的勇敢的倡导者们进行了反击。他们走上街头，游说议会和带头诉讼——公民社会取得了非凡的成功，他们不仅抵制了艾滋病，也为更多健康维权行动主义者铺平了道路。从柬埔寨妇女的组织网络到乌干达、南非和新加坡的倡导团体，再到美国和欧洲的同性恋权利组织，艾滋病运动改变了世界。抗击艾滋病运动的一个关键策略是让疾病人性化，将艾滋病患者通过人性化的社会实践让公

---

① 参见〔美〕劳伦斯·O.戈斯廷：《全球卫生法》，翟宏丽、张立新主译，中国政法大学出版社2016年版，第268-300页。

众的态度从消极的刻板印象转变为同情。

著名的艾滋病纪念被子（AIDS Memorial Quilt）于 1987 年首次在华盛顿特区国家广场上展示，它成为一个强有力的象征。这个被子由 1920 块布块组成，每一块布都代表了一个因患艾滋病而死亡的人。它覆盖的空间比一个足球场还大。在被子开始展出的第一个周末就有 50 万人参观。仅仅一年后被子就已经扩大了两倍。到 1996 年，它覆盖了整个国家广场。通过人性化信息的发布，公众开始把所有身患艾滋病的人当作朋友、爱人、母亲、父亲、儿子和女儿来对待。

1984 年，在美国，13 岁的瑞恩·怀特（Ryan White）在治疗血友病时因为输血而感染上了艾滋病毒，被暴露为艾滋病。科莫印第安纳州的学校因此而禁止他上学。瑞恩讲述了他经常遭受到的尊严侵害："歧视、恐惧、恐慌和谎言包围着我——人们向我的饼干上吐唾沫、在浴室墙上小便、餐馆扔掉了我的盘子……在学校里，我的文件夹被写上了同性恋和其他污秽的语言……我在任何地方都是不受欢迎的。人们会起身离开，这样他们就不会接近我。即使在教堂，人们也不会和我握手。"① 活动家们利用瑞恩的感人故事，推动通过了美国"瑞恩·怀特救助法案"（Ryan White CARE Act）以对低收入人群加强救助。

在美国，一些倡导团体，例如，"行动起来"（ACT UP）和"兰巴达法律辩护基金"充分利用其成员以及支持者的专长——通常是受过高等教育的男同性恋者。艾滋病倡导者做了很多工作，并赢得了社会尊重和自己的地位。艾滋病倡导者从仅仅观察政府决策，发展到了强烈影响和推动研究议程。艾滋病宣传活动已从本地和国家

① Ryan White, "Ryan White's Testimony before the President's Commission on AIDS", *transcript*, 1988.

层面转移到了区域和全球层面。"全球艾滋病患者网络"用区域和国家网络将艾滋病毒携带者联合起来进行国际化的宣传。其他全球和区域网络，像女性艾滋病患者的国际群体，通过宣传改善了女性的生活。男同性恋者和艾滋病全球论坛倡导健康和人权，而由健康专家组成的"国际艾滋病协会"则提倡科学研究。

随着有效的治疗方法的出现，社会运动开始要求为艾滋病患者获得治疗。南非的"治疗行为运动"（简称 TAC）从事非暴力反抗，而且也进行了复杂的法律和政治倡议。非暴力反抗和面对面的对抗引起了公众的关注。倡导者们运用了自己的政治权利和法律权利。在南非，TAC 向宪法法院提起了最著名的医疗权利诉讼案。该案件的原因是，总统姆贝基（Mbeki）拒绝接受艾滋病毒是艾滋病病原体的说法，因此，限制奈韦拉平（它能减少从母亲到儿童的艾滋病毒传播）用于试验，这严重限制了孕妇获得治疗的权利。

1990 年艾滋病活动家促进通过了具有里程碑意义的《美国残疾人法案》（ADA）。艾滋病宣传活动已从本地和国家层面转移到了区域和全球层面。"全球艾滋病患者网络"（GNP+）用区域和国家网络将艾滋病毒携带者联合起来进行国际化的宣传。其他全球和区域网络，像妇女艾滋病患者的国际群体，通过宣传改善了妇女的生活。男同性恋者和艾滋病全球论坛倡导健康和人权，而由健康专家组成的"国际艾滋病协会"（International AIDS Society）则提倡科学研究。

艾滋病运动促成了国际社会对艾滋病的关注，千禧年的发展目标把艾滋病推到了发展的最前沿。更具革命性的是，政治领导人开始将艾滋病视为对人类安全和国际和平的威胁。1996 年创建的联合国艾滋病联合规划署动员政治意愿、资金资源和技术资源，团结利益相关者，发展战略和证据，并支持国家领导权，它同时发布年度流行病状态报告和对所需与可用资金的进行评估。2000 年 1 月，联合国安理会认为非洲艾滋病是一大安全威胁——这是联合国安理会第一次依据《联合国宪章》处理健康问题。基于联合国安理会的决议，联合国大会在 2001 年 6 月举行了一个关于艾滋病的特别会议，成为第一个致力于健康问题的联合国高层峰会。在社会运动的推动下，这次会议成为一个至关重要的转折点。这次特别会议虽然不具有法律约束力，但是它对艾滋病预防宣言和承诺，成为了政治意志的新象征。2002 年，抵抗艾滋病、结核和疟疾的"全球基金"开始运营，它永远改变了制度的格局。在艾滋病治理创新的早期例子中，联合国艾滋病规划署是第一个在董事会中拥有非政府组织代表的联合国代理机构。2003 年，美国前总统乔治·布什创建了"总统防治艾滋病紧急救援计划"，成为世界上最大的抗击单一疾病的双边项目。在"全球基金"成为一个主要的国际资金提供者的同时，较小的多边合作组织，巴西、智利、法国、挪威和英国在 2006 年成立了国际药品采购机制以降低价格和增加针对艾滋病、结核和疟疾的药品供应和诊断。国际药品采购机制主要通过一个所谓的创新融资机制提供资金让参与国对所有出境航班进行征税，税收的额度由参与国确定。国际药品采购机制大约有 65%-70% 的资金来自航空税。联合国在最高政治层面继续对艾滋病表现出关注，2010 年，联合国发起成立了全球艾滋病毒和法律委员会。委员会由代表各个地区的领袖组成，包括前国家元首和法律、人权和艾滋病专家。2010 年，联合国艾滋病规划署宣布了一个一度让人不可思议的目标：走向零艾滋——零新发感染率、零艾滋死亡率和零歧视。艾滋病的社会运动刺激了围绕健康危机而展开的最大化社会动员。2012 年 7 月颁布的委员会报告认为，惩罚性法律阻碍了应对艾滋病毒的工作，造成资源浪费，并破坏人权。该报告敦促各国政府将法律建立在公共卫生和人权的基础上，包括禁止歧视和废除将风险行为入罪的法律（如同性关系、性工作和注射吸毒）。该报告要求国家运用法律来结束针对妇女的暴力行为，抵制因国际压力而优先考虑贸易而非健康的行为。委员会的报告强调了2011年艾滋病毒和艾滋病的政治宣言，通过联合国成员国的承诺，对艾滋病治疗产生不利影响的国家法律进行审查，创建促进有效政策的法律环境和社会环境。在全球团结抗击艾滋病的浪潮中，艾滋病的侵袭开始放缓，甚至开始逆转。如果没有强大机构的出现，阻止艾滋病死亡的蔓延就是不可能的。毋庸置疑，艾滋病防治运动已取得极大成功，它同时又为全球健康带来了益处。如果没有抗击艾滋病运动，就不可能有具有历史意义的政治参与和不同的利益相关者之间的合作关系、国家所有权以及公平获得技术等重要性问题的探索。艾滋病的制度改革为全球健康治理提供了更为广泛的经验。对于处理不同的健康问题，从癌症、肥胖到酒精和烟草，都从应对艾滋病的行动中获得了经验。

二、抗击艾滋病多元合作伙伴关系的建立

社会动员最后给全球健康论坛带来了重大改革。联合国千禧年的发展目标之六（"抗击艾滋病毒/艾滋病、疟疾和其他疾病"）把艾滋病推到了发展的最前沿。更具革新的是，2000年1月，联合国安理会认为非洲艾滋病是一大安全威胁，这是联合国安理会第一次依据《联合国宪章》处理健康问题。基于安理会的决议，联合国大会在2001年6月举行了一场关于艾滋病的特别会议，这是第一场致力于健康问题的联合国高层峰会。在社会运动的推动下，这次会议成为一个至关重要的转折点。这次特别会议虽然不具有法律约束力，但是它的艾滋病预防的宣言制定了宏伟和可实现的目标，包括国家

艾滋病战略和让国家承担政治责任。这次特别会议上最有争议的是如何获得治疗权利的问题。虽然宣言敦促扩大治疗范围，但是，它未能达成具体的承诺。国际社会认识到，这样规模的投资需要创新的融资机制。现有的人道主义援助不足，大量涌入的资金需要新的管理结构来监管分配及其有效利用。在举行联合国特别会议的时候，国际谈判已经开始了一项新颖的融资机制，它最终成为了抵抗艾滋病、结核和疟疾的"全球基金"提供了一个全球健康治理变革模型。全球抗击艾滋病从捐献者或接收者的动态"援助"状态，转移到了国家所有权/平等的伙伴关系状态，应对全球艾滋病威胁面前全球卫生组织、国家行为体、非国家行为体之间开启多元合作，形成了多元合作伙伴关系。

1. 联合国艾滋病规划署

1996 年创建了联合国艾滋病规划署用以协调六个机构：世界卫生组织、联合国儿童基金会（UNICEF）、联合国开发计划署（UNDP）、联合国人口基金（UNFPA）、联合国教科文组织（UNESCO）和世界银行（World Bank）。世界粮食计划署（World Food Program）、联合国毒品和犯罪办公室（UN Office on Drugs and Crime）、联合国妇女组织（UN Women）和国际劳工组织（International Labor Organization）也在之后的一年作为联合发起者加入了联合国艾滋病规划署。联合国艾滋病规划署确保资源被合理使用，让资金发挥作用。该机构的工作更好地在国家层面协调了不同项目与赞助商，使得政府将他们的活动协调在一个统一的国家艾滋病框架下、一个艾滋病协调机构之下和一个国家级监测和评价系统之下（称为"三个一"）。

2. 抗击艾滋病、结核和疟疾的"全球基金"

"全球基金"的成立旨在帮助解决艾滋病项目的巨大资金缺口。

虽然关于贫穷国家的艾滋病治疗的呼声变得越来越响亮，但是向贫穷的国家投入的资金几乎是不存在的。2001年7月八国集团首脑会议宣布成立"一个抗击艾滋病、疟疾和结核病的新"全球基金"。"全球基金"为一个基金设置在联合国系统之外的独立的瑞士基金会。"全球基金"最初通过世界卫生组织管理，在2009年成为自治基金。

"全球基金"是一个成立于2002年的国际金融组织，旨在动员资源并协调全球行动，以应对艾滋病、结核病和疟疾这三大公共卫生威胁。全球基金的成绩令人瞩目。截至2023年，据估计，"全球基金"支持的项目已拯救超过5000万人的生命，为超过2500万人提供抗逆转录病毒治疗。

3. GAVI 联盟

GAVI 联盟以私人基金比尔和梅琳达·盖茨基金会为核心。比尔和梅琳达·盖茨基金会对技术、成本效益和可衡量影响的极大关注促使其投资疫苗接种。比尔和梅琳达·盖茨基金会、世界银行、世界卫生组织和联合国儿童基金会试图重点关注全球疫苗，尤其是免疫接种。GAVI 联盟更集中地专注于确保符合发展中国家需要的疫苗的供应和交付。

4. 国际免疫融资机制

国际免疫融资机制（The International Finance Facility for Immunization，简称 IFFIm）是 GAVI 联盟的其他创新融资机制。IFFIm 成立于2006年，通过在资本市场出售债券，并由长期捐助者承诺支付给债券持有人来运作。因此，GAVI 联盟收到来自债券购买者的前期资金，同时捐助者经过多年偿还债券持有人。资产管理机构确保长期、可预见的疫苗供应，而 IFFIm 为 GAVI 联盟同时提供即时和长期资金。

GAVI 联盟致力于发展合作伙伴关系,GAVI 联盟的 4 个创始机构,比尔和梅琳达·盖茨基金会、世界卫生组织、世界银行和联合国儿童基金会,是董事会的永久成员。在国家层面,GAVI 联盟围绕一个多方利益相关者模式,设立"机构间协调委员会"。GAVI 联盟在项目审查上一直很严格。GAVI 联盟卫生系统筹资也部分地与项目进展情况挂钩。2011 年,GAVI 联盟的董事会决定,将把现金拨款分为两部分:固定金额和基于绩效的总和。绩效拨款要求国家达到基于改进免疫覆盖率和公平的目标。跟疫苗资金一样,卫生系统资助根据一个国家的出生队列和人均收入设有上限。通过严格界定其资助的范围,GAVI 联盟可以很好地预测其自身的融资需求,同时限制其整体的资金需求。GAVI 联盟通过要求政府共同筹资,筹资份额根据国民收入来确定,其目的是要确保国家买进,并使国家走上自给自足的道路。

5. "总统防治艾滋病紧急救援计划"

2003 年,美国前总统乔治·布什创建了"总统防治艾滋病紧急救援计划"。按照该计划,美国国会在五年内拨款 150 亿美元用于应对艾滋病,使其成为世界上的抗击单一疾病的双边项目的重大项目。2003 年的这项计划,成为一系列创新型国际伙伴关系中的一个组成部分。该计划不仅致力于形成国家合作伙伴关系,还呼吁在政府和私营部门之间建立创新型合作伙伴关系。从 2008 年开始,"总统防治艾滋病紧急救援计划"和发展中国家建立的合作伙伴之间的合作伙伴关系框架,这些框架包括一些至关重要的管理原则,例如,国家不得取代国家艾滋病资金、承认各国不同背景的灵活性。其中包括对预算和支出的问责制、整合、加强健康系统建设、最大限度地扩大影响、用可量化的目标和具体义务来进行监测和评估。强调将艾滋病服务纳入全球卫生保健，必须保持艾滋病服务问责制。

6. 比尔和梅琳达·盖茨基金会

1994 年成立的比尔和梅琳达·盖茨基金会拥有更大的影响力和更多的资源。该基金会根据拨款给发展中国家造成的严重负担或疾病的潜在影响程度发放拨款。该基金会资助在非洲、印度和中国的烟草控烟项目，还包括在这两个亚洲大国的主要艾滋病项目。[①] 比尔和梅琳达·盖茨基金会集中体现了基金会的创新作用，强调它"热衷于在各个层面改变全球健康的创新潜力。在基础科学方面的创新可能导致大的突破，但同样重要的是，在我们给那些需要的人提供负担得起的、有效的卫生工具所采取的方式上的进行创新。"[②] 该基金会还在抗击艾滋病毒感染、疟疾和结核病的药物和疫苗的研究上投入巨资。

7. 国际药品采购机制（UNITAID）

在"全球基金"成为一个主要的国际资金提供者的同时，较小的多边合作组织，如国际药品采购机制也成立了。巴西、智利、法国、挪威和英国在 2006 年成立了国际药品采购机制以降低价格和增加针对艾滋病、结核和疟疾的药品供应和诊断。

国际药品采购机制是第一个全球健康机构，它主要通过一个所谓的创新融资机制提供资金让参与国对所有出境航班进行征税，税收的额度由参与国确定。国际药品采购机制大约有 65%–70%的资金来自航空税。

---

① *Tobacco Control*: *Strategy Overview*, Bill & Melinda Gates Foundation, http://www. gatesfoundation. org/What-We-Do/Global-Policy/Tobacco-Control; *HIV*: *Strategy Overview*, Bill & Melinda Gates Foundation, http://www. gatesfoundation. org/What-We-Do/Global-Health/HIV.

② Bill & Melinda Gates Foundation, *Global Health Program Overview*; Seattle: Bill & Melinda Gates Foundation, 2010）.

8. 全球艾滋病毒和法律委员会（GCHL）

2010 年 7 月，联合国开发计划署在联合国艾滋病规划署的支持下，发起成立了全球艾滋病毒和法律委员会。委员会由代表各个地区的领袖组成，包括前国家元首和法律、人权和艾滋病专家。巴西前总统费尔南多·恩里克·卡多佐（Fernando Henrique Cardoso）主持该委员会。

于 2012 年 7 月颁布的委员会报告认为，惩罚性法律阻碍了应对艾滋病的工作，浪费了资源，并破坏了人权。该报告敦促各国政府将法律建立在公共健康和人权的基础上，包括禁止歧视和废除将风险行为入罪的法律（如涉及同性关系、从事性工作和注射吸毒）。委员会的报告强调了 2011 年艾滋病毒和艾滋病的政治宣言，通过联合国成员国的承诺，对艾滋病治疗产生不利影响的国家法律进行审查，创建促进有效政策的法律环境和社会环境。

与此同时，世界银行继续针对艾滋病展开工作，因为艾滋病对经济发展构成了重大挑战。自 2000 年以来，世界银行已经通过多国艾滋病毒或艾滋病项目（MAP）在撒哈拉以南的非洲投资，该项目作为综合性项目的一部分对抗逆转录病毒药物的采购进行资助。

大型的慈善机构也在深入地从事艾滋病流行病的研究工作。最重要的是，比尔和梅琳达·盖茨基金会做出回应，并承诺到 2012 年提供 25 亿美元，包括资助"全球基金"的 14 亿美元，同时资助预防疫苗和抗击病毒等领域的研究。比尔和梅琳达·盖茨基金会也帮助争取使一些国家做出更多的回应，包括印度和中国等几个国家。

虽然艾滋病猛于虎，地球上的人类面对着艾滋病的侵袭，但国际社会就全球共同抗击艾滋病达成了广泛的共识，国际组织、国家行为体、非国家行为体展现了非凡的勇气和合作精神，面对与不同的利益相关者的合作关系、国家所有权以及公平获得技术等重要性问题，艾滋病的制度改革为全球健康治理提供了更为广泛的经验，为人类社会应对全球健康威胁，提供了一个成功的样本。抗击艾滋病运动对全球健康的贡献几乎是不可估量的。它不仅引领了一个具有空前科技成就的时代，同时也改变了社会动员的范例，还改变了全球健康的制度性架构与基本价值。艾滋病甚至确切地表明了全球参与的现代原则，例如，合伙关系、国家所有权和结果问责制等。

在今天的世界，在全球健康治理的浪潮中，在全人类广泛合作的共同努力下，艾滋病的流行态势得以遏制。毋庸置疑，艾滋病防治运动已取得极大的成功，它同时又为全球健康带来了益处。全球健康治理也由此进入了一个多元合作伙伴关系时代。

第三节　我国艾滋病防治法的实践

当我国 1985 年在北京协和医院发现第一例美籍艾滋病患者，社会最初表现出了极大的恐慌，并认为这是"外国人的病"，因此，防治时主要是将艾滋病拒于国门之外，如法律规定要求来华外国人提供健康证明，对外国留学生进行艾滋病抗体检测等。1989 年，我国云南地区在吸毒人员当中检测出了 146 例艾滋病毒携带者，引发社会的恐艾蔓延。[①] 1995 年，我国艾滋病人激增。截至 2022 年底，全国报告存活的艾滋病毒感染者和艾滋病患者共 122.3 万名；2022 年新报告病例数为 10.78 万，传播途径中，以性传播为主，占 97.6%。[②]

---

① 参见孟金梅：《我国艾滋病防治法律政策发展分析》，载《汕头大学学报（人文社会科学版）》2016 年第 3 期。

② 《2022 年新报告艾滋病病例 10.78 万例》，载 https://www.fx361.cc/page/2023/0508/21816355.shtml，最后访问日期：2025 年 7 月 8 日。

估计新发感染者每年 8 万例左右。全人群感染率约为 9.0/万。[①]
全国艾滋病疫情整体保持低流行态势,男性同性性行为传播比例上升
明显,且艾滋病呈现出年轻化的趋势。艾滋病易感人群指具有被艾滋
病毒感染的危险行为,容易被艾滋病毒感染的人群包括同性恋群体、
静脉吸毒者、性工作者等。然而近年来,艾滋病的蔓延从高危人群向
普通人群扩散,艾滋病问题变得日益复杂化。面对艾滋病的低流行,
我国高度重视艾滋病的防治。艾滋病防治法是指为了预防、控制和消
除艾滋病的发生和流行,保障人体健康和公共卫生,调整和规范在艾
滋病防控过程中各个机构、组织和个人之间发生的权利义务关系的法
律规范的总称。我国艾滋病法立法的基本原则包括保护公民健康权益
的原则,预防为主、防治结合原则,科学原则,符合疾病控制理论及
全社会参与的原则。艾滋病防治法的全社会参与原则要求通过立法营
造一个有利于控制艾滋病的社会环境。使所有的人们,其中包括那些
因背离主流社会价值的行为或生存方式而遭受社会歧视与道德谴责的
人们,感染或遭遇艾滋病毒威胁的可能性降低到最小限度。从 1984 年
至今,国务院及有关部委、地方政府及相关部门出台了一系列艾滋病
防治法规及政策指导性文件,建立了政府组织领导、部门各负其责、
全社会共同参与的艾滋病防治工作机制,形成了政府主管部门、专业
防治机构、社会组织和志愿者相结合的防治力量,借鉴国际成功经验,
探索发展出了一系列适合国情的有效防治策略和措施。2019 年修订的
《艾滋病防治条例》第 2 条规定:"艾滋病防治工作坚持预防为主、防
治结合的方针,建立政府组织领导、部门各负其责、全社会共同参与
的机制,加强宣传教育,采取行为干预和关怀救助等措施,实行综合

---

① 《中国报告艾滋病感染者 85 万人:新发感染者每年 8 万例》,载 https://www.chinanews.
com.cn/sh/2018/11-29/8688060.shtml,最后访问日期:2025 年 7 月 8 日。

防治。"该规定充分体现了艾滋病防治法的全社会参与的原则。截至目前，我国与艾滋病相关的各类规范性文件已达 400 余篇。同时，我国对艾滋病群体实行了特殊保护措施。2003 年国家对于艾滋病的救助从原来的"三免一关怀"增补为"四免一关怀"政策，为艾滋病人群提供了一定的医疗救助。我国将预防接种作为艾滋病防控的第一道屏障。在行为干预层面，通过普及安全套的使用方式、推广暴露前预防（PrEP）药物、强化血液制品筛查（如核酸检测技术）等措施，大幅降低高危行为风险。在技术防控层面，全国血站系统自 2015 年起实现核酸检测全覆盖，将"窗口期"从 21 天缩短至 11 天，输血传播风险降至百万分之一。此外，母婴阻断技术的推广使儿童艾滋病感染率从 2003 年的 34.8% 降至 2022 年的 3.2%。我国推行"发现即治疗"的策略，建立覆盖县级的艾滋病检测网络。截至 2023 年，全国设立 2.3 万个自愿咨询检测点，并提供唾液自检试剂盒等便捷工具。抗病毒治疗（ART）覆盖率从 2005 的 25% 提升至 2022 年的 92.9%，治疗成功率达 95%。"四免一关怀"政策（免费抗病毒药物、检测、母婴阻断、儿童入学以及生活救助）显著提高了患者生存质量。研究显示，坚持抗病毒治疗可使患者预期寿命接近常人，同时将性传播风险降低 96%。截至 2023 年，我国通过"全球基金"累计获资 7.2 亿美元，同时向非洲、东南亚国家输出"云南模式"等防控经验。中非合作论坛框架下的"艾滋病防控南南合作项目"，已帮助 12 个国家建立检测实验室网络。

2024 年 12 月，国务院办公厅公布《中国遏制与防治艾滋病规划（2024—2030 年）》的通知，要求以习近平新时代中国特色社会主义思想为指导，全面贯彻党的二十大和二十届二中、三中全会精神，坚持党的领导，坚持部门协作、社会动员、全民参与，坚持预防为主、防治结合、综合治理、分类指导，创新医防协同、医防融合机制，突出重点地区、重点问题和重点环节，以创新为动力推动艾滋病防治工作高质量发展。总目标是降低艾滋病新发感染，减少相关死亡，将整体疫情持续控制在低流行水平。具体工作指标如下：（一）提高社会防护意识。到 2025 年，居民艾滋病防治知识知晓率达 90% 以上，重点人群及易感染艾滋病危险行为人群防治知识知晓率达 95% 以上，感染者权利义务知晓率达 95% 以上，到 2030 年持续巩固提升。（二）促进危险行为改变。到 2025 年和 2030 年，男性同性性行为人群艾滋病相关危险行为均较前 5 年减少 10% 以上；到 2025 年，易感染艾滋病危险行为人群综合干预措施覆盖比例达 95% 以上，参加戒毒药物维持治疗人员年新发感染率在 0.2% 以下，到 2030 年持续保持。（三）预防家庭内传播。到 2025 年，艾滋病母婴传播率在 2% 以下，夫妻一方感染艾滋病家庭的配偶传播率在 0.3% 以下，到 2030 年持续保持。（四）提升诊断治疗效果。经诊断发现并知晓自身感染状况的感染者比例到 2025 年达 90% 以上，2030 年达 95% 以上。到 2025 年，经诊断发现的感染者接受抗病毒治疗比例、接受抗病毒治疗的感染者病毒抑制比例均达 95% 以上，到 2030 年持续巩固提升。（五）控制人群感染水平。到 2030 年，全人群感染率控制在 0.2% 以下。

　　从"谈艾色变"到"科学应对"，我国艾滋病防治机制的核心在于将医学技术与社会治理深度融合。艾滋病防治不仅需要政府主导，更需要每个公民的责任意识与行动参与。总体上看，尽管我国卫生法立法粗犷和滞后，但是关于艾滋病防治的立法却相对密集，且与国际接轨。这反映了全社会对艾滋病防治的高度重视，艾滋病防治法是我国卫生法领域的典范和标杆，为其他部门卫生法立法和司法实践提供了经验。

第七章

全球药品法：药品安全与可及性

第一节 全球药品困境

一、全球药品面临的问题

根据 2019 年 8 月 26 日新修订的《中华人民共和国药品管理法》第 2 条第 2 款的规定，本法所称药品，是指用于预防、治疗、诊断人的疾病，有目的地调节人的生理机能并规定有适应症或者功能主治、用法和用量的物质，包括中药、化学药和生物制品等。

药品作为一种商品，首先具有商品的一般属性。但是药品直接关系到人的生命健康甚至生命安全，药品是一种特殊的商品。药品的特殊性表现在：

1. 药品使用的风险性

所谓"是药三分毒"，药品用于防病治病，具有疗效，但是药品还对人体具有一定副作用。药品的使用方法、数量、时间等多种因素在很大程度上决定其使用效果，误用不仅不能"治病"，还可能"致病"，甚至危及生命安全。不仅如此，即使药品使用正确，药品本身还存在对人体的副作用。因此，药品的使用具有一定的风险性，而且这种风险不同于一般的风险，它是一种对人的生命健康的威胁。

2. 药品使用的专属性

药品不像普通商品那样，可以由消费者自行使用。药品作用于人，用于预防、治疗、诊断人的疾病，有规定的适用症、用法和用量要求。从使用方法上说，患者无法辨认其内在质量，许多药品需要在医生的指导下使用，而不由患者选择。药品不是一种独立的商品，它与医学紧密结合，相辅相成。患者只有通过医生的检查和诊断，并在医务人员的指导下合理用药，才能达到防治疾病、保护健康的目的。不经过医学指导，患者自行用药，可能造成健康损害或生命危险。

3. 药品质量的重要性

药品直接关系到人们的身体健康甚至生命存亡，因此，药品不像其他商品一样，有质量等级之分。如优等品、一等品、二等品、合格品，等等，都可以销售。药品只有合格与不合格之分，只有合格的产品才能允许销售，否则不得销售。因此，进入市场的药品，一定是合格的商品，不允许等外品、残次品进入市场。

药品是防病治病、维护人类健康和生命生存的必需品，同时药品具有危险性，需要国家对药品研制、生产、经营、使用和监督全过程活动进行规制。《中华人民共和国药品管理法》第 2 条第 1 款规定："在中华人民共和国境内从事药品研制、生产、经营、使用和监督管理活动，适用本法。""药事"是指从事药品研制、生产、经营、使用和监督管理的活动。药事法是指出国家制定或认可并保证实施的，调整药品研制、生产、经营、使用和监督管理活动中产生的各种社会关系的法律规范。

药品是疾病防治的核心。如何向公众提供安全、有效、价格合理的药品是世界上各个国家面临的主要挑战。全球药品供应制度框架还远未确立。药品创新制度和管理制度基本上是各个国家各自为战，在药物研发领域的全球合作障碍重重。

由于世界各地经济发展不平衡，同样的药品价格对于在发达国家的人们来说可以接受，对于发展中国家和欠发达国家的人们来说就是难以负担的，用于贫穷人口疾病治疗的药品研究与开发还远远不够。受专利保护的原研药，药价远高于仿制药。原研药的知识产权往往由少数几家大型的跨国公司持有，而这些公司的总部基本都设在发达的工业化国家。相较之下，那些仿制药药企遍布世界各地，仿制药药价远低于原研药，新药研发对于疾病的防治至关重要。因此促进药品研发的制度是全球药品制度的核心部分，有效的新产品寥寥无几，容易实现的医药创新似乎都已经完成。而生物技术大分子及生物材料创新耗资巨大且困难重重。《与贸易有关的知识产权协定》（Agreement on Trade-Related Aspects of Intellectual Property Rights，简称 TRIPS 协定）允许各国政府在实施其专利法时有一定的弹性，并且还提供了一些免责机制，政府有权通过政府征用或颁发强制许可证来绕开专利持有者。但是 TRIPS 协定对发展中国家药品创新关注显然不够，客观上加重了发展中国家药品短缺的困难。在全球药品领域，促进全球药物创新、药品评价、认证透明、公平以及打击假药是目前最为迫切的需求。对于低收入的发展中国家而言，重要的是继续把重点放在基本药物制度上，基本药物的可及性显得尤其重要。世界卫生组织旨在提高全球的公共卫生水平。尽管世界卫生组织积极地推进有关药品创新的谈判，但全球众多国家、众多的利益集团及高度活跃的作为非政府组织的药企经过与世界卫生组织的磋商，达成一个能对各国政府产生有意义影响的共识还任重而道远。

药物必须是安全、有效的，药品监管一直是国家的重要责任。近年来，不公开临床试验结果的监管做法饱受诟病，大多数国家的临床实践只是将新药与安慰剂进行比较，而不是在相同条件下与现有的治疗作比对。因此，监管部门批准某种新药不是因为它比既有药物更好，而是由于它与安慰剂相比更有疗效。质量标准是为了确保药品达到可接受的安全水平，在药品监管领域，世界卫生组织指导建立《药品生产质量管理规范》（Good Manufacturing Practices，GMP），监管机构的职责是确保药企遵守《药品生产质量管理规范》。但是由于各个国家监管机构采用的标准不同以及药品的类型不同，药品生产质量管理规范的级别并不一样。从全球来看，有关药品安全性和有效性监控，最大的难题是各个国家仍然各自为政，遵循着各自的药品上市标准和监管审批程序。保障药品安全性和有效性的规则只有通过执行才是有效的。令人遗憾的是，在全球范围内，众多影响巨大的药品监管问题，导致危险药品流入市场。

二、发展中国家药品供应短缺的问题

在发展中国家，每年差不多就有 1000 多万名儿童死亡，如果能够获得现有的药品和疫苗，他们的许多疾病本来是能够得到预防和治愈的。[①] 对于药品的问题，联合国千年发展计划作的《为了健康发展处方药：提高药品获得性》分析报告指出，估计有 20 亿穷人缺少挽救生命和维持健康的药品，这与享有健康是人权的基本原则相违背。获得药品是人类的基本权利。缺少药品会导致疾病高发，而疾病又会导致贫穷。发展中国家虽然有义务为本国人民提供健康所需的物质帮助，但国际社会既没有提供足够的经济资助，也没有在这方面持续性地履行他们的承诺来帮助发展中国家，同时，也未能充分协调可获得的国际援助。

基本药物概念是新政策的主要成果之一。基本药物被定义为："那些极度重要且能够满足基本医疗卫生需求，剂量适宜、保证供应、基层能够配备、国民能够公平获得的药品。"[②]发展中国家应该把基本药物的概念作为药品的基础。根据世界卫生组织制定的

---

① R. E. Black, "Where and why are 10 million children dying every year?", *Lancet*, Vol. 34, 2003, p. 361.

② WHO, *Prophylactic and therapeutic substances*, document A 22/11. World Health Organization, Geneva, 1975.

基本药物清单，制定本国的最基本的药品目录。

在药品集采上，发展中国家普遍缺少训练有素的采购人员。采购人员缺少在采购技能上的专业培训。在药品监管领域缺乏专业的人员，带来的实际问题就是药品质量保障与监管不力。

一些发展中国家的医疗质量令人担忧，开具处方药的人还不完全是专业的医务人员，缺乏用药安全保护的屏障。世界卫生组织的指南中最基本的原则是：药品捐赠和药物供应只有在与卫生当局有了足够的咨询之后才会被允许进口。在发展中国家的一些提供援助的工人们常常会遇到这样的情况，即被动接受一些不需要的和不合适的捐助。[①] 1996 年，世界卫生组织对包括商业公司和其他捐赠者在内的各种滥用捐赠制度的行为进行了调查，并为其成员国起草了一份指南。这份指南如今已得到了广泛的认可。[②] 在一些接受国，这些标准已经被采纳进法律中，然而没有达到这些标准的情况还经常被报道。

世界卫生组织成员国中的发展中国家（包括不发达国家）依然对提高自身药物生产的能力非常感兴趣，包括关于在各区域建立设备的生产和分配机制。发展中国家的药物有效成分（Active Pharmaceutical Ingredients，APIs）进口面临着相当大的困难。由于运输的时间和费用，拒收和重新下订单的商品产生了供应链问题。成品药物配方的质量控制，包括确保它们适当的配给需要各种技术的实现和材料、设备以及培训至关重要。由世界卫生组织牵头的项目，主要负责在发展中国家，对参与《药品生产质量管理规范》监督的监管人员进

---

① D. Rienstra, *Report on a European Expert Seminar on Appropriate Drug Donations*, Wemos, Amsterdam, 1999.

② WHO, *Drug Action Programme: Guideline for Drug Donations*, document DAP 96/2, World Health Organization, Geneva, 1996.

行培训。该项目旨在改善产品质量规范标准，其中就包括关于药物有效成分的生产。

研究与开发新药不仅昂贵而且具有风险性，大多数的发展中国家生产企业支付不起所需要的投资。提高发展中国家当地生产商改善药物生产能力至关重要。提高发展中国家本地生产能力的一个潜在机制就是努力提高后期药物研究与开发的能力，并通过资助发展中国家的研究实验室和临床试验来实现。世界卫生组织在鼓励此类活动中能够起到了非常重要的作用，特别是它在发达国家立法机构之前表达了其对此类安排的支持。

发展中国家有重要的公共卫生原因来鼓励药品生产能力的发展，包括更好地保证药品质量和安全性，更好地监督药品供应链。这种改善的益处不只是局限于非专利药品，同样也不局限于专利药品。发展中国家目前几乎所有的本地药品都涉及非专利产品。尽管如此，以较低价格来提高较新专利产品供应实际上对于发展中国家改善公共卫生是非常重要的，自愿或非自愿专利技术许可对于完成这项任务来说是一个非常重要的机制。

世界卫生组织在促进药品生产专利许可中扮演着非常重要的角色，主要通过执行 TRIPS 协定的灵活性来提供支持，例如，在利用知识产权灵活性方面，授权一些国家获得"全球基金"需求的法律支持。世界卫生组织与其他多边机构的合作同样起到了支持作用，这些机构包括联合国贸易暨发展会议、联合国开发计划署、世界知识产权组织（WIPO），世界银行及 WTO，这些合作还考虑到了多边采购过程中的利益问题。

第二节 知识产权保护与药品可及性的冲突与平衡

一、全球药物创新的回顾[①]

创新对于满足药品的可持续需求至关重要。在制定药品创新的制度时，重要的是要考虑药品创新的方式，还有未来药品创新的途径。纵观药品发展史，19 世纪兴起的有机化学工业为药品创新带来第一个关键性的突破。1853 年阿司匹林在德国一所大学的化学实验室合成成功，但是作为一种能够镇痛、消炎、相对无刺激性的化合物，它的功效在很久之后才由拜尔公司（Bayer Company）的海因里希·德莱塞（Heinrich Dreser）首次确定。阿司匹林首次入药是在 1899 年。[②]到 1911 年，有机砷被用作化学治疗剂尤其被用来治疗性病。[③]用于广泛治疗感染的磺胺类药物在 1938 年开始崭露头角。[④]弗莱明（Fleming）通过观察，[⑤]于 1940 年发明了青霉素，由此开启了抗生素的时代。化学合成药物进入大发展的时代。这一过程的结果是创造出有效且相对安全的全新药物，例如，现代利尿剂苯二氮类镇静剂以及治疗精神病和抑郁症的药物等。在 20 世纪 70 年代，大西洋两岸再次掀起热潮，代表成果是发明了 β 受体阻滞剂、新型口服避孕药［以及酶抑制剂（enzyme inhibitors）］。20 世纪末期，全球药品研究水平迅速下降。尽管有一些药品被认为不过是"部分创新"，甚

---

① 参见［美］阿尔伯特、［挪］杜克斯：《全球医药政策：药品的可持续发展》，翟宏丽、张立新主译，中国政法大学出版社 2016 年版，第 51-69 页。

② Mann, *Modern Drug Use*, p. 481.

③ P. Ehrlich and S. Hata, "Die experimentelle Chemotherapie der Spirillosen", *Springer*, Berlin, 1910.

④ L. E. H. Whitby, "Chemotherapy of pneumococcal and other infection with 2 - (p-aminoben zenesulphonamido) pyridine", *Lancet*, Vol. 1, No. 1., 1938, pp. 12-1210.

⑤ A. Fleming, "On the antibacterial action of cultures of a penicillium, with special reference to their use in the isolation of B. influenzae", *Br J Exp Pathol*, Vol. 10, 1929, pp. 36-226.

至是毫无新意。相当一部分新药不但在疗效上乏善可陈，而且带来了巨大的风险。很多能带来治疗进展的简单途径都已经被开发殆尽，1990 年以来，几个全球性药企收购了其他小企业，药品产业经历了快速集中的时期。这种情况往往伴随着研究能力的下降。由于药品领域始终处于不断变化的状态，因此需要出台有关药品的新制度。在 20 世纪，来自动物甚至人类的自然生物产品投入使用。1923 年，用屠宰场动物下水生产的胰岛素诞生了。[①] 20 世纪 70 年代，保罗·博格（Paul Berg）和其他人开发了重组 DNA 技术，基因工程正是在此基础上发展起来的。这些新技术可以改变一个有生命的有机体运转的方式。[②] 另一个非常有前景的领域是药物基因组学，也就是对某个患者的所有基因进行检验，以确定他/她是否会对某种药物出现反应以及如何反应。上述两种途径无疑是医药产业的兴趣所在。它们为这个产业注入强大的动力，通过"生物产药"的方式提高药品生产效率，研究与开发出更多能提高治疗效率的特效药和诊断测试。毫无疑问，在未来的若干年内，生物技术对卫生保健的影响将远远超过上面谈到的几个领域。

创新过程、生物技术的确带来了许多新元素，现有制度无法满足生物技术时代的发展需求，就需要修改现有的制度，甚至出台全新的制度。例如，一个广泛的共识是，尽管人体试验对医学的进步是必不可少的，但是试验受试者承担的风险不能与试验的目标失衡。试验可能存在的风险应该尽早提前确定，并且受试者对风险充分了解之后必须签署书面同意书。试验必须获得独立专家小组的批准，

---

① F. G. Banting and C. H. Best, "The internal secretion of the pancreas", *J Lab Clin Med*, Vol. 7, 1922, pp. 66-251.

② S. P. Barnum, *Biotechnology: An introduction*, Wadsworth Publishing Co., 1998, p. 48.

试验过程需要专家小组进行监督，并且专家小组需提出终止试验的标准。

在药物材料的使用、管控和安全处理方面，生物技术工作要求有恰当的方式来建立规章制度。在药品领域，当实验室研究涉及麻醉剂或其他受管控的药品时，就需要采用特别的规则和管控手段。制定麻醉剂使用规则是为了防止危险或令人上瘾的物质由于疏忽或盗窃而广泛散播，而放射性物质使用规则主要是为了避免环境污染。生物技术可能成为重大治疗进步的关键所在，避免因基础研究的过度保密而阻碍发展就显得格外重要。无论是否涉及新药、新的辅助诊断手段或新的非药物治疗手段，生物技术创新产品在上市之前，无疑需要达到质量、安全性和有效性的标准要求，至于更为常见类型的药物，需要建立新的机制来识别和应对这个领域出现的新问题。

综合《国际人用药品注册技术协调会指导原则》以及迄今为止各监管机构实践中出台的政策，我们可以提出一系列适应这个领域政策发展的原则。首先，随着卫生领域生物技术重要性的不断提高，有必要出台一些法律的补充条款，例如，惯例的修改和专门机构的设立。其次，如果要更好地应对生物技术问题，现有的监管机构也要调整。这不但适用于药品监管机构，也同样适用于负责人体试验评价和审批的伦理审查委员会。最后，还要考虑专家意见的限制和使用问题。发展中国家可能不具备应对这些新兴技术问题的资源和经验。因此，全球或地区性决策以及在全球性公约框架下的相互承认问题可能会引发进一步的争论。

在面对生物技术产品时，正如《国际人用药品注册技术协调会指导原则》指出的，政策制定和监管机构的确需要反思他们对动物试验作用的传统观点。迄今为止，大多数传统药物都是来自药理实验室。动物试验的目的是提升人体试验的安全性和有效性。我们需要长期的后续人体试验来发现改变带来的任何延迟影响。

生物技术产品的新颖性成为决定因素。这种优先审查某些申请的制度已经正式或非正式在一些监管机构中使用。由于国家不同，对生物技术活动所带来的潜在环境危险的理解程度，以及对此在多大程度上能出台适当的监管标准差异巨大。应该寻求全球范围的广泛共识，探讨具体的步骤来避免给人类健康带来的不必要危险。

有关生物安全的国际协定——《生物多样性公约卡塔赫纳生物安全议定书》，要求在涉及生物技术安全的议题时，公众须参与决策过程。必须确保公共信息的共享。

在大多数情况下，国家只有出现了重大事故或事件时才会出台相关安全方面的立法。一般的监管是被动反应型的，而对于现代生物技术，监管体系应该是积极主动的。很多人对采取积极主动方式进行生物技术监管的合理性存有疑虑，特别是在欧洲，这种疑虑让人们对新技术感到担忧。

药品领域有关新生物技术工具的政策发展应建立在共识而不是争议的基础之上。在全球许多国家，有关食品、药品和其他产品的标准不仅只是政府和企业之间磋商的议题，而且已经成为双方共同制定的法律规范和自愿行为准则，两种类型的工具相互补充。这个事例应该在生物技术产品领域得到广泛推广。贸易与工业积极参与行业标准的完善，能促进企业遵守制定的标准。

值得注意的是，一些"新兴经济体和发展中国家"，尤其是巴西、俄罗斯、印度和中国正快速提升其在医药领域的研究与开发能力。这对于提高出现突破性创新的概率有着非常积极的意义。

二、TRIPS 协定与药品可及性

（一）专利和价格的基本要素

授予专利权，就是用把其他人排除在市场之外的形式，对一个新产品或工艺的发明者进行奖励。[①]为了将发明商品化，发明者可以用这个奖励吸引对工厂和设备的投资。发明者也可以将发明授权给其他想使用它的人，自己则收取专利使用费。进行专利奖励是社会对发明人创造行为的一种鼓励，以此刺激投资并把新产品推入市场。

授予专利的社会成本是，在专利期限内只有专利所有人（或被授权者）才有权进行专利产品的生产和销售。只要没有竞争对手的直接威胁，专利所有人可以在市场可承受范围内随意给专利产品定价。市场所能承受的价格取决于诸多因素，例如，消费者对该产品的需求程度以及即便是部分程度的替代，市场上是否存在该产品的替代产品，等等。

如果研究与开发出真正具有突破性疗效的药物，社会需要对发明者给予适当的奖励。做出这种突破并获得专利的药企通过高额定价就可以获得回报。这是合乎逻辑的，但也有明显的缺陷。因为如果没有大量的资金，无论个人还是公共的卫生支出都无法支付。

专利药品的"渐进式"创新，对新药的开发产生严重的影响。对于制药企业而言也许是最有利可图的，但风险也是最大的。企业

---

① 有关国际专利体系的详细说明可参照弗雷德里克·M·阿尔伯特（Frederick M. Abbott）、托马斯·柯蒂尔（Thomas Cottier）和弗朗西斯·加利（Francis Gurry）《一体化世界经济中的国际知识产权》（International Intellectual Property in an Integrated World Economy），（2007 Aspen，USA）的第二章。"专利"是为奖励发明者发明新颖、创新和实用产品或工艺而授予的知识产权。专利所有人可以禁止其他人生产或销售（或使用相同的工艺）相同专利产品。根据国际规则的规定，自递交专利申请伊始，专利有效期至少为 20 年，但是一些国家可能会延长需要经过监管审批的药品的专利期限。各个国家的专利局"独立"进行专利审批，因此，同一种药品在某些国家可能"受专利保护"，而在另一些国家则不然。

损益评估的结果看起来更鼓励渐进式发展方面的投资。尽管国与国的情况不同，医生们大都不关心开出专利药物处方所带来的经济效益，因为医生的报酬与药品销售是脱钩的。[1]

不同国家和地区有关专利和非专利药品间的矛盾各异，但是这种关系的基本性质是保持不变的。[2]药品专利的所有人通常是新药的原创者。原创者指的是第一个从公共卫生机构获得销售某种新药上市许可的人和企业。目前，在主要发达国家，原创者通常享有一定时期的"市场专营权"作为注册新产品的奖励，并享有一定时期的专利保护权。专利保护权这个词所涵盖的范围通常比市场专营权要大，尤其在药品监管审批过程中专利期限需要"延长"的时候更是如此。

仿制药生产商追求的利益与原创者截然不同。他们努力生产和销售与原创者一样的药品，但价格却低得多。他们需要在某种药品不受专利或专营权保护的国家进行生产和销售，等待专利和专营权期限的"自然到期"或努力促使专利期限和市场专营权保护期限的提前到期。

药品市场充斥着一场原创药企和仿制药企之间的持久战。原创药企寻求专利带来的"垄断租金"。而仿制药企则力图打破这种垄断，把相同产品的便宜药型推入市场。假设没有其他形式的政府干预，原创药企在上述的专利市场专营权体制下运行，它们就能随意根据市场给产品定价。无论是发达国家还是发展中国家，大部分国家的市场结构数据差别不大。仿制药在销量上起市场的主导作用，

---

① 一些卫生专业人员缺乏的国家是个例外，那就是医生既开药也卖药。尽管在一些情况下，短期内可解燃眉之急，不过，医生在经济利益的驱使下开方的做法也广受诟病。

② US Federal Trade commission, *Generic drug entry prior to patent expiration: an FTC study*, 2002.

而专利药品则以销售额取胜。在不同国家，专利药品的价格大相径庭。目前，美国的专利药品价格最高，被普遍认为是专利药品最接近"自由市场"的价格。[①]美国的医药开销比其他任何国家都要高很多。原创药企大张旗鼓地反对价控，理由是他们的投资回报会大幅缩水，并最终影响在研究与开发上的投入。[②]

（二）TRIPS 协定对药品的影响

在国际合作愈加密切，各国开放程度不断提升的当今时代，药品可及性的差距与纷争也正在不断扩大。具有深刻影响力的 TRIPS 协定所铸就的知识产权保护体系，为包括药品专利在内的知识产权创造者提供了强力保障。但是，那些发展中国家和欠发达地区的健康权，正因为 TRIPS 协定的药品知识产权保护体系而被损害。TRIPS 协定体系也因此也备受质疑。发展中国家需要更积极灵活的多边体制，更有利于国民健康权的国内政策以及对药品研发和药价谈判取得更进一步的成果，才能应对这些对于健康权利的冲击。

总部设在日内瓦的世界知识产权组织制定了专利管理条约《保护工业产权巴黎公约》。在美国、欧洲和日本的药企强烈要求下，国际专利体系规则的制定工作于 1995 年转交给总部设在日内瓦的 WTO。作为 WTO 法律体系的一个核心组成部分，TRIPS 协定于 1995 年 1 月 1 日起生效。[③]

TRIPS 协定制定了管理药品专利和监管资料的新规则，要求

---

① US Government Accountability Office, *Prescription drugs: Price trends for frequently used brand and generic drugs from 2000 through 2004*, 2005.

② US Department of Commerce, International Trade Administration, *Pharmaceutical price controls in OECD countries: implications for U. S. consumers, pricing, research and development and innovation*, 2004.

③ UNCTAD – ICTSD, *Resource Book on TRIPS and Development*, Cambridge University Press, 2005.

WTO 成员方实施和执行这些规则，允许成员国对违反规则的国家实施贸易制裁。TRIPS 协定的中心任务是"为促进技术创新……和技术的转移与传播，使科技生产方和使用方以一种有利于社会和经济福利的方式实现互利共赢"，来保护和推行知识产权。然而，成员国可以采取必要的措施保护公共健康和营养，并在重要部门促进公共利益。TRIPS 协定要求所有 WTO 成员方将专利保护延伸至药品（及工艺）。[①]在此之前，许多国家尤其是发展中国家对药品提供专利保护。在乌拉圭回合（Uruguay Round）之前，国家可以有效地推行其自己的知识产权政策，将近 15 个国家没有为药品设置知识产权专利，如巴西、印度和墨西哥。印度在发展中国家生产和销售已在工业化国家取得专利保护的新药的仿制药型。在阿根廷和巴西这样的发展中国家，药企同样能够生产和销售"专利保护到期的"较新药品。即便在提供专利保护的国家中，各自规定的保护范围也大相径庭。然而，TRIPS 协定要求给所有领域的技术授予独一无二的专利，以便让药品专利更普遍。TRIPS 协定设立了政府必须给产权所有者提供知识产权保护的最低底线，从而保证了一致性，这就把国家政策纳入了有争议解决机制的国际法规体系之内。

世界各国在签订 TRIPS 协定后，药品知识产权与公众健康权的矛盾日趋明显。TRIPS 协定之目标与宗旨即在于对成员方的知识产权进行保护，其要求各个成员方以不低于该协定所规定的方式给予各个成员方知识产权保护。各国通常以专利的形式对药品进行保护。对于各国授予专利的药品，只有在支付高昂的许可费之后非专利权

---

① Frederick M. Abbott, *The WTO medicines decision: the political economy of world pharmaceutical trade and protection of public health*, 2005.

人才能享有对受保护的专利技术制造、销售等权利。毫无疑问，当我们提到专利权之时，首先想到的是专利权对于人类的知识、创造、创新等成果进行保护，以激励科学成果上的不断突破，推动科学的不断发展。而对于健康权来说，专利制度通过对医药领域的科学成果予以保护，进而更进一步地刺激医学技术、药品满足人类的健康需求，实质上能够对健康予以保护。然而这只是理论上的逻辑，而实际上药品专利背后隐藏着巨大的经济利益，药品寡头企业甚至是他们背后的国家很难放弃对此的追逐与竞争，这便使得短期内，至少是专利保护期内，因为药品巨大的成本与消耗，并非所有患有疾病的人都有获取药品的能力，这种情况在实质上危害着人类的健康权。

在 TRIPS 协定这样一种广泛的保护下，所有成员方都必须立法保护药品的专利权，并且 TRIPS 协定所确立的保护标准是一个较高的标准。若有国家违背，不但很容易受到发达国家的经济制裁，并且也时时刻刻可能面对 WTO 争端解决机制中的合法报复，即在 WTO 争端解决机制中，一国若被认定为违背 TRIPS 协定所要求的保护义务，WTO 将赋予被侵权国在相同领域，甚至是跨领域的报复。在这一情况下，即使发展中国家并没有多少知识产权的利益，但是被侵犯知识产权的国家甚至可以从贸易、投资领域进行报复。WTO 争端解决机制向来被认为是一种合法的、公平的措施。

长期以来，关于 TRIPS 协定对于发展中国家的影响都有着激烈的争议。TRIPS 协定会让人们急需的通用类一般药物的生产或购买变得困难。TRIPS 协定给予知识产权以保护，包括商标权、版权和设计权。在这些权利之中，专利保护可能是对健康影响最大的部分。

这一协议要求对发明的专利有效期至少为 20 年。[①] 专利保护覆盖所有技术领域的产品（如药物）和生产过程（如生产药品的化学成分和配方等）。为使专利合乎要求，一个发明必须是"新奇的"，有"创造性步骤"（即不是明显的），并具有"产业应用性"。从申请专利的申请日期开始，专利保护的最短期限是 20 年。药品专利保护的范围扩大到所有的 WTO 成员方，必然给发展中国家经济带来相当大的影响。TRIPS 协定给成员方中的发展中国家和欠发达国家提供过渡期。[②]

印度是最后一个将本国的专利体系与新规则接轨的主要发展中国家药品生产国，实施日期是 2005 年 1 月 1 日。因此，现在世界上每个主要的药品生产国都对新产品和工艺给予专利保护。[③]但是问题在于，对于过渡期已结束的国家，他们必须提供等于或高于 TRIPS 协定对专利等知识产权的保护，而他们在这段时间内的发展水平实际上依然很难适应 TRIPS 协定所要求的保护水平，更关键的是他们的医疗卫生水平也依然没有得到实质的提升，国民的健康权保障依然存在问题，将 TRIPS 协定的义务强加给他们实际上是并不公平的。

实施 TRIPS 协定标准，并不意味着一些国家面对高价专利药品

---

① 参见 TRIPS 协定第 33 条。

② TRIPS 协定第 65 条："1. 在遵守第 2 款、第 3 款和第 4 款的前提下，任何成员在《WTO 协定》生效之日起 1 年的一般期限期满前无义务适用本协定的规定。2. 一发展中国家成员有权将按第 1 款规定的实施日期再推迟 4 年实施本协定的规定，但第 3 条、第 4 条和第 5 条除外。3. 正处在从中央计划经济向市场和自由企业经济转型过程中的任何其他成员，及正在进行知识产权制度结构改革并在制订和实施知识产权法律和法规方面面临特殊困难的成员，也可受益于第 2 款设想的延迟期。4. 如一发展中国家成员按照本协定有义务将产品专利保护扩大至在按第 2 款规定的、对其适用本协定的一般日期其领土内尚未接受保护的技术领域，则该成员可再推迟 5 年对此类技术领域适用本协定第二部分第 5 节关于产品专利的规定。5. 利用第 1 款、第 2 款、第 3 款或第 4 款下的过渡期的一成员应保证，在过渡期内其法律、法规和做法的任何变更不会导致降低其与本协定规定一致性的程度。"

③ 俄罗斯正在申请加入世界贸易组织，尽管从技术上讲，俄罗斯不受 TRIPS 协定条款的制约，其仍提供药品和制造工艺的专利保护。

束手无策。[①]一是，针对专利要件，TRIPS 协定确定了基本规则，因此在规则的实施和应用上存在相当大的弹性。例如，印度就把这种弹性应用到了极致，它要求在既有药物基础上改型的药品在申请专利时必须证明其疗效方面的显著提高。二是，TRIPS 协定授权成员国可以采用各种免责和保障规则去保护专利权。在监管审查方面，世界贸易组织成员方可以采用研究免责条款（允许在专利有效期内进行卫生监管审批的申请），并可授权以"强制性"或"政府使用"的方式对药品专利实行许可证制度。每一个免责和保障规则，都为限制市场准入带来的不利社会福利后果提供各种形式的救济。TRIPS 协定并不阻止一些国家进行药品价格控制。没有规定允许政府纵容专利药企随意定价。事实上，由于这一协议的复杂性和来自发达国家及制药公司的压力，发展中国家很难灵活运用 TRIPS 协定。发展中国家无法更好地利用这个机会控制专利药品的价格。

原创药企处处反对政府使用弹性、免责和保障机制。因为印度采用上文谈到的药品疗效证明机制，诺华公司将印度政府告上法庭，但印度法院最终以不受理的方式了结此事。[②]为了抑制发展中国家使用弹性、保障及免责条款，美国一直在与一些积极限制使用这些法律机制的第三国协商双边贸易协定。[③]

TRIPS 协定即是发展中国家加入 WTO 所需签署的三大协议之一，实际上，对当时医药研发水平尚且不足的发展中国家来说，TRIPS 协定无疑是保护发达国家"专利霸权"的产物，并没有顾及

---

① Frederick M. Abbott and Jerome H. Reichman, "The Doha Round's public health legacy: strategies for the production and diffusion of patented medicines under the Amended TRIPS Provisions", *J Int Econ L*, Vol. 10, No. 4. , 2007, pp. 87-921.

② *Novartis v. India*, WP Nos. 24795 of 2006 and 24760 of 2006, decided 6 August, 2007.

③ Abbott, *WTO medicines decision*.

到发展中国家的国情，这严重限制了发展中国家居民获得低价优质药品的可能性。

TRIPS 协定中与《关税反贸易总协定》中，事实上更为充分地考虑了发达国家与发展中国家的不同发展程度，通过《关税反贸易总协定》第四部分贸易与发展所规定的原则和目的、承诺的义务与联合行动，通过《对发展中国家的差别和更优惠待遇、互惠及更全面的参与》的协议，以及"普惠制"的安排等方式，处于发展弱势的发展中国家能获得更为公平的法律地位。[①] 但是可惜的是，作为比经济贸易更为重要的健康权与生命权却并没有在 TRIPS 协定中有更多的例外规则对其进行保护。

艾滋病的流行所引起的灾难让 TRIPS 协定的缺陷暴露无遗。专利药的花费相当于通用药的 3 到 5 倍。发展中国家难以支付联合药物疗法的高昂费用——甚至在给制药公司施加了降价压力后。因此，国际社会对公共健康的顾虑变得更加敏感，并由此减少了对发达国家更严格的知识产权保护要求的支持。

TRIPS 协定作为一个国际协定，在同一个规则之中所有主体履行着相同的义务，这是一种平等与表面公平的表象。而实际上其中蕴含着巨大的不公平。贫穷的国家缺少系统的教育、制造业和有效的创新能力，他们的知识产权产品很少，TRIPS 协定只能给他们带来极少的好处，同时会让他们获取药物的生产或购买变得困难。[②] 这便是一种实质不公的体现，由于发展中国家与发达国家的发展程度不同，所以即使在国际条约中即使有着同样的权利义务，也并不一

---

① 王传丽主编：《国际经济法》，中国政法大学出版社 2018 年版，第 183—184 页。

② ［美］劳伦斯·O. 戈斯廷：《全球卫生法》，翟宏丽、张立新主译，中国政法大学出版社 2016 年版，第 291 页。

定完全符合公平正义这一基本法律原则。虽然 TRIPS 协定一定程度
上赋予了非发达国家以宽限期，但这一制度并未根本地解决发达国
家与发展中国家不公平的法律地位。从发展的角度说，发达国家对
于知识产权的垄断的本质是对发展中国家的发展权的剥夺，发达国
家由于发展与进步的时间较早过程较短，已经度过了发展中国家正
在经历的困难，其发展的过程对于发展中国家市场以及资源的利用
甚至是掠夺是绝对不可被忽视的，也正是因为如此，发达国家更应
当尊重发展中国家发展的权利。

"诺华公司诉印度联邦案"

2013 年 5 月，印度最高院驳回了诺华公司的一项暴利且广泛运
用的抗癌药格列卫（Gleevec）的专利诉讼——经过备受瞩目且长达
7 年的法律战斗。为了驳斥诺华公司的诉状，最高院认定，印度的专
利标准超过了美国和欧洲。在美国，公司经常可以简单地通过稍微改
变一种药物的配方或剂量来延长专利保护期，但是最高院裁定印度的
专利法要求的更多：一种新药发生了改变是不够的——这一改变还需
要提高治疗效果。

为了遵守 TRIPS 协定，印度于 2005 年开始授予药物专利，但是
只针对 1995 年以后发明的药物。而诺华公司于 1993 年取得的格列卫
的原始配方专利。最高院裁定诺华公司未能证明格列卫满足印度
2005 年的专利法要求的"强化、优化的药效"。在美国，格列卫每
年要花费 70 000 美元，然而印度的通用途径每年只花费 2500 美元。

尽管解释勉强，但"诺华公司诉印度联邦案"有着深远的影响。
考虑到在欧洲和北美日益下降的利润，跨国制药公司积极在新兴经
济体中寻求强硬的专利保护。印度是世界上最大的通用药制造国，

每年出口价值约 100 亿美元的通用药物，而印度和中国生产了美国制造的药物中 80% 的有效成分。针对诺华公司的判决可能会改变药物方面的全球格局。最高院的判决会刺激制药公司致力于真正的创新而非永久存在的专利，这也对其他新兴经济体（如阿根廷、巴西、菲律宾和泰国）在国内知识产权争议和落实 TRIPS 协定义务方面产生了激励。

TRIPS 协定事实上对于药品专利的保护只是与其他专利一并归于"专利权"的保护，继而忽视了药品专利与健康权的特殊关系。药品是人类健康与生存的基本必需品，与生命权与健康权息息相关，其研发目的是对抗现有的疾病，而区别于其他发明创造。[①] 正是基于对于公众健康与生命的考量，TRIPS 协定才会把人或动物的诊断、治疗和外科手术方法排除于专利权的保护范围之外。[②] 基于这种特性来看，药品专利相比于其他专利而言，与诊断、治疗、手术方法其实更为相似。但是 TRIPS 协定却将其与其他普通专利一并保护起来，其偏向于制药寡头以及发达国家的经济利益，但事实上忽视了公众的健康权利，而对于发展水平、居民收入水平不高的欠发达地区，甚至造成了毁灭性的打击。由此可见，在药品专利这一领域，TRIPS 协定欠缺对于发展中国家的健康权考量，因此也需要创造更多灵活性适用规则，甚至是例外规则以保护欠发达国家人口的生命健康权利。

对于 TRIPS 协定对发展中国家药品供应造成的伤害，发展中国

---

① 张明希：《TRIPS 协议框架下的药品专利问题研究 ——以协调与公共健康权的冲突为视角》，东北大学 2015 年硕士学位论文。
② TRIPS 协定第 27 条第 3 款："各成员可拒绝对下列内容授予专利权：（a）人类或动物的诊断、治疗和外科手术方法……"

家应当充分利用 TRIPS 协定之中发达国家最大的让步"强制许可制度"，当然也必须合理利用，否则很有可能面对专利权人所属国家的制裁或是 WTO 争端解决机制的诉讼。对于一些已经超过专利保护期限的药品，可以通过仿制药的方式进行制造，也能够降低成本，保护健康权。

事实上药价谈判最能够平衡药品专利的财产权从而扩大药品的可及性。通过实现药价的地区差别化，既能够保障药品公司以及药品专利创造者的经济利益，同时也满足全人类对于健康权的需要。当然，药价谈判，更多的是需要发达国家与专利创造者的让步，但是欠发达国家也可以积极采取医药卫生领域国际合作的方式，与发达国家与专利创造者进行利益协调与谈判，发挥自身的资源优势，以满足本国公民的健康权需求。

三、多哈回合与药品的可及性

于 2001 年 7 月 25 日举行的非正式会议上，以非洲国家为代表的发展中国家提出了希望在 WTO 多哈部长级会议通过的有关宣言的六个要素，即：①用 TRIPS 协定第 7 条和第 8 条来解释协议的所有条款；②成员有权自己决定授予强制许可的理由；③承认对外国制造厂家颁发的强制许可；④运行平行进口；⑤暂停解决所有为保护公共健康而获得有关药品的贸易争端；⑥延长对发展中国家和最不发达国家的过渡期。

美国和瑞士则宣布，它们反对在 WTO 多哈部长级会议上提出的任何宣称 TRIPS 协定允许其成员为获得基本药品而采取必要措施的建议，反对通过一份有关 TRIPS 协定的单独宣言。

虽然发展中国家和发达国家在 TRIPS 协定的许多问题上存在分歧，但所有成员都同意 TRIPS 协定应当有利于而不是阻止贫穷国家公共健康危机的解决，所以这次特别会议的影响是积极的。

2001 年 9 月 19 日，TRIPS 协定理事会就药品获得问题进行了第二次讨论。第二次特别会议主要讨论的问题包括 TRIPS 协定目标、原则和平行进口以及强制许可等。在这次会议上，非洲集团、巴西、印度等代表发展中国家，美国、日本、瑞士等代表发达国家分别提交了为 11 月份举行的部长级会议准备的部长宣言提案。① 非洲集团联合其他 19 个国家就 TRIPS 协定和公共健康问题起草的宣言提案包含 14 项提议。该提案阐明了 TRIPS 协定不应损害 WTO 成员国，并需要采取措施以保护公共健康的基本原则，并就强制许可、平行进口、数据保护、向无足够生产能力的国家出口药品和限制发达国家对发展中国家所采取的保护公共健康措施提起争端解决程序等问题进行了澄清。②

而发达国家的提案不完整，仅有前言部分，勉强回应了发展中国家的提案。发达国家的提案把药品获得问题限制在艾滋病、疟疾和肺炎三种传染疾病上，期望以此缩小公共健康问题对专利权的影响范围。提案重复了专利权对于新药研发的重要性，不痛不痒地确认各成员有理由采取 TRIPS 协定下的灵活措施应对传染病引发的问题。提案认为各成员国的平行进口规则不应导致供应贫穷国家市场的廉价药品输入其他市场，因为这会损害药品的区别定价政策。③ 美国还提议将欠发达国家的过渡期延长至 2016 年，同时中止对撒哈拉以南的非洲地区提起诉讼，也中止该地区所颁布的促进获得治疗艾滋病和其他传染病药品的法律、规则和相关措施，企图以此破坏发

① 两份提案的文件编号分别是 document IP/C/W/312orWT/GC/W/450 和 document IP/C/W/313。

② WTO document IP/C/W/312、WT/CC/W/450.

③ WTO document IP/C/W/313.

展中国家的团结。欧盟的草案就向无足够生产能力的国家出口签发强制许可的问题,基于第 30 条的例外规定提出了解决方案。

　　总体而言,这两次特别会议由于发展中国家作了充分的准备,在磋商过程中处于比较有利的位置,而发达国家则比较被动。这种状况一直延续到了当年 11 月份举行的多哈 WTO 第四次部长级会议上。虽然如此,发展中国家要达到自己的目的仍然面临来自发达国家,尤其是美国的强大阻力。由于 WTO 的决策采取协商一致作出决定的做法,因而在如此重大的问题上没有发达国家的同意,是不可能有任何进展的。但是生物恐怖袭击的偶然因素促使美国转变了其在公共健康问题上的立场,同时为了避免重蹈西雅图会议失败的覆辙,及时开启新一轮的多边谈判。

　　2001 年 11 月,在卡塔尔多哈举行的 WTO 第四次部长级会议上,与会代表就 TRIPS 协定与公共健康问题进行了激烈的谈判,由墨西哥经济部长德韦斯提出的一份多哈会议关于知识产权与公共健康问题的宣言草案得到了各方的认可。WTO 第四次部长级会议最终达成了《TRIPS 与公共健康多哈宣言》(简称《多哈宣言》),就 TRIPS 协定与公共健康领域相关的问题进行了澄清。

四、《多哈宣言》的主要内容

　　WTO 多哈部长级会议最终于 2001 年 11 月 14 日达成了《多哈宣言》,[①] 明确了 WTO 成员方政府采取措施维护公共健康的权利。《多哈宣言》强调知识产权保护对研制新药的重要性,指出 TRIPS 协定的实施应有利于现有药品的获得和新药的研发,但更强调采取措施保障公共健康的重要性。该宣言全文如下:

---

　　① WTOs *Declaration on the TRIPS Agreement and Public Health*, WT/MIN (01) /Dec/2, 20 November, 2001, http://www.wto.org/english/ihewto_ c/minint/mi01/mindeuip. c. hm.

"1. 承认公共健康问题严重影响许多发展中国家和最不发达国家、特别是影响那些遭受艾滋病、结核病、疟疾和其他传染病的国家。

2. 强调需要将 WTO 协议下的 TRIPS 协定作为国家的和国际社会的广泛举措中的一部分来解决这些问题。

3. 承认知识产权保护对于发展新药的重要性，同时也承认对有关知识产权对价格所产生影响的关注。

4. 同意 TRIPS 协定没有也不应当妨碍成员国为维护公共健康而采取措施。因此，在重申承担 TRIPS 协议所规定义务的同时，确认该协议能够也应当以一种有助于成员国维护公共健康的权利，特别是促进所有的人获得药品的权利的方式进行解释和实施。

在这一方面，重申 WTO 成员有权充分运用 TRIPS 协定中为此而给予灵活性的条款。

5. 根据上述第 4 款，在维护 TRIPS 协定所规定的义务的同时，承认上述灵活措施包括：

（a）应用国际法的习惯解释规则，TRIPS 协定的每一条均应当根据协议所表达的目标和意图进行理解，特别是根据该协议规定的目标和原则来进行理解。

（b）各成员国有权批准强制许可，并且可以自由决定批准强制许可的理由。

（c）各成员国有权决定构成国家紧急状况或其他紧急情况的条件，可以理解公共健康危机，包括与艾滋病、结核病、疟疾以及其他传染病有关的危机，构成上述国家紧急状况或其他紧急情况。

（d）在 TRIPS 协定第 3 条、第 4 条有关最惠国待遇和国民待遇原则的规定前提下，TRIPS 协议中有关知识产权权利用尽的规定应当使各成员国能够自由地、不受干扰地建立其权利用尽体系。

6. 承认其制药企业没有制造能力或制造能力不足的 WTO 成员国按照 TRIPS 协定的规定有效利用强制许可有可能会遇到困难。责成 TRIPS 理事会在 2002 年底前提出解决这一问题的方案并向 WTO 总理事会报告。

7. 重申依照 TRIPS 协定第 66 条第 2 款的规定，发达国家成员有义务鼓励其企业和公共机构，促进向最不发达成员国家转让技术。关于药品，同意在 2016 年 1 月 1 日之前不强迫最不发达国家成员国家实施或适用 TRIPS 协定第二部分第 5 节和第 7 节的规定，同时不排除最不发达成员国寻求延长 TRIPS 协定第 66 条第 1 款规定的过渡期。责成 TRIPS 委理事会采取必要措施，使之与 TRIPS 协定的第 66 条第 1 款相容。"

2001 年的《多哈宣言》强调了 TRIPS 协定的灵活性，规定，"这一宣言能够且应该在其支持 WTO 成员方保护公众健康和促进全民获取药物的背景下被理解和执行。"它还强调，成员国具有出于这一目的把 TRIPS 协定的灵活性运用到"最大化"的权利。巴西、印度和泰国等有生产能力的国家，通过制造通用药物产生了巨大的健康效益。以巴西为例。生产通用药的国家一直以来面临着来自美国和制药企业为保护现有知识产权而施加的强大压力。虽然多哈宣言被广泛称赞为发展中国家的胜利，但日益增多的发达国家为自由贸易而谈判的 TRIPS 协定附加条款却破坏了《多哈宣言》。例如，美国就谈判签订了很多双边和区域性的外国附属机构服务贸易（FATs）协议来落实美式的知识产权制度。除了 TRIPS 协定自身已经存在的限制等级外，TRIPS 协定附加条款还破坏了发展中国家公共健康的保护能力。事实上，2001 年，39 家制药企业为禁止生产抗艾滋病毒药物对南非政府进行起诉，其依据是它破坏了专利保护。这一诉讼在公众和非政府组织的强烈抗议中搁浅。

《多哈宣言》及其效果意味着国际贸易规则不应该成为获取基本药物的主要壁垒。然而，还有很多其他方面的问题，例如，低水平的健康基础设施使得药物的广泛覆盖及其监管变得困难。回顾过去，很多发达国家确实认为对创造力的创新激励能够帮助贫穷者，但贸易规则的净效应却使得世界上最脆弱的人群难以支付起医疗费用。

当然我们应当注意到，《多哈宣言》的发布一定程度上在药品专利上向发展中国家进行了妥协，但是多哈回合一直以来所反映的一些问题也不容忽视。被誉为发展回合的多哈回合可以称之为 WTO 谈判最艰难的回合，至今为止谈判成果鲜少，谈判停滞不前。发展中国家在谈判过程中要求 WTO 体系的各个领域（包括知识产权领域）进行制度的改革，以给予发展中国家一个更公平的体系规则，发达国家对于这一诉求似乎并不认同。在多哈回合谈判持续僵持的过程之中，以发达国家所主导的区域协定却在不断增加，而其中知识产权的内容更关注的并非是人类健康权益的问题，反之而是越来越强调知识产权的垄断与保护。一般来说 TRIPS 协定是通过新的知识产权制度设置，在专利领域可能通过新的规则附加专利保护期，限制强制许可或提高其要求，除此外还包括以限制平行进口等方式加强对专利权的保护。[①] 而在 TPP 中甚至直接将 TRIPS 协定对人或动物的诊断、治疗和外科手术方法这一客体纳入授予专利的范围之内，并且对于民事、行政、刑事制裁以及相关的临时措施都有着更高的要

---

① 于彧：《TRIPS-plus 之药品专利条款分析》，载《市场周刊》2019 年第 2 期。

求。[1] 对专利权的保护从客体、时间以及制裁方式等各个方面予以加强。《多哈宣言》还留下了一个重要问题未得到解决。它正式承认"药物生产能力不足或欠缺的 WTO 成员方，在高效利用强制许可证方面存在困难。"例如，具有生产能力的国家（如印度和加拿大）不能以出口通用药的方式帮助他国，因为 TRIPS 协定要求强制许可证应首先供应国内市场。TRIPS 协定理事会被指应提出解决这一问题的"高效方案"。

第三节 大流行性流感防范（PIP）框架：病毒共享与疫苗惠益

一、大流行性流感防范框架的确立[2]

大流行性流感是一种由动物传染的疾病（动物和人类交叉或共有的感染），通常会诱发轻微的疾病但可能危及生命。有三种类型的流感病毒，甲型流感、乙型流感和丙型流感。甲型流感感染人类、鸟类和一些哺乳动物（如猪、马、水生鸟类和家禽），而乙型流感和丙型流感则多限于人类（丙型流感不是一个重要的人类病原体）。在具有高度自适应性病毒不断流通的背景下，具有大流行潜质的新型菌株的威胁就可能出现。对于一种新型流感病毒人类往往没有免疫反应，致其迅速传播并可能造成广泛的疾病和死亡。考虑到新流感的跨界威胁，需要建立协调全球监测和反应的机制。流感大流行的先决条件有三：一种新型病毒的存在；具有

---

① 王文璞：《TPP 协议中知识产权 TRIPS-PLUS 条款研究与中国知识产权法律应对》，宁夏大学 2015 年硕士学位论文。

② 参见［美］劳伦斯·O. 戈斯廷：《全球卫生法》，翟宏丽、张立新主译，中国政法大学出版社 2016 年版，第 316-329 页。

感染人类的能力；高效的人际传播。在过去的 3 个世纪中至少有过十余次流感大流行。

全球流感监测系统对季节性流感病毒的全球传播和升级演化尤其是对新菌株的出现进行追踪。全球监测与国家监控合作提供季节性和流行性防范的关键性联系。世界卫生组织的全球流感检测和响应系统（简称 GISRS）收集流感样本，经过国家流感中心的分析，全球监测构成了疫苗接种策略的支柱。为研发针对广泛流行毒菌的疫苗，科学界持续需要病毒样本和序列信息。因此，通过国际病毒共享把监测和疫苗紧密地联系在了一起，这更好地说明了全球治理的重要性。

高收入国家以人口为基础的疫苗接种是控制季节性流感的首要方法。但贫困国家由于医疗相互冲突的健康负担和有限的预算，没有足够资金投资流感疫苗。国际援助亦不能填补这个缺口。因此，为预防全球流感大流行设立国际病毒共享系统对全球流感大流行防范至关重要。

国际病毒共享系统针对流行的流感毒株开发有效的疫苗，并提供所需的重要病毒样本和基因序列数据。2006 年 12 月印度尼西亚宣布拒绝与世界卫生组织全球流感监测网络共享禽流感 HPAI 的样本，此举震惊了全世界。因为世界卫生组织未能确保印度尼西亚公平使用病毒样本特别是疫苗带来的好处，因为病毒隔离区的领土主权属于印度尼西亚，印度尼西亚就为其拒绝提出正当辩护。①

印度尼西亚的决定揭示了国际社会产生的分歧。许多发展中国

---

① Endang R. Sedyaningsih et al. , "Towards Mutual Trust, Transparency and Equity in Virus Sharing Mechanism: The Avian Influenza Case of Indonesia", *Annals Academy of medicine*, Vol. 37, No. 6. , 2008, pp. 482-487.

家和公正健康的倡导者强烈支持印度尼西亚平等获得药物和疫苗的诉求。然而，许多高收入国家则谴责印度尼西亚的行为，认为它把世界健康置于了巨大风险中。世界卫生大会于 2011 年 5 月通过了一项的新的协议，它被称之为《共享流感病毒以及获得疫苗和其它相关利益的大流行性流感防范框架》。

二、大流行性流感防范框架确立的制度

大流行性流感防范框架首次对多种司法体制下的监测和利益共享的协定事先做出担保。该协议凸显了利益相关者之间的关键妥协。因为世界卫生组织拒绝行使制定条约的权力，因此它不具约束力。换言之，它是一个"软法"。成员国在此框架下的承诺也没有法律效力。大流行性流感防范框架仅适用于"H5N1 型流感病毒和有引起人类流行性疾病可能的其他流感病毒"，明确排除季节性流感或其他非流感病菌。这种狭窄的范围限制了世界卫生组织在季节性流感或其他新发的非流感传染病范围内发挥匡扶正义的能力。大流行性流感防范框架有两个不同部分：①主体部分规定了成员国不具有法律约束力的承诺以及总干事和秘书处的指导原则；②附件包含了《标准材料转让协议》（附件 1、2）、咨询小组的参考条款（附件 3）以及世界卫生组织现有的和未来的全球流感监测和响应系统实验室（附件 5）。这种新结构旨在协调利益相关者——国家和私人实验室，政府和产业的利益以及实现框架的两个核心原则：一是，建立一个透明的国际病毒样本共享系统；二是，从监测系统中获得效益。

根据大流行性流感防范框架，各成员国同意为 GISRS 实验室提供"大流行性流感防范生物材料"（包括突变型病毒样本和改良的候选疫苗病毒）。通过提供材料，各国同意按照《标准材料转让协议》（附件 1、2）的规定传送和使用生物材料。如果它们也优先

提供给 GISRS 实验室，成员国可以双边共享材料。为增加透明度，基因序列数据和分析应与来源国和 GISRS 实验室共享。然而，基因序列数据的控制权还存在争议，总干事命令咨询小组来解决这个敏感的问题。总干事还必须就追踪机制向咨询小组咨询，该机制被用于对大流行性流感防范生物材料进出 GISRS 以及在 GISRS 范围内的电子追踪——尽管总干事在疾病大流行期间有紧急修改追踪要求的权力。

大流行性流感防范框架因此正式确立了国际病毒共享机制，阐明了各方当事人的权利和义务，为了监测和疫苗的发展，该框架设想将生物材料在 GISRS 实验室网络的内部以及外部共享。尽管该框架并不强行要求分享病毒样本的法律义务，但该框架的规范鼓励政府合作。

成员国同意与世界卫生组织合作确保监测和风险评估工作；根据低收入国家的健康需求优先供给抗病毒药物和疫苗，为政府提供福利以及扩大疫苗生产的技术能力。然而，政府的责任反映在以下富有雄心的条款中：

第一，提供候选疫苗病毒。GISRS 实验室必须应制造者以及来源国的实验室和其他成员国的要求提供候选疫苗病毒。

第二，能力建设。拥有先进的实验室、监测和管理能力的国家应该帮助发展中国家。

第三，医药储备。总干事负责与利益相关者合作开展抗病毒药物研发和疫苗储备工作。重要的是，各国并未给库存做出任何承诺，只能敦促生产者回应。

第四，获得疫苗。在流行病中期，国家应敦促疫苗生产者在每个生产周期留出部分疫苗用于储存或提供给发展中国家使用。

第五，技术转让。会员国应与世界卫生组织合作落实 GAP 以增加疫苗供应其中包括：①在发展中国家以及工业化国家建设生产设施；②敦促生产者依照国内法和国际法转让疫苗、诊断法和药品生产技术。寻求技术的各国政府应该研究处理季节性流感的负担，在适当情况下，将季节性疫苗纳入国家计划。

大流行性流感防范框架真正的创新之处在于私营部门的参与。制造企业对于疫苗的发展至关重要，但国际协议很少将私人部门纳入其中。世界卫生组织通过《标准材料转让协议》解决了这一难题，它是带有预先合作条款的示范合同，该条款对病毒样本从 GISRS 实验室网络（SMTA1 附件 1）内部向实验室网络外部实体（SMTA2 附件 2）的转让进行规范。通过 SMTA2，私人部门获得大流行性流感防范生物材料，如疫苗制成品并对病毒共享的条款做出具有约束力的承诺。尽管他们被放在了不具法律约束力的大流行性流感防范框架里，但一旦签订了该协议，则在世界卫生组织和病毒样本获得者之间产生了具有法律约束力的民间契约关系。

因此，一场大流行性流感提出了有关正义分配的重大难题——如何公平地分配稀缺的救命资源。对全球健康安全来说，为保证公平的疫苗获得，一个事先存在的具有约束力的国际协议至关重要。共同责任框架提供了唯一可行的解决方案，即公平的利益共享方案。

利益相关者之间的共同利益可以为推进全球健康正义创建新路径。如此一来，问题就变成了利益相关者是否会承认他们的开明利己主义，以及是否愿意在下一次瘟疫发生之前果断采取行动，或者说在正在进行的自然和科学之争中，他们是否能够抓住机会。

第四节　全球药品监管法：药品安全

一、药品质量监管

广义的药品监管，为了确保药品的生产和使用尽可能好地服务社会，需要部署一系列的机制。狭义的药品监管，指通过一些机制负责药品安全性和有效性的评价和监管，而且还提供一些信息、教育、说服和财政资源。

药品行业监管在国家质量保障和控制体系中居于重要地位。质量控制也是 1906 年美国《联邦食品和药品法案》（Federal Food and Drugs Act）得以通过的关键原因。[①]《国际药典》（International Pharmacopeia）是在世界卫生组织的支持下编纂而成的，在各自国内设置具有法律约束力的强制性标准。对于药品质量，无论是药典的编纂，还是新药的审批，都需确立药品的纯度、成分的稳定性、药物的保存期。政府机构越来越多地对药品生产提出要求，例如，药品生产需满足世界卫生组织、[②] 美国 FDA 或国际药品注册协调会议[③]规定的"药品生产质量管理规范"的条件。这些机构制定的极高标准要求对生产设施进行大量的投入，对员工进行良好的培训，要一丝不苟地进行生产记录，还要对生产工厂进行严格和反复的检查。

除非有强有力的证据表明新药在安全性和有效性方面有一定的保障，否则就不能进行人体试验。在美国和其他许多国家，只有事

---

① J. R. Nielsen, *Handbook of Federal Drug Law*, Lea and Febriger, Philadelphia, 1986, p. 3.

② WHO, *Good Manufacturing Practices for Pharmaceutical Products：Main Principle*, Annex 4, WHO Technical Report series 908, World Health Organization, Geneva, 2003.

③ ICH, *ICH Harmonised Tripartite Guideline*, *Good Manufacturing Practice guideline for Active pharmaceutical Ingredients*, current step IV version, 10 November International conference on Harmonization, 2000.

先将准备齐全的"新药临床试验豁免通知书"（Notice of Claimed Investigational Exemption for a New Drug）交由美国 FDA 备案，并且在满足一系列相关条件的情况下，才能进行人体试验。这种临床试验之前需报备监管机构的做法，也正在许多其他国家得到推广。但是大多数国家并不要求此类试验的官方审批，出发点是这个工作应完全由相关的企业或赞助商负责。

无论是动物试验还是药物上市前的人体试验都无法确定一种新药的有效性和安全性，一旦新药进入市场，使用它的人数很可能比参与临床试验的人数要多得多。而且新药一般在不同情况下使用，这些不愉快和意外的出现让许多国家建立起官方的药物副作用监督体系，有一些甚至已运转达 50 年之久。即便是在人口有限的小国，这种类型的国家监督体系也能有效地发现药物副作用和相互反应，以保障公共卫生做出贡献。[①]世界卫生组织在 1971 年建立了一个国际机构，它可以使用各成员国提供的信息。由世界卫生组织国际药物监测合作中心（Collaborating Center for International Drug Monitoring）及瑞典的乌普萨拉全球药品监测中心（Uppsala monitoring Center, UMC）负责机构的运营。机构制定了通用的报告单、信息输入指南、通用术语和分类，并创建了用于数据传输、存储、检索和传播的兼容系统。

监管机构在斟酌某种药品在市场上的位置时，也可能会采用常识性的标准。没有哪种药品可以无条件获批。无论在什么情况下，药品标签在完整性和准确性方面都需满足一系列标准，因为上面的文字很可能对人们认识和使用产品产生相当大的影响。一种全新的

---

① R. H. B. Meyboom, *Detecting adverse drug reaction: pharmacovigilance in the Netherlands*, Catholic University of Nijmegen, the Netherlands, 1998.

药物只有凭医生的处方才能进行销售，在一些药品可以允许同时在药房和药店出售的国家，很可能会作出新药只能在药房出售的限制。只有那些经过长期使用后证明安全可靠的既有药物，或者是与既有药物完全一致的新产品才被允许完全自由地销售。

各国法律完全不同的一点是，在处理审批时，监管机构是否可以要求申请方继续进行后续研究。在美国，为了获得令人满意的进一步的信息（尽管并非必须），有可能要求进行药物的 4 期研究，因为如果缺乏这个环节，可能会延缓上市审批。一些国家没有这样的法律条文，但是政府可与申请人达成协议，研究工作在适当的时候继续进行。遵守君子协定并在第一时间提供测试结果有益于维护政府和有关企业之间的彼此信任。

对鸦片制剂和其他成瘾药物的交易管控，体现了国际公共卫生法律在一个最古老的领域不断完善的过程，管控的起因是人们认识到了此类药物不加监管的交易所带来的严重社会危害。继 1909 年上海国际会议审议之后，第一个《国际鸦片公约》（International Opium Convention）于 1912 年在海牙签订。1919 年，这份公约被纳入到《凡尔赛条约》（Treaty of Versailles）。《凡尔赛条约》连同一些后来签订的公约被一并纳入到 1931 年 7 月签订的《国际鸦片公约》。联合国成立以后，现有的这些公约被纳入到 1961 年颁布的《麻醉品单一公约》（Single Convention on Narcotic Drugs）。

通常，国家监管机构的工作人员需要遵守公务员保密条例，当事各方有义务提交与案子有关的保密资料（例如，生产机密）以供检查，但是资料一旦泄密，当事方有权认为受到侵害。这条规定的初衷不过是为了保护企业的商业机密不被潜在的竞争对手获取。在药品领域，类似的规定颁布之前，企业曾无数次提出，药品审批过程必然会涉及企业高度敏感的研究成果的披露。而企业为了获得这些成果耗资巨大，由于在申请过程中，它们无法受到专利保护，因此不能泄露给他方。

在药品领域，现代监管体系建立后，许多监管机构利用文档中的资料对后面提交申请的相同仿制药进行评价，一些监管机构至今都沿用这种做法，但是这个问题显然还是没有得到解决。随着一些重要的专利已经或即将到期，原创药企越来越多地老调重弹，认为那些寻求药品上市的仿制药企在任何时候都无权使用原创药企为获得最初审批提交的科学资料。如果一个药企想把一款新药推入英国市场，就必须遵守在法律基础上建立起来的这套机制，它仅仅提供时间非常有限的专属保护。如果企业对此不满，按照法院的说法，他们就根本没必要申请在英国上市。事实上，法院进一步建议，利用监管程序来阻止仿制药无异于滥用这个体系。因此，尽管为了保护资料而要求重复动物试验的不人道做法没有受到质疑，但是在英国，这个问题与农用化学品的监管工作联系到了一起。在农用化学品领域，在"脊椎动物"身上进行重复试验的做法已被明确废除。监管机构"鼓励"甚至要求各方能就资料的分享达成共识。[①]

在美国和欧盟以外，资料专属权的问题只是在 WTO 的支持下才会成为谈判的焦点，重点在于哪些内容将纳入 1995 年的 TRIPS 协定。

在挪威，多年来，药品审批体系一直与"需求要求"挂钩，一个产品只有在存在医疗需求的情况下才能获批上市。[②]其结果是许多

---

① C. Garratt, *Data presented to the MSF Working Group on Intellectual Property Rights*, Paris, 2005.

② B. Joldal, "The evaluation and control of drugs in Norway", *Int. J Technol Assessment in Health Care*, Vol. 2, No. 4. , 1986, pp. 7–663.

新产品因为不能有效取代既有药物而无法获准上市。后来，挪威为了进入欧洲经济区而被迫放弃了其"需求要求"，因为在欧共体，这种作法由于来自商业的强大压力而被放弃了。不过，尽管还没有纳入国家监管条例，事实上，"需求要求"在世界范围已得到广泛应用。在发展中国家，"需求要求"是以服务公共卫生供应体系的"基本药物目录"形式存在的。而在工业化国家，类似的概念被称为"医院处方集"，即那些可以涵盖在健康保险体系下的有限药物目录。

通常，任何一种准司法程序都包括上诉权，大多数国家的药物监管机制也不例外。不过，一般来说，对于上诉的理由并没有明确的界定。上诉的受理机构通常是政府部门、卫生部门或法院。在美国，各个级别都有一套正式的纠纷解决程序。在美国FDA，纠纷最初可以提交到药品评价和研究中心（Center for Drug Evaluation and Research，CDER），最终可以上诉到食品和药品管理局局长处。

1983年，WTO驻欧洲办事处承担了一个项目，检查药品监管的效果。项目的起因出现了一些争议，特别是企业指责监管不合理地延缓了新药上市，并且抬高了研究与开发成本。就此人们提出了一系列的措施，用来评价药品监管是否以及在多大程度上在促进公共卫生和减少风险方面达到了预期的效果。尽管国家对监管材料保密的严格规定使一些相关信息无法公开，但是广泛的调查显示，运行良好的国家监管机制能降低风险，并且在其他方面也没有产生严重的不良后果。例如，澳大利亚采取了许多限制性的措施，保护公众免受在其他地区已发现的药物副作用的伤害。在美国，美国FDA拒绝给沙利度胺颁发上市许可，多年来被认为是监管机构有效保护公众免受危险药品侵害的最佳案例。

尽管评价药物政策和监管的影响需要进一步的工作，但是这些措施的影响并不只局限于对单个药品的评价，认识到这一点非常重要。药品监管机构已经建立起来并愈来愈多地作为一个全球（尽管并不完全一致）网络运行，意味着这个领域的公共卫生利益史无前例地以制度的形式得到了保障，这必将对科学和医学的发展产生广泛的影响。不过，正如前面讲到的，一些药品监管机构在日常的运作中总是把企业的利益置于公共卫生之上。显而易见的是，现有的这类不平衡现象都必须得到纠正。

"美国 FDA 拒绝批准沙利度胺上市"

沙利度胺事件是世界药物史上最著名的药源性伤害事件，也是世界药物警戒史上的一个里程碑事件，其对全球药品上市前审批和上市后监管相关制度的建设具有重要推动作用。美国 FDA 拒绝批准沙利度胺上市的决定，是药物监管史上一个具有里程碑意义的事件。

1953 年，诺华公司的前身 CIBA 制药在研发抗菌药物时合成了沙利度胺，但因药理实验显示其并无抗菌药物活性而被放弃。德国格兰泰制药（Chemie-Grunenthal）继续对沙利度胺进行研发，发现它对中枢神经系统有抑制作用，具有镇静催眠的效果，特别对恶心、呕吐等早孕反应有明显抑制作用。

1957 年，沙利度胺片剂以商品名反应停（Contergan）作为新型镇静催眠类非处方药在德国上市，由格兰泰制药生产，其广告语声称"安全无毒副作用，孕妇及儿童均可服用，在实验室中未能找到小鼠的致死剂量"。截至 1960 年，反应停已在英国、巴西、加拿大、澳大利亚、日本等 46 个国家上市，被广泛用于抑制妊娠妇女的早孕反应，也就此种下了悲剧的种子。

1961 年，澳大利亚医生 W. G. McBride 发现，原本罕见的海豹肢畸形在近几年却频频出现，患儿的母亲都曾在怀孕期间服用过沙利度胺，他怀疑这种肢体畸形与沙利度胺有关系，并将研究结果发表于权威医学杂志《柳叶刀》上。之后欧洲各国不断涌现母亲孕期服用沙利度胺出现新生儿海豹肢畸形的报道。海豹肢畸形，顾名思义就是新生儿肢体发育不全，短得就像海豹的鳍，上肢较下肢更严重，除此之外新生儿的颜面部、头部、生殖器会产生畸形。随后的毒理实验表明，沙利度胺对灵长类动物有很强的致畸性。

格兰泰制药迅速召回了市场上所有的产品，尽管如此，世界范围内还是出现了 1 万多名海豹肢畸形的新生儿，因服用沙利度胺造成的流产、早产、死胎更是不计其数。1961-1962 年，沙利度胺从全球范围内紧急撤市。

该事件可谓是席卷半个地球，但中国和美国没有受此事件影响。1960 年前后，中国正遭受西方资本主义强国的经济封锁，沙利度胺未能进入中国。而美国（主要归功于美国 FDA）负责沙利度胺上市审批的审评员弗朗西丝（Frances Kelsey），她认为沙利度胺安全性证据不足，坚持要求申报者，即美国代理沙利度胺的梅里尔公司提供更可靠的数据，梅里尔公司先后 6 次提交了申请，并通过各种途径施加压力，弗朗西丝仍然没有同意沙利度胺上市。1962 年 7 月 15日，《华盛顿邮报》报道了弗朗西丝的事迹，弗朗西丝成了美国家喻户晓的英雄，同年 10 月，美国前总统肯尼迪授予弗朗西丝优异联邦公民服务总统奖，这是美国公务员的最高荣誉。

1962 年 10 月，美国通过了《科夫沃-哈里斯修正案》（Kefauver-Harris Amendment），该修正案首次以法律形式要求所有新药的上市申请都必须基于药物有效性证据，新药上市前准入必须做安全性、有效性评价，必须通过充分良好的临床试验验证。该修正案创建了现代药品审评制度，开启了现代药品监管方法，对美国乃至全球新药审评制度的发展产生了深远影响。

很多人知道沙利度胺，是缘于它上市后引起了海豹肢畸形仓皇退市的故事，但大家却不知道退市多年后，沙利度胺再度"逆袭"，成为治疗麻风性结节性红斑、多发性骨髓瘤的有效药物。这段故事堪称"药品获益风险评估贯穿于药品生命周期"最经典的诠释。

1965 年，以色列医生 Jacob Sheski 尝试将沙利度胺当作安眠药来治疗 6 位伴有长期失眠的麻风性结节性红斑患者，意外地发现沙利度胺可以有效改善麻风性结节性红斑患者的皮损。

1969 年和 1971 年，两项随机对照双盲临床试验，证实了沙利度胺对麻风性结节性红斑的疗效，随后又有 32 项研究一致报告了使用沙利度胺成功治疗中度至重度麻风性结节性红斑的皮肤症状，共涉及 1600 多名患者。

美国赛尔基因公司（简称赛尔基因）开始了对沙利度胺的再度研发。1997 年，美国 FDA 批准沙利度胺在美国上市，适应症为麻风性结节性红斑。可惜的是，当时麻风病在美国的病例少，属于罕见病，沙利度胺的再度上市没有给赛尔基因带来太多经济收益。

赛尔基因接着对沙利度胺及其结构衍生物进行深入研究，研究结果显示沙利度胺与地塞米松联合使用，对多发性骨髓瘤有较好疗效，2006 年美国 FDA 批准了这一新适应症。2006 年和 2013 年，美国 FDA 又批准了来那度胺和泊马度胺上市，适应证均为多发性骨髓瘤。赛尔基因靠这 3 种药品在市场上取得巨大成功，每年都保持几十亿美元的销售额。

沙利度胺最大的风险是致畸，避免胎儿暴露则可规避该风险，道理虽然简单，但实施起来却很复杂。

1998 年沙利度胺在美国 FDA 批准的说明书厚达 22 页，说明书中载明了《沙利度胺健康教育与处方安全计划》（Systemfor Thalidomide Education and Prescribing Safety，简称 S. T. E. P. S.），通过该计划对沙利度胺的使用进行严格控制和监管，如只有在 S. T. E. P. S. 注册的机构才可销售沙利度胺；开展患者教育使其充分了解风险及注意事项；患者不可将药给其他人使用；成年女性患者在治疗前和治疗中都必须进行怀孕测试；成年的男性和女性用药期间及停药后 4 周内必须采取有效的避孕措施、不能献血等。

2010 年，美国 FDA 批准了赛尔基因的风险评估和降低策略（Risk Evaluation and Mitigation Strategies，REMS），直至目前沙利度胺在美国仍然需要在 REMS 监管下使用。

美国 FDA 拒绝批准的关键原因是缺乏充分的临床试验证据。当时提交的研究未能证明药物对胎儿的安全性，动物实验数据不完整（后来发现，沙利度胺的致畸性在某些动物模型中不易显现）。

凯尔西发现制药商提供的毒理学和临床数据存在漏洞，包括缺乏对孕妇用药的长期跟踪。

风险管理不当导致风险依旧可能随时肆虐，药品的获益与风险始终是并存的，伴随着科学的发展和认识的不断更新，有时风险获益的评估结论会截然不同。沙利度胺这个原本声名狼藉的"毒药"，在采取有效的风险控制措施的前提下，可以回归药品身份继续使特定患者获益。

施行了完善的风险控制体系后，沙利度胺的致畸悲剧应该成为历史，但是警钟依然会时时敲响。在巴西，沙利度胺广泛用于麻风性结节性红斑，近年来相关的海豹肢畸形病例不断被曝出。据报道，巴西大部分麻风病患者生活在里约热内卢周围的贫民区，麻风病患者中有大量育龄妇女，部分麻风病患者没有获得足够的医疗服务，有条件的患者会去诊所，而一些患者则服用配发给朋友或家人的药物，大部分患者都不了解沙利度胺的致畸毒性，不知道孕妇禁用沙利度胺。原本行之有效的风险控制系统，因为没有被严格执行，效果大打折扣，潘多拉的魔盒被再度打开。

这一决定使美国 FDA 声誉大增，推动了 1962 年《科夫沃－哈里斯修正案》的通过，要求新药必须证明其有效性和安全性，并强制进行严格的临床试验和知情同意。此事件推动药物监管全球化，促使多国建立更加严格的药物审批标准，建立更严格的妊娠药物分类和监测系统。1998 年，美国 FDA 在严格管控下批准其用于治疗麻风性结节性红斑和多发性骨髓瘤，但需遵守风险评估与减低策略，防止孕妇接触。凯尔西是科学审慎的典范，凯尔西的坚持避免了美国大规模畸形儿的悲剧，她于 1962 年获颁总统杰出联邦公民奖。同时，此次事件标志着从"事后反应"到"事前预防"的监管哲学转变，奠定了现代药物安全评估的基础。这一事件至今仍是药物安全、监管伦理和科学决策的经典案例。

二、打击假药

目前，在全球并没有关于假药的销售范围及其来源的相关调查，但是个别国家的研究告诉我们形势的严峻性及采取行动的必要性。

柬埔寨于 1999 年完成的一项全国范围的调查显示，在取样销售的 133 家药品商中 60% 的药片中，如甲氟喹（Mefloquine）长效抗疟药，含有无效且便宜很多的周效磺胺/乙胺嘧啶的混合物（Sulphadoxine/Pyrimethamine）（这是从标记为销毁的库存中获取的），或完全没有任何活性物质的假药。^① 在东南亚大陆的 5 个国家里，38% 的片剂宣称含有抗疟疾的青蒿酯（Artusenate）是假的，没有任何药用价值。^② 通过国际贸易的伪装，假药有时会大量进入公共或私有卫生体系。例如，尽管之前已经订购了真药并已付款，但是仍然从国外提供了假药。在发达国家，假药也会在某种程度上渗透到已经建立起来的供应系统中。假药在一个相当新的领域泛滥主要是通过网络药店进行药品售卖，这通常会比零售价更便宜，但可能卖的是假货。

从 2009 年起，在很大范围内，假药已经变成了一个全球性的问题。尽管毫无疑问这些假药在发展中国家的出售随处可见，因为假药已经被销售到世界各地，这一问题也只能通过联合国际上所有力量来解决。

药品可能会被有毒物质或者致病性的微生物污染。2008 年 5 月，世界卫生组织的国际医疗产品打假行动小组（International Medical Products Anti-Counterfeiting Taskforce，IMPACT）在世界卫生大会上通过了一项对世界卫生组织关于假药定义进行更新的决议。这一决议遭到印度的强烈反对，因为印度当局认为这一变化将损害本国符合标准的普通药品的出口。

就假药这一事宜，主要的原药品公司都强烈要求制定更加严苛的措施。令人遗憾的是，正是这些公司几十年来也同样强烈地反对普通药品生产商进入本属于他们的市场，即使这些普通药品生产商也在行使他们合法的权利。原药品公司要求政府采取严厉的措施打击假药的行动经常会被发展中国家、公共卫生宣传机构和普通药品

---

① J. Rozendaal, "Fake antimalarials circulating in Cambodia", *Bull Mekong Malaria Forum*, Vol. 7, 2000, pp. 8-62.

② P. N. Newton, S. Oriux, M. Green et al., "Fake artusenate in southeast Asia", *Lancet*, Vol. 357, 2001, pp. 50-1948.

行业质疑，这一点并不令人惊奇。因为原药品公司发起的立法形式会同样针对合法的普通药品和不诚实的假药制造商，所以问题会变得更加严重。这并不仅仅是权力滥用的不幸遗产。这是目前正在存在的问题。除非原药品公司和合法的普通药品行业能够本着保护公众的利益来降低彼此的敌视并联合起来解决危险的假药问题，否则将难以有所突破。

显然假药既违反国内法律也违反达成共识的国际标准。此外，假药的生产和传播构成犯罪行为，即使从贸易的国际性本质来讲，在谋杀指控里指认具体的原因会有很大的困难。"疏忽大意谋杀"和"极端轻率谋杀"等不同法律体系中的法律概念会在克服这种困难中起到作用。"疏忽大意谋杀"和"极端轻率谋杀"同样适用于销售瑕疵产品的案子中，也适用于任何疏忽的行为，可能会危及生命，即使并不是特别指定某个已知或具体的个体。

归根结底，人们可能要寄希望于一个国际刑事法庭被赋予权力处理与此类交易相关的案例，但这看起来并不是理想的愿景。就一些严重的政治犯罪而言，刑事诉讼程序的国际流程是可行的，但国际间的企业犯罪诉诸类似的方式解决的希望并不大。

1999 年，世界卫生组织起草了一份有关假药的广泛而详尽的报告。① 它以问题的解决作为指导方针，提供了一份百科全书式的各方各级别如何各司其职的说明。2006 年，罗马曾经召开了一次以此为中心议题的重要会议，② 随后世界卫生组织成立了一个行动小组，即，国际医疗产品打假行动小组。尽管采取了上面提到的以及其他的

---

① WHO, *Counterfeit Drugs: Guidelines for the Development of Measures to Combat Counterfeit Drugs*, Docunment WHO/W \ EDM/QSM/99. 1, World Health Organization, Geneva, 1999.

② *Combating counterfeit drugs: building effective internatonal collaboration*, Rome Conferece, 2006.

行动，仍然没有多少迹象显示已经作出了与这一问题程度相等的真正的全球协作努力。2004 年，国际药品管理权威会议（the International Conference of Drug Regulatory Authorities）在对世界卫生组织的一项通过国际法解决这一事宜的提案进行审查时，认为"在引入一项国际条约来解决日益增长的假药交易前需要进一步的讨论"。① 在发达国家，药品控制和检查机构非常积极地参与检测药品供应链上是否被假药渗透。

英国药品和健康产品管理局于 2002 年作过一个调查，查获了价值 2200 万欧元本来会被非法出售给公众的假药。这一努力是随着英国海关官员在机场完成了一系列查获之后展开的。这些假药源自一群在制假行业中很专业的人，他们混到注册许可的批发商，把产品出售给英国药店以及英国和海外的网上药店。未说明来源的网上订单提供假药的风险是极其巨大的。新西兰的药品和医疗器械安全局（The Medicines and Medical Devices Safety Authority）曾警告开处方人员及公众在海外网店中购买药品的风险，因为它们很可能是假药。② 当局批准了一家经过授权的药店，人们可以在网络上从他们那里下单。同样在美国，国家医药协会（the National Association of Boards of Pharmacy）提供了一份公众值得信赖的购买药品的网络渠道，美国 FDA 明确警告不要从网络的其他地方购买，并列出了许多销售假药的网站的名字。③

全球打击假药是一项涉及多国政府、国际组织、企业和公众的复

① M. L. Gibson, "Drug regualators study global treaty to tackle counterfeit drugs", BMJ, Vol. 328, 2004, p. 486.

② NZMMDSA, "Conunterfeit medicines-don't fake concern", *New Zealand Medicines and Medical Devices Regulatory Authority*, Prescriber Update, Vol. 26, No. 1., 1997, 15-16.

③ FDA, "Buying Medicines and Medical Products Online", *Food and Drugs Administration*, *Rockville*, *MD*, 2008.

杂任务。假药不仅威胁公众健康，还会导致治疗失败、甚至死亡，除此之外假药还破坏医疗体系和经济。假药不含有效成分、剂量不足或含有有毒物质。世界卫生组织估计，全球 10% 的药品是假药，在低收入国家比例更高。国际社会开展了广泛的全球打击假药国际协作。世界卫生组织成员国通过加强药品监管合作的框架签署《莫斯科宣言》；国际刑警组织进行"盘古行动"每年协调跨国执法，查获数千万件假药（如 2023 年查获 1.1 亿件）；世界海关组织（WCO）通过"RILO"网络共享假药贸易情报。国际上一些先进的技术也被广泛用于打击假药的行动中。例如，欧盟《伪造药品指令》要求药品序列化，确保供应链透明的区块链追溯；便携式色谱仪（如 GPHF-Minilab）帮助发展中国家现场识别假药；美国 FDA 的"Operation Quack Hack"人工智能帮助监控扫描暗网和社交媒体上的非法药品交易。主权国家积极开展药品质量的监管，例如，印度 2019 年成立"药品监管局"，关闭数千家非法药厂；尼日利亚通过短信验证码供公众查询药品真伪。中国 2022 年修订《中华人民共和国药品管理法》，对制售假药最高处罚款 30 倍。一些制药企业也参与到打击假药的行动中，例如，辉瑞公司、诺华公司等设立反假药部门，与执法机构合作。世界卫生组织开展教育培训的"FakeMeds"运动教消费者识别假药（如包装瑕疵、异常价格）。

三、药品信息监管

药品信息，对于药品使用安全至关重要。而在当今的互联网时代，互联网药品信息乱象丛生，互联网药品信息监管成为药品监督管理的新课题。现实中，公众越来越多依赖互联网信息来寻求对药品的理解，并接受公共教育和劝导。虽然教育和劝导有时会起到相互补充的作用，但是有时也会被故意混淆。尤其是在商业推广中所使用的一些值得怀疑的措施，被一些支持者看成是有用的信息形式。我们必须能够分辨出二者的不同，本质上来看，教育试图传达一种合理的思考，而劝导则是试图传递一种信念。

（一）作为公共教育的药品信息

现实中，人们在遇到疾病治疗问题时可能在网络上查看相关药品信息，并希望寻求到可靠的信息和建议。然而人们通常会发现网上药品信息可能并不一致，甚至互相冲突，令人迷惑不解，而信息来源的评估却较为困难，其中有些观点是由专家提出的，有些则可能存在未经许可的商业促销误导，法律最可行的途径是对公认和公正信息来源的开发和维护提供识别和支持，为人们选择一个公共教育的权威的药品信息网站。在美国，美国卫生与公众服务部（United States Department of Health and Human Services，HHS）官网上提供的美国卫生及公众服务部的信息，医疗卫生公共教育信息是其中重要的组成部分，在此官网上，如果输入一项疾病名称，可以很清楚地检索到官方给出的疾病临床表现及治疗措施，可以很明确的知道相关临床试验入组情况，还可以知道此疾病治疗手段的最新进展。目前在我国，还没有建立一个权威的药品信息公共平台来为公众提供系统全面的药品信息。

在任何社会，公众都需要社会公共体来提供"公共物品"，其中政府是最常见的公共体，但是，"公共物品"除了可由政府提供以外，还可有其他公共体——社会自治组织（如行业协会提供）。[①] 非政府的社会公共体行使公共权力意味着行政权力转化为社会权力，则会更接近公民，使得公民更直接参与其运作和更直接对其进行监

---

① 姜明安主编：《行政法与行政诉讼法》，北京大学出版社 2011 年版，第 12 页。

督。权威的、可靠的药品信息的传播，其所需要的资源分散于不同的组织机构中，药品信息的传播，需要政府、卫生服务机构、民间组织的共同努力，才能更有利于达到效果。药品信息作为一种"公共物品"，向公众提供公共教育，也需要重视非政府组织的作用，至于哪些由政府提供，哪些则可由政府以外的社会组织提供，取决于社会组织的成熟和行政改革的进程。

建立持久的药品公共教育平台对药品安全至关重要。在药品信息传播立法方面，必须达成重要优先事项以使药品信息的传播和使用达到满意的效果。因此，必须区分权威性的和补充性的药品信息，权威性的药品信息可以代表多年来有效使用的传统治疗方案，反映了当时当地的诊疗水平。法律应首先保证权威性的药品信息在互联网传播中的优先选择权，而不是通过互联网搜索引擎和竞价排名等商业运行方式来实现。

（二）劝导性的药品信息

1. 针对医务人员的推广

在中国，针对医务人员的处方药推广媒介只能是医学专业期刊，事实上，互联网处方药信息更利于医务人员方便快捷掌握药品新动态，互联网技术完全可以保障处方药对医务人员的专属了解渠道。法律更应该做的是消解医务人员应对药品商业促销的压力。应采取措施以保证医务人员对于药品促销变得更具批判性，使医务人员更清醒地意识到他们经常被诱惑而不是被告知，使他们更有能力寻找真实权威的建议。

2. 针对普通消费者的互联网药品信息

从医学的专业性考虑，普通消费者过多接触那些充斥着商业促销的药品信息，又不能形成一个具有评判性和理性的观点，在一定程度上说，是不可取的。在英国，治疗性病的药物广告在 1917 年就被禁止，治疗癌症的药物广告于 1941 年被禁止，同时，根据 1941 年颁布的《药学和药品法》（Pharmacy and Medical Act），禁止广泛面向大众推销治疗一系列严重疾病的任何药物。2002 年 10 月，直接面向消费者的处方药广告已被欧洲议会强制禁止。

从安全性的角度考虑，实践中，一个安全信息发布之前，大量推广新药品可能会导致副作用的高发率。有研究显示，在美国，药品罗非昔布（Rofecoxib）在市场流通期间，估计发生超过 88 000 到 140 000 例严重的冠状动脉心脏病。[①]

客观上，针对消费者的商业药品信息的推送存在危害。以互联网搜索引擎推送为例，互联网健康信息急剧扩张，泥沙俱下，垃圾药品信息、虚假药品信息、恶意药品信息、低俗药品信息、侵权药品信息充斥网络，垃圾医疗邮件、医疗广告泛滥，产生了多种多样的网络药品信息污染。世界卫生组织宣称，50% 的假药来源于互联网渠道。虚假药品信息会影响到公众对医疗保健信息的获取，误导患者。

鉴于医学是实验科学，新药是医学发展的生命力所在，因此，应立法对互联网药品信息进行分层管理，教育类药品信息推送和商业劝导性药品信息推送应有明显区分标识。另外哪些网页的受众是医疗专业人员，哪些网页的受众是普通网民，都应该在网页上被明显区分。而当自我监管和政府控制无论如何都不能够有效地禁止药品信息传播秩序的乱象时，唯一英明的选择是对互联网药品信息完

---

① D. J. Graham, G. Campen, R. Hui et al., "Risk of acute myocardial infarction and sudden cardiac death in patients treated with cyclooxygenase 2 selective and non-selective non-steroidal anti-inflammatory drugs: nested case-control study", *Lancet*, Vol. 365, 2005, p. 3456.

全禁止。鉴于互联网药品销售的不确定性因素，2019 年修订的《中华人民共和国药品管理法》第 61 条规定："药品上市许可持有人、药品经营企业通过网络销售药品，应当遵守本法药品经营的有关规定。具体管理办法由国务院药品监督管理部门会同国务院卫生健康主管部门等部门制定。疫苗、血液制品、麻醉药品、精神药品、医疗用毒性药品、放射性药品、药品类易制毒化学品等国家实行特殊管理的药品不得在网络上销售。"

（三）互联网药品信息的监管

现实中，违法、虚假的促销活动仍然在挑衅性地公开进行，各种媒体上违法药品信息和医药广告时有发生，互联网更成为了虚假药品信息肆意传播的灰色地带，严重危害了社会经济秩序及公共健康。

互联网药品信息传播的乱象，在一定程度上对政府行政能力提出了挑战。对于药品的信息监管，社会共同体，包括政府、社会组织、医疗卫生机构及医务人员、商业企业甚至患者个人，应该致力于共同合作来通过多种手段改变信息环境，从而引导人们选择更为健康的生活方式，具体措施包括：监督督促权威机构制定统一的药品标准，达到指导和预防的作用；要求药品信息源尽量履行药品说明义务；加大权威医药信息的宣传和推广，尤其是监督市场，以限制或根除有害的或者误导性的信息。

药品是依靠科学技术开发、生产出来的产品，而且这种产品是用于人的疾病的预防、诊断和治疗，技术和质量标准要求高，工艺复杂，是典型的科技类的产品，药品本身就是科技成果。药事法的很多内容就是将药品研制、生产、经营、使用中的技术规范、行业标准、操作常规以法律文本的形式固定下来，成为法律规范，药事法具有典型的科技性的特征。药事法科技性的特征也反映在对药品的监督管理上，只有依照药学科学规律的管理才能促进药学事业的发展。药事活动从产品研制、生产、经营、使用到监督，是一个连续性和系统性的流程。药事法对药品从研制、生产、经营、使用到监督的全程进行规制，各环节紧密衔接，互相支持协调和配合，忽视任何一个环节都无法达成法律效果。药事法立法的目的是为维护健康权而存在，健康是全人类共同的追求，不因国别不同而不同。药学具有科技性，药效及衡量药品的质量标准，并不因国家、政体的不同而发生变化。对于药效的评价，人们需要有一个统一的标准。药品研制标准，主要规范各研究机构进行药研工作研制出的成果能否成为药品管理法规定的药品，以及如何报批新药。药品生产，主要规范从事药品生产活动的主体应当具备的条件和资格；药品经营，主要规范从事药品经营活动的主体应当具备的条件和资格；药品使用，主要规范医疗机构调配处方、购药、储存药品等；药品监督，主要包括药品监督部门对从事药品的研制、生产、经营、使用等各项活动的监督管理工作，还包括与药品有关的部门对与药品有关的事项进行监督管理的工作。[①]

四、美国 FDA 食品药品法简述

药品是用于预防、诊断、治疗疾病的重要物质，与人类的健康和生命安全息息相关。在美国，药品是指美国药典、国家药品集、顺势疗法药典中涉及的物品；或者指用于人或其他动物疾病的诊断、治疗、缓解、处理、预防的物品；或者指用于影响人或其他动物机能结构或任何功能的物品；或者指用作上述任一物品组分的物品。

---

① 刘鑫：《医事法学》，中国人民大学出版社 2009 年版，第 265 页。

药品是疾病防治的核心，如何向公众提供安全、有效、价格合理的药品是世界各国政府面临的主要挑战。尽管美国实行立法、行政和司法"三权分立"，但大多数药品和医疗器械法是由政府行政机构——美国 FDA 执行的行政法。法的作用边界，既是该法律制度的逻辑起点，也是确立该项法律制度内容体系的依据。药品法的调整对象准确划定了药品法律制度发生作用的边界。药品法的调整对象首先是物质性的对象——药品（包括生物制剂如血液和疫苗）、医疗器械。其次才是调整研发、生产、经营、使用药品的药事行为活动中形成的各种药事法律关系。美国 FDA 食品药品法首先关注的是物品，这是因为《联邦食品、药品和化妆品法》（FDCA）最重要的目的是保护消费大众免遭不安全的、无效的、有欺骗性的信息不充分的药品、医疗器械产品的侵害。当出现违法产品时，美国 FDA 的首要目标是从市场上撤回产品，保护公众。因此，最常见的非正式救济方式是召回违法产品。某些情况下，为了实现其他目标，美国FDA 会通过美国司法部（DOJ）采取行动。美国 FDA 可以通过禁令来阻止未来潜在的违法行为。或者，美国 FDA 可以通过法院刑事诉讼程序或行政程序，对公司和个人过去的违法行为施以民事处罚或其他行政处罚。

《联邦食品、药品和化妆品法》的主要司法救济途径具有强大的震慑力——扣押、禁令和刑事诉讼。执法体制之所以如此严格，是因为这部法律的目的是"触及人们生活和健康的各个层面，在现代产业化的情况下，已经远远超越了自我保护的范畴。"法律对受监管产品施加的标准也全面反映了保护公众的首要关注点。例如，通常，新药或医疗器械的申请人必须证明其具有合理的医疗使用效果，并且这种效果带来的好处超过它对健康造成的危害。认定为"安全"

的医药产品（药品或医疗器材），无需证明其没有危害，而必须表明它的益处大于危害。售前审查的法理学依据很简单：在合理的可能范围内，产品最重要的益处和危害必须在上市前得到确认和评估。如果没有正当的理由解释危害，则产品不得上市销售。如果产品在特定条件下的使用可以合理解释危害，或者特定条件甚至可以降低合理的危害，那么这些特定条件应当被确认和公开。

通过新的上市前审批权、规章制定职能（颁布普遍适用的规定）和行政裁决（用行政程序而不是司法程序判定每个案件），美国 FDA 以更有效（更快、成本较低、更系统化、更连贯、更易于控制）的方式制定了有约束力的法规要求。美国 FDA 食品药品法在售前审查中筛除不安全或不合格的产品，根据科学理论为产品的设计、生产、试验、标签和部分情况中的广告制定普通管理要求，由此保护公共健康。这些预防性措施使美国 FDA 履行了保护公众的职责。

当安全有效的药品和医疗器械可供人们使用、不安全或无效产品远离市场时，公共健康才得以进步。众所周知，美国 FDA 的职责之一就是保护公众免遭不安全或无效的医药产品的侵害。审查过程必须足够严格，才能保证新产品符合法定标准，保证产品信息足以提供充分的处方和使用指导。但是，审查过程不得过于严苛，以致优质产品被不合理地拖延上市。

例如，在敦促尽快研发和批准治疗艾滋病毒药物的政策压力下，美国 FDA 在应对艾滋病的紧急需求时，放宽了法条标准的解释，大幅降低了对实验数据的正常要求，并极大地简化了审查过程。结果，任何显示有利于治疗艾滋病的药品都可以迅速进入市场。在多数情况下，这种成功的代价是缺乏常规数量和质量的数据来证实产品具体的益处和危害，或者为医生使用药物提供充分的指导基础。整套方案在现在和将来的患者之间进行了利益权衡。

某种程度上，美国各州法律规定的产品责任标准是促使产业守法的另一个动因。当消费者声称受到监管产品的侵害时，产品违反食品与药品法规规定的事实可作为证明产品缺陷和生产者疏忽的证据。美国 FDA 对药品和器材标签的健康警告与其他信息的监控，会对产品责任的诉讼案件产生重要影响。因此产生了一些问题：美国 FDA 在行使管理职责时，是否应当考虑这种影响，如何做出考量；当美国 FDA 批准某种产品、且产品遵循批准条件时，假设批准和遵循的标准不满足美国各州法律规定的要求，那么美国 FDA 的批准意见是否可以优于美国各州法律规定的产品责任标准？

在过去，美国 FDA 总体上在受害原告和被告生产者之间持中立态度，视产品责任标准为法规的有力辅助工具，因此基本上反对其法规要求可以优于美国各州法律规定的观点。在美国前总统布什执政期间，美国 FDA 声称，医药产品法规的某些部分可以先占州法不同的或附加的规定。另外，对于责任的关注也使人们意识到某些种类医药产品的稀缺（例如，治疗孕妇妊娠反应的药物，用于新生儿和避孕措施的产品）。什么程度的优先权才能长期对公共健康最有益，这将是一场持久的辩论。在美国前总统奥巴马执政期间，美国 FDA 提出，仿制药生产商可以根据新的信息，对其已获批标签上的安全信息做出相应的修改。根据美国最高院最近的判决，没有履行这项规定的生产商们将依据美国各州法律规定承担责任。

（一）美国 FDA 的责任

虽然美国 FDA 的产品审批决定和其他管理行动对医疗保健有着重大影响，但它基本上不会监管医生、护士、药剂师或其他医疗职业，除非这些人员开展由美国 FDA 管辖的临床试验，并参与生产、分发和推广管辖范围内的产品。在这些特例之外的医疗职业者由州政府监管。当医生和护士从事临床试验、研发产品、申请批准时，美国 FDA 的法规就可以直接监管这些人员。基本上，当医生与患者的关系表现为科学研究者与研究对象之间的关系时，美国 FDA 所扮演的角色包括保护研究对象的权利和安全，确保对研究对象的危害降到可操作的最低值，确保实验项目合理的获得了研究对象的知情同意书。医疗职业人员使用获批的药品或医疗器械治疗病人，这类行为不属于美国 FDA 的管辖范围。当美国 FDA 批准一种药品或器材时，它只允许产品用于特定的医学情况（例如，治疗某些患者的特定疾病或身体症状）。获批产品的生产者或经销商仅可以根据美国 FDA 批准的标签所指明的信息，对产品进行广告宣传和推广。然而，医生和其他由美国各州法律规定授权开药方的人员可以开处方将药品适用于他们决定的任何症状或情况（例如，药品用于批准规定的症状、但用在另一个患者群体身上，或用于另一种症状），开处方的行为只受制于美国各州法律规定关于医疗许可和医疗事故的条例，第三方医保报销的标准也只受制于州法要求。随着时间的推移，许多产品被接受用于美国 FDA 批准范围之外的患者群体和医学症状；某些未经批准的适应症或其他用途甚至成为了医疗标准。除非生产者向美国 FDA 提交充分数据申请批准，否则产品的适应症或其他用途依旧处于未经批准的状态。因此常见的情况是，一种药品或器材有某种未经批准的适应症的重要的医学作用，但生产者不得向医生和其他医疗工作者推广、宣传和指导产品的这种适应症（除非医疗工作者主动向生产者咨询）。然而，生产者一直反对这种限制他们自由发布产品信息的禁令。因此，在这个问题上，自由传播真实信息的社会义务与美国 FDA 作为新药、器材和生产者产品市场声明的审批人的角色，产生了冲突。

美国 FDA 无权管辖获批药物或医疗器材的价格。这类产品的经济因素由其他机构负责。然而，病人是否能获得由美国 FDA 批准的医药产品，很大程度上取决于医疗费用第三方（美国老年医保计划、美国医疗补助计划、其他政府医保项目和私有医保公司）是否报销药品开支。美国食品与药品管理局在医保报销决策中扮演着什么角色呢？美国 FDA 的医药产品审理者将如何与其他联邦和州级审理医药产品报销资格的人员、私有第三方的审理人员互动？美国 FDA 的医疗器械和放射卫生中心正努力协调帮助生产商提供必需的信息，既供美国 FDA 授权许可销售，又符合第三方的报销标准；该中心还尽量提供产品有效性和安全性的信息，供医保报销的决策者参考。

由于健康科学知识的大幅增长和医疗服务系统的改革，现在的消费者比过去拥有更多的机会和必要性对影响健康的产品做出知情的决定。这些改变在食品和非处方药标签中得到了最显著的反映。

近几年，美国 FDA 把许多具有重要医学意义的处方药品转变成非处方药状态。被非处方药的市场销售机遇所吸引的制药公司会寻求药品的状态转变（例如，处方药受仿制药品竞争的影响，利润已经下降）。这种转变既使消费者更容易获得药品，也节省了必须咨询医生才能获得处方药的开支。

这种转变还把药品成本的负担从医疗系统转移到药品使用者身上，因为大多数医保和涵盖处方药品的第三方支付系统不会同时报销非处方药。

即使咨询了医生，今天的消费者也比过去的消费者更愿意使用非处方药，而不是处方药品。由于医疗管理系统基本上不涵盖非处方药，如果有合适的非处方药治疗方案，系统对指导病人使用非处方药、而不是处方药的医生提供经济奖励。非处方药范围的扩大也增加了医生做出这类选择的机会。因此，美国 FDA 的政策，结合制药公司和医疗管理系统的动因，共同导致了非处方药更广泛的使用。

社会对非处方药依赖性的增加意味着当下更依赖于消费者解决自己的医疗需求。消费者具有更高的自主权也背负着更大的责任。也许医疗保健的经济理论和消费者的需求正朝着同一个方向发展。处方药向非处方药转变的程度和速度，以及社会能否、或是否应当保护难以承担个人责任的消费者，保护的程度与付出的代价，依然是重要的话题。

逐渐进步的人类基因学认知，以及它与特殊病症和医学症状的理论，意味着个人化医疗在医疗保健中起到愈发重要的作用。随着基因学知识在消费者群体中的扩散，私营企业会根据这些知识开发新产品。美国 FDA 将要对消费者在个人化医疗中扮演的角色做出许多决定。

总之，美国 FDA 的责任制是一种功能，不仅供政府机构和其他个体监督，也是协调关注度和负责对象资源的其他竞争性需求工具。

（二）美国 FDA 食品药品法的产生与发展

美国 FDA 食品药品法但大多数是由政府行政机构——美国 FDA 执行的行政法。药品法要求政府机构在国会赋予的权限范围内执法，法院基本上遵从政府机构的决定，这使得政府机构具备享有特权的法律地位，当政府机构确信公共健康和安全存在危险时可以直接行动。由于药品和医疗器械具有高度复杂性和专业性，药品和医疗器械法一直受到美国州政府和联邦政府机构的严格监管，以确保公众免受不安全药品和医疗器械的伤害。药品法亦影响着州际贸易和地方公共健康与安全，州政府和联邦政府在许多领域共同享有管辖权。

但当美国各州法律规定与联邦法律存在矛盾时，按照美国宪法，联邦法优先于美国各州法律规定，联邦法可以取代美国各州法律规定的管辖权。

美国 FDA 食品药品法的发展与美国社会的发展同音共律。美国法律是在继承和发展英国法律的基础上逐渐形成的，殖民地时期，美国的殖民州遵循了英国药品法的先例。进入 18 世纪后，北美殖民地开始大规模地继受或移植以普通法为核心的英国法。为保护对外贸易，美国 1848 年通过了《药品进口法》（Drug Importation Act），要求美国海关防止海外假药入关。与其他贸易同步，药品也在全国范围内扩张，州政府更多的参与其中。到了 1900 年，几乎每个州都制定了各种形式的药品法。

20 世纪初至 20 世纪 70 年代的美国 FDA 食品药品法的特点是法律进一步强化了药品安全保障并拓宽了美国食品药品管理局的对药品和医疗器械监管的权威性。20 世纪初新闻暗访调查员报道的食品与药品掺假事件、欺诈消费者等社会问题刺激了公众舆论。1902 年，联邦立法通过《1902 年病毒法案》（The Virus Act of 1902）后称作《生物制品管制法》（The Biologics Control Act），该法案用于保障医用血清、疫苗、毒素、抗毒素等用于预防或治疗人类疾病的产品的纯净度和安全性。《1902 年疫苗法》第一次要求政府对产品做上市前审批。生物制品生产者必须持有产品生产许可证和公司运营许可证。1906 年 6 月 30 日，美国前总统罗斯福签署《食品与药品法案》（The Food and Drugs Act of 1906）由美国 FDA 的前身部门执行。1906 年颁布的法案是第一部关于食品与药品的完整法规，是一部以刑事控诉或扣押违法货物的手段惩治不法行为的执行法。简而言之，1906 年法案命令联邦政府查处州际贸易中的假冒伪劣食品和药品。

根据《食品与药品法案》第 6 款的规定，"药品"被定义为："所有经《美国药典》或《国家处方集》认可的、内服或外用的药物和剂型，任何用于治疗、缓解或预防人类或动物疾病的物品或物品混合物。"根据该法案，"劣质"被定义为：不符合《美国药典》或《国家处方集》对"功能、质量、纯净度"的标准，除非药品包装上"明确声明"不同的纯净度标准，或者药品不符合自身标注的功能或纯净度（《食品与药品法案》第 7 款）。其后，有《1913 年净重量修正案》（The Net Weight Amendment of 1913）、《1919 年肯尼恩修正案》（The Kenyon Amendment of 1919）、《1923 年定义黄油和制定标准法案》（An Act to Define Butter and to Provide a Standard Therefore）、《1930 年麦克纳利-内普斯修正案》（McNary-Napes Amendment），《1934 年虾类检查修正案》（Shrimp Inspection Amendment）五部修正案对《食品与药品法案》作出了修正更新，直到《联邦食品、药品和化妆品法》将其替代。1930 年代，一家药品生产商发行了一款标注为"磺胺酏剂"（Elixir Sulfanilamide）的产品，属于磺胺类药品的一种新剂型。在销售磺胺酏剂之前，生产商检测了产品气味，但没有测试其安全性。二甘醇是一种用于制备酏剂的溶剂，虽然它是药品成分之一，但在产品标签上并没有注明用途。近 100 人因服用该药品而死亡。作为对磺胺酏剂惨案的回应，美国前总统罗斯福于 1938 年 6 月 25 日签署《联邦食品、药品和化妆品法》。截至目前，1938 年颁布的《联邦食品、药品和化妆品法》仍然是目前对美国食品和药品进行管理的基本法律。

《联邦食品、药品和化妆品法》分为十个章节，其中涉及药品法的章节包括：第一章法案的简明目录；第二章重要术语的定义；第三章禁止的行为和惩罚；第五章药品和医疗器械受法案监管。不安全或不卫生的药品或器材属于劣质掺假产品。不符合官方制定的功能和纯净度标准的药品（除非标签中作明确说明）或不符合标签上注明的功能与纯净度标准的药品也属于劣质掺假。"新药"必须向美国 FDA 局长提交申请，报告证明其安全性，否则不得参与州际贸易。如果美国 FDA 没有通知驳回申请，那么申请书将在 60 天内有效。申请人可以要求召开听证会，也可以向联邦地区法院上诉对其不利的判决。临床试验用药可豁免以上规定。第七章是行政条例，其中也讨论了美国 FDA 官员执法检查的权威并限制了其执法权限范围。第八章是进出口产品的规定。

自 1938 年以来，提出了多个对《联邦食品、药品和化妆品法》的修正案；这些条款总体扩大了美国 FDA 的监管和执法权。如在 1951 年《达勒姆-汉弗莱修正案》（The Durham-Humphrey Amendment）中，国会首次确定了处方药由美国 FDA 监管。《1962 年药品修正案》拓宽了美国 FDA 对所有药品的监管权威，如允许美国 FDA 将优质生产规范的规定运用于所有药物；增加对抗生素的管辖权；强制要求药品标签上注明通用名称；检查处方药记录；每两年对药品生产设施进行强制检查；每年对药品生产设施进行注册登记；制定处方药广告法规。《1962 年药品修正案》是 1938 年以来对药品管理法最全面的一次修改。

在《1962 年药品修正案》颁布后的 15 年里，法律受到了前所未有的重视，例如，美国国会通过了《1965 年药物滥用控制修正案》（The Drug Abuse Control Amendments of 1965），允许美国 FDA 监管镇静剂、兴奋剂和迷幻剂。新修正案增加了出售这类药品和假药的重罪处罚，并允许美国 FDA 人员在执法过程中佩戴枪支、依照搜捕令进行搜查和逮捕、依照法庭命令扣押收缴货物、在调查现场或有合

理依据相信涉案人员犯下重罪的前提下逮捕违法人员。1972 年颁布
的《药品登记法》，要求所有上市的药品必须在公司首次注册时，向
美国 FDA 登记，这份登记清单每年 6 月和 12 月各更新一次。清单必
须包含处方药的所有标签和代表性广告，以及非处方药的标签、说
明书和代表性标签。《1976 年医疗器械修正案》旨在保证医疗器材
和诊断性产品的安全性和有效性。《1976 年医疗器械修正案》提高
了器械管理在美国 FDA 内的重要性，反映了在医疗中器械不断增加
的重要性。

　　20 世纪 80 年代初期美国国会注重解决药品市场上更广泛存在的
竞争问题。这些问题包括患者医药费、仿制药产业的发展、大量重
要药物专利即将到期和鼓励仿制药研究等。此阶段美国 FDA 食品药
品法修正案将重点转移到美国 FDA 关注的贸易和经济问题。由于罕
见病药品的市场有限，生产商难以从销售中收回研发成本。1983 年，
国会对此颁布了《罕见病药品法》（The Orphan Drug Act）提出了经
济刺激的政策。《1984 年药品价格竞争和专利期恢复法》又称《韦
克斯曼-哈奇法案》（Waxman Hatch Act），该法案导致了一大批仿制
药获得批准，该法案允许美国 FDA 批准品牌药物的仿制品提交的上
市申请，无需提供重复的研究证明安全和有效性，从而提升价格便
宜的仿制药品的供应量。法案还向原品牌生产商提供两项重要利益，
以鼓励药物研究。其一是提供延长专利期限的机会，以补偿药品在
研究和审批阶段耗费的时间。其二是向研发新化合物或开发已批准
药物新用途的生产者提供一定时长的"市场独占权"。《1987 年处方
药营销法》（The Prescription Drug Marketing Act of 1987）解决了假
药、劣质药、错误标签、低效药或过期药带来的危险。《1990 年医疗
器械安全法》（Safe Medical Devices Act of 1990）是对《1976 年医疗

器械修正案》的第一次重大修改。该法案提升了美国 FDA 对医疗器械产业的管辖权，尤其是对售后要求、售前通知和审批过程等方面的监管。《1990 年医疗器械安全法》把美国 FDA 针对器材的部分重心从售前审理转移至售后规定和监管，因此特别加速了器材上市前审批程序。

《1992 年仿制药实施法》（The Generic Drug Enforcement Act of 1992）对缩略新药申请审批中的不法行为处以禁令和其他处罚。根据法案，在药物审批过程中犯有重罪的公司或个人，美国 FDA 有权对其处以不得参与审批过程的"禁令"，公司禁令长达 1 至 10 年不等，个人可判以终身禁令。而《1992 年处方药用户收费法》（The Prescription Drug User Fee Act of 1992）为美国 FDA 对药品和生物制剂的审查过程增加了更多的资源。

《1996 年出口改革和促进法》（Export Reform and Enhancement Act of 1996）修正了《联邦食品、药品和化妆品法》，更改了美国 FDA 在监管药品、生物制剂和医疗器械的贸易上的角色，并放宽了药品和医疗器械进出口的限制。根据该法案，生产商既可以向部分国家出口经批准和未经批准的医药制品，也可以进口用于生产出口产品的必需成分和原材料。

进入 21 世纪以来，《2000 年处方药进口公平法》禁止美国 FDA 向进口药物仅供个人使用、不构成商业进口行为的个人发布警告通知。此举意图降低美国处方药品的成本。《2002 年的最佳儿童用药法》（Best Pharmaceuticals for Children Act，BPCA）重申了美国 FDA 向儿科用药研究的生产者授予 6 个月独占权的权利，免除了儿童膳食补充剂的用户使用费，优先审理儿童膳食补充剂的申请，并授权政府协约资助缺少专利保护和市场独占权的儿科用药的研究。美国

《2002 年罕见病产品开发法》对《罕见病药品法》进行修正，重申了罕见病产品研究基金项目，授权将 2002-2006 年财政年度的拨款用于研发罕见病产品的基金和合同。2003-2006 年财政年度的拨款预期为每年 2500 万美元。《2003 年医疗保险处方药、改进和现代化法》（Medicare Prescription Drug, Implement, and Modernization Act of 2003）第十一章"平价药物的获得渠道"是美国国会多年来尝试为消费者降低药品开支的智慧结晶。《2007 年食品与药品管理法修正案》（Food and Drug Administration Amendments Act of 2007）被称作近年来对《联邦食品、药品和化妆品法》最广泛的一次修正，它重新授权并修正了几条即将过期的药品和医疗器械的法条，为美国 FDA 提供了新的资金和药品安全监管权，几乎涵盖了所有受监管的产品类别。该修正案分为十一个章节，前五章将药品与医疗器械用户费和儿科研究项目条款的法律效力重新授权至 2012 财政年，第六章到第八章成立了一种新型公私合作伙伴关系，以此推进医药产品现代化发展的进程，增强产品安全性，根据美国 FDA 专家委员会成员提出的各方利益观点修正《联邦食品、药品和化妆品法》，并建立临床试验记录和结果数据库。第九章提出了各种改良药品售后安全性的项目，包括授权美国 FDA 执行对危险系数的评估和降低政策，影响深远。第十章修改了公民要求延缓仿制药品获批的请愿程序。2010 年 3 月 23 日，美国前总统奥巴马签署了《患者保护与平价医疗法案》（Patient Protection and Affordable Care Act），在药品方面，《患者保护与平价医疗法案》修正了《联邦食品、药品和化妆品法》，允许美国 FDA 批准缩略新药申请书中的标签内容更改了药品参考目录提供的标签模板，这些更改应当在缩略新药申请书的预期批准日期的前 60 天内获得批准许可。

2012 年 7 月 9 日制定的《2012 年食品和药品监管安全和创新法案》（Food and Drug Administration Safety and Innovation Act of 2012）重新授权并延长了处方药和医疗器材的用户收费法案，为人类仿制药和生物仿制药产品建立了新的用户收费项目。

2013 年 11 月出台的《药品质量与安全法案》建立了一个联邦统一的药品追踪追查电子系统，对处方药的生产商、批发商、包装者和经销者（如药房）都提出了要求。

（三）美国药品行政管理和美国 FDA 的历史

美国 FDA 是历史最悠久的联邦管理机构，成立初始的前身可追溯到 1848 年农业分部专利办公室。美国 FDA 扮演了许多角色。在前 60 年，它向其他机构提供了科学和技术建议。它在 1906 年增加了执法功能。1938 年，美国 FDA 开始承担审批新药上市的责任，随后的立法扩大了其上市前审批的职能。美国 FDA 超过一半的历史依附于美国国家农业部，从农业分部开始，在 1862 年被划归于新成立的美国国家农业部。农业分部的化学实验室随即成为美国国家农业部的化学分部。美国 FDA 在 1890 年成为化学分部、1901 年改为化学局（Bureau of Chemistry）。1906 年以前，美国 FDA 并没有执法职能，但主要负责向美国国家农业部的其他办公室和机构（如美国财政部）提供信息与建议，在当时仅负责执行几部相关的联邦法。1927 年，化学局农业研究职能和执法功能分离，后者成为了食品、药品与杀虫剂管理局。1940 年，美国 FDA 离开了美国国家农业部，附属于联邦安全局，同样隶属于联邦安全局的机构还包括公共卫生服务部（Public Health Service）、教育办公室（The Office of Education）、美国民间资源保护队（The Civilian Conservation Corps）和社会保障局（Social Security Administration）。联邦安全局在 1953 年成为美国卫

生、教育与福利部，随后在 1979 年分离成为美国卫生与公众服务部
（HHS）和美国教育部。在几年时间内，美国 FDA 的法律权威有所
提升，管辖范围也不断扩大，1968 年，美国 FDA 被公共卫生服务部
下属的卫生、教育与福利部取代，之后与其他机构合并形成新的消
费者保护和环境健康服务部（Consumer Protection and Environmental
Health Serivce）。但不到两年时间，消费者保护和环境健康服务部被
取消，美国 FDA 再次隶属于公共卫生服务部。直到《1988 年美国食
品与药品管理法》的通过，美国 FDA 才正式成立。今天的美国 FDA
是一个以科学为基础的执法机构，负责美国全国药品、食品、生物
制品、化妆品、兽药、医疗器械以及诊断用品的管理。

美国 FDA 的组织模式：总部和地区办公室。美国 FDA 是一个实行
高度中央管理的机构。总部的职能是确保美国 FDA 的执行活动和公共
政策以及不同的组成部分之间在科学理解方面的协调性、确保规章要
求的实施、指令和决定的落实。而地区性办公室负责美国 FDA 在它的
管理区域内的活动。主要确保在区域内的行业能够依照法律以及机构
的规则进行操作。美国 FDA 隶属于美国卫生与公众服务部下的公共卫
生服务部，因此属于行政分支的一部分。机构和美国 FDA 局长向美国
卫生与公众服务部部长、美国行政管理与预算局和总统负责。机构的
主要管理和人事决定、预算、国会证词和立法建议交由以上的一个或
多个办公室或官员审理。参议院的卫生、教育、劳动和退休委员会
（Senate Committee on Health，Labor and Pensions）与众议院的能源和贸
易委员会（House Committee on Energy and Commerce）对《联邦食品、
药品和化妆品法》和其他法条有管辖权，还可以批准预算、针对机构
职能（在众议院下的监管与调查附属委员会和健康附属委员会中）举
行多次听证会。美国 FDA 受到法院的监督。如果受监管的公司、公

共维权组织和其他人员对美国 FDA 的行动（或无为）表示不满，他们可以向法院寻求帮助。由于美国 FDA 只能通过美国司法部出席法庭，司法部对管理局也可以起到监督作用。

在实际情况下，美国 FDA 还需对科学和医疗团体、尤其是学术界成员负责。美国 FDA 的大多数主要决策者是医生或科学家，同行的尊重对他们而言十分重要。特别当面临尖端技术或其他科学前沿的问题时，决策者希望他们的决定能被相关科学和医学学科的人认为是明智的决策。通常，机构会正式征求专家委员会对这类决策的建议，委员会由学术界前沿的医生和科学家组成的。美国 FDA 基本上会遵循他们的建议。

与其他政府机构相同，美国 FDA 也对媒体和公众观点负责。美国 FDA 的公共立场深刻地影响着它与所有相关角色的关系——受监控的企业、贸易协会、联邦政府和州政府、科学和医疗团体、患者权益组织和公益组织等。

然而，美国 FDA 工作的重点和重心——审查新产品，必须与外界高效的监督分离。与其他国家类似的管理机构不同，美国 FDA 的审查建立在商业机密、而不是公布于众的数据基础上。审查工作具有高技术性，需要高度专业的学科知识和极度密集的劳动。可能目前还没有其他政府机构能够充分、持久地监督美国 FDA 这种独特的职能。

一直以来，由于美国 FDA 的新产品决定对许多企业的命运至关重要，企业非常不愿意在另一个平台上挑战美国 FDA 对产品的审查决定。尽管美国 FDA 是一个最著名的公共健康组织，但是它并不是一个独立的机构，而是美国卫生与公众服务部的一个组成部分。

根据规定，美国卫生与公众服务部部长全权负责关于管理形式的核心法规——《联邦食品、药品和化妆品法》。在 1988 年，《联邦食品、药品和化妆品法》规定美国 FDA 局长的任命方式必须由总统任命并且得到参议院的批准。虽然这样可以得到一个更有利的政治地位，但是美国 FDA 局长还是必须对卫生与人类服务部部长负责，同时也要对政治体系内的其他人员负责。无论《联邦食品、药品和化妆品法》内容如何，卫生与公众服务部部长把法案中提到的大部分权力都赋予了美国 FDA 局长。反过来，美国 FDA 局长又把从卫生与公众服务部部长得到的大部分权力分配到美国 FDA 的各个中心以及地区办公室的主管。因此，出于实际性考虑，《联邦食品、药品和化妆品法》的日常管理是由美国 FDA 负责的。但是当涉及重要的与食物、药品、化妆品、医疗器械或者是其他在美国 FDA 条例上所标明的物品的质量、实用性、市场或价格有关的公共问题时，卫生与公众服务部部长却特别保留了美国 FDA 条例来行使这些应对公共问题的权力。与其他同在卫生与公众服务部里的兄弟机构相比，美国 FDA 是独一无二的。其原因是：

第一，它要处理各种各样的与产品相关的科学性的问题。

第二，它可以行使广泛的管理权。

第三，它拥有监督在它管理权限以内的国内和国际产品贸易的权力。

（四）美国 FDA 的管理工具

美国 FDA 拥有广泛的立法权力，这个机构可以依靠这些权力来进行一系列的管理。它能够利用法案中的条例来有效地阻止市场上的违法行为。除此之外，美国 FDA 还拥有法定的权力可以去阻止制造商生产违法的商品。不仅如此，美国 FDA 还有十分广泛的权力可以向司法部提出建议对涉及跨州违法商品贸易的个人进行刑事检举和提出刑罚严重程度的建议。美国 FDA 把制定规则作为首要的管理工具。事实上，管理机构可以发布的有两种规则，一种是"解释性"的，另一种是"实质性"的。

另一个重要的管理工具就是举行管理性的"听证会"。美国 FDA 具有广泛的对听证会进行控制管理的权力。正式的听证会包括对一种行为的赞成或者反对。

（五）美国 FDA 与各州之间的关系

美国 FDA 能够依靠它和州与地方政府的合作实施有效管理。尽管美国 FDA 享有大部分的管理权，但是在保护公众健康方面，州仍然发挥着很重要的作用。每一个州都有一个食品与药品法案，这些法案绝大部分都是参照《联邦食品、药品和化妆品法》立法的。

根据 1990 年提出的《医疗器械安全修正案》，在州政府的要求前后不一致时，美国 FDA 可以优先行使权力。根据美国宪法的最高条款和贸易条款，美国 FDA 拥有广泛实施优先权的权力。

第八章

全球慢性非传染性疾病管理

慢性非传染性疾病是指病程长、发展缓慢、病因复杂、难以彻底治愈的一类疾病，主要包括心血管疾病、糖尿病、癌症、慢性呼吸道疾病等。其发生与不良生活习惯、遗传、环境等因素密切相关，需通过长期综合管理控制病情。大多数慢性非传染性疾病无法完全治愈，需要进行终身管理（如高血压、糖尿病）。慢性非传染性疾病病因复杂：涉及生活方式（吸烟、饮食不均衡等）、代谢异常、年龄增长、环境污染等多个因素。慢性非传染性疾病具有高致残、致死率的特点。

在过去半个世纪里，全球健康治理取得了重大成就：根除了天花、战胜了脊髓灰质炎，并成功阻止了艾滋病毒传播。在人们的传统观念里，所谓健康治理，是对传染病的预防与控制：与那些看似来势汹汹的传染病相比，慢性非传染性疾病更是人类的"杀手"。当今世界，慢性非传染性疾病正在全球悄无声息地蔓延。在中国、日本和印度等老龄化社会现象比较严重的国家，慢性非传染病严重影响了人们的健康，对人的健康和生存构成了严重威胁。据推测，到2030 年，非传染性疾病将成为全世界最主要的死亡疾病。[①]

传统观点认为，非传染性疾病属于发达国家的难题。但是，这种观点明显忽视了现有的资料：每年有 3500 万患者死于非传染性疾病，其中 85% 的患者来自低收入和中等收入国家。[②] 慢性非传染性疾病占全球疾病负担的 70% 以上，治疗费用高昂，对发展中国家的卫生经济构成沉重负担。只有全国各级政府、国际社会和整个社会共

---

① Ashley N. Gearhardt et al. , "Preliminary Validation of the Yale Food Addiction Scale," *Appetite* Vol. 52, No. 2. , 2009, pp. 430–436.

② Christopher K. Hwang et al. , "Rural Diabetes Prevalence Quintuples over Twenty-Five Years in Low-and Middle-Income Countries: A Systematic Review and Meta-analysis", *Diabetes Reseach and Clinical Pracitice*, Vol. 96, No. 3. , 2012, pp. 271–285.

同参与，我们才能解决好慢性非传染性疾病带来的复杂而重要的难题。2009 年 5 月，联合国非传染性疾病高层峰会活动正式开幕，"非传染性疾病联盟"随之成立。非传染性疾病是贫困的主要原因，是经济发展的重大障碍，也是全球紧急应对的问题。为了让所有人都意识到这一点，以国际糖尿病联盟、世界心脏联盟、国际癌症控制联盟和国际防痨与肺病联合等四个国际专业组织为首的非传染性疾病联盟对非传染性疾病进行了有针对性的宣传和推广。联盟为各种非传染性疾病及其对策构建了证据基础，并召集专家工作组发表政策立场声明，游说政府采取有效措施。

"非传染性疾病联盟"描绘的四种疾病已经成为联合国、世界卫生组织和各国政策讨论的前沿话题。

第一节　慢性非传染性疾病管理的全社会参与

慢性非传染性疾病管理重在预防严重心脑血管疾病等慢性非传染性疾病严重并发症的发生。采用一级预防（病因预防），主要预防措施是健康生活方式、控烟限酒、检测血压、血糖、血脂的定期筛查；慢性非传染性疾病二级预防为早诊早治，具体治疗措施包括定期体检，如早期发现癌前病变（主要通过胃肠镜筛查）及慢性非传染性疾病监测，如糖尿病患者需定期检测糖化血红蛋白（HbA1c）。慢性非传染性疾病三级预防（延缓进展），主要措施为患者规范用药（如高血压患者需长期服用降压药）；康复治疗，如脑卒中后通过康复训练恢复功能；心理支持，对于慢性疾病患者易出现焦虑抑郁，需心理干预。从国家层面上来看，慢性非传染性疾病管理采取医疗服务与公共卫生服务相结合的医疗卫生手段。为预防慢性非传染性疾病严重并发症的发生和发展；通常慢性非传染性疾病三级预防的公共卫生手段是慢性非传染性疾病管理的优先选择。

一、慢性非传染性疾病管理的国家义务

健康本质上是个体健康与外部环境交互作用的结果。外部环境不断塑造着健康的样态，法律通过改善外部环境促进人体健康，政府保障公众健康的义务能够使社会成员的身心受益。健康的社会正义关注社会制度、社会实践对人类福祉产生的影响。对社会公众慢性非传染性疾病管理，首先要关注慢性非传染性疾病形成的多种因素，给予社会公众避免慢性非传染性疾病健康威胁的物质帮助，使人们能够拥有良好的空气、水和阳光，使人们能够获取医疗保障及良好的医疗资源，国家需要广泛履行对国家居民的健康义务，这种义务既是国家健康权的宪法义务，也是国家健康权的公共卫生法义务。国家需要建立强有力的公共卫生制度和公共卫生服务体系，以保障社会居民能够拥有良好的空气、水和阳光，使人们能够在没有疾病的时候预防疾病的发生。国家应建立医疗服务制度和医疗服务体系，使人们在患病的时候能够拥有良好的医疗、医药和医保，以保障人们能够获得健康所需的物质帮助。

确保社会经济的稳定是良好健康的必要条件，健康主要的基本决定因素包括教育、收入、住房、职业、社会融入、性别、种族和民族平等。社会经济因素通过许多因果的途径影响健康。在过去的一个世纪里，高收入国家的预期寿命急剧延长，主要归功于社会经济决定因素、公共卫生服务和临床医学等方面突破性进展的改善。强调健康需要良好经济的保障能够导致整个社会的良性循环，从而产生长久的发展效益。社会个体也能够在其工作和家庭的生活与健康中得到发展。

公共卫生引领下的民众预防可以减少疾病发生。反之，全民健

康覆盖也会推进公共卫生的发展，主要通过临床预防、免疫和改善穷人的可及性。国家需要做的就是肩负起保障人民健康生活条件的责任。所有的个体都生活在建筑环境和自然环境中，而这些环境又对人们的健康起着根本性的决定作用。人们依赖政府为其提供卫生服务，以此预防和治疗伤害与疾病。基本的社会经济体系是人类拥有健康、丰富和充实的社会基础。

公共卫生的首要任务是为人类提供公共卫生服务，也就是说，服务不是分配到每一个特定的人，而是提供给大众整体。提供以大众为基础的服务包括医疗卫生、便携式饮用水、清洁空气、细菌体减少、伤害预防、卫生教育以及烟草和酒精的控制。总之，政府必须提供以上所有的设备和服务以确保社会更加安全、健康和井然有序。

良好健康的第二个必要条件是为所有人提供卫生保健服务。全面的卫生保健服务包括临床预防（如检测、咨询和接种疫苗）、药物治疗伤害和疾病、对病人的支持性护理。

二、慢性非传染性疾病管理的社会动员

政府再强大，也有鞭长莫及之处，因此社会共治应当在社会健康管理中发挥积极的补充作用。实现慢性非传染性疾病健康管理覆盖需要系统的、普惠性的计划，让受影响的社区参与其中，为所有健康专家干部提供培训、教育和良好的职业前景，而且需要长期的可预见和可持续的充足资金以及诚实、透明和负责的民众卫生管理。如此，在社会共治的理念下，不仅国家、集体需要履行社会健康义务，甚至是个人，也存在保证自己健康的义务。在中国，目前已建立了一系列涉及公共卫生的法律制度，这同样适用于慢性非传染性疾病管理。而人们也有义务对自己的日常生活行为习惯负责，避免

不良的生活方式，注意运动和控制体重，预防慢性非传染性疾病发生，最终实现真正的社会健康。

第二节 慢性非传染性疾病管理的全球参与

传染性疾病已经成为国际焦点，并引起了很大的关注，因为他们很容易超越国家界限——即被国际卫生监管局采纳的世界公认的临界点。从表面上来看，对于非传染性疾病，正如前面所阐释的那样，国内法律政策一定是首要的干涉者。但是，非传染性疾病危险因素已经呈现出与传染性疾病相同的倾向，即从一个国家传播到另一个国家、从一个地区传播到另一个地区，这是全球化旅行普遍化的结果。

全球化过程带来了行为的和谐，但同时，也传播了高度危险的行为。例如，产品制造的工业化和食品贸易的全球化共同导致了传统饮食食谱变化，它被加工的、高糖的、高盐的、高脂肪的食品所代替。传统饮食食谱的变化有力地说明了肥胖病在本土人群中成为严重的健康问题的原因。其结果是，许多低收入国家肥胖病逐渐增加，与此同时，食物的营养却在下降，这些都是由于饮食的变化、食物的供应和被称为"营养变迁"的生活方式导致的。随着城市化的逐渐完成，人们对汽车更加依赖，汽车的增加也导致空气的污染。人们越来越少地参加体育运动，这些因素则进一步使健康效应趋于恶化。

没有国际社会的支持与合作，任何一个国家，无论贫富都不能有效地解决非传染性疾病问题。然而，非传染性疾病的复杂性又成为建立统一、综合反应机制的严重挑战。非传染性疾病是由一揽子疾病组成的，这就意味着其危险因素会遍布经济和社会的众多部门。

对每一个危险因素来说，一方面公共卫生相互之间常常存在冲突，另一方面也会存在商业和贸易利益。此外，可行性的解决方案必然会涉及公共主体和许多私人，包括工业、公民社会、媒体和学术界。

因此，有效的政府管理需要会影响全球规范、体系和进程的多种多样的方式。这就需要在缺乏资源和技术支持的低收入国家培养其国内的能力。那些推销香烟、酒精和不健康食品的跨国公司拥有的可支配资源远远超过众多低收入国家。

《阿拉木图宣言》是 1978 年 9 月 12 日在苏联哈萨克斯坦首都阿拉木图召开的国际初级卫生保健会议上通过的一项里程碑式文件。该会议由世界卫生组织和联合国儿童基金会（UNICEF）联合主办，旨在推动全球初级卫生保健的发展。

《阿拉木图宣言》将初级卫生保健定义为：初级卫生保健，基于切实可行、科学可靠且社会可接受的方法和技术。普遍可及，社区和个人能够普遍获得，并通过他们的充分参与以可负担的成本实现。强调预防、治疗和康复服务而不仅仅是医疗救治。《阿拉木图宣言》提出的"人人享有卫生保健"目标：到 2000 年，所有国家的公民都应达到一种健康水平，使其能够过上社会和经济上有成效的生活。《阿拉木图宣言》强调健康是一项基本人权，国家、国际社会和社区应共同努力减少健康不平等，体现健康公平和健康正义。《阿拉木图宣言》倡导健康不仅依赖卫生系统，还需要农业、教育、住房、公共设施等多领域的协同努力和多部门协作。《阿拉木图宣言》鼓励社区参与，鼓励个人和社区参与卫生保健的规划和实施，体现"自下而上"的卫生发展模式。2018 年，在宣言发布 40 周年之际，世界卫生组织和全球卫生界通过了《阿斯塔纳宣言》，重申对初级卫生保健的承诺，并应对新时代的卫生挑战（如非传染性疾病、老龄化等）。

　　《阿拉木图宣言》首次在全球层面确立了初级卫生保健的核心地位，影响了后续全球卫生政策。推动了世界卫生组织"全民健康覆盖"（UHC）理念的发展。为发展中国家改善基层卫生体系提供了框架。

　　《烟草控制框架公约》加强了世界卫生组织对烟草的控制。这是世界卫生组织使用硬法控制非传染性疾病危险因素的举措。世界卫生组织对饮食、体育活动和酒精的反应涉及软性规范的发展，但是，从世界卫生组织众多明确的目标、资源和影响来看，世界卫生组织目前只能服从这一公约。

　　2000 年 9 月 8 日，联合国大会一致同意采纳了《千禧年宣言》。宣言后的千禧年发展目标是世界上最受支持的和最全面的发展目标。它为战胜贫困、饥饿、健康不良、性别不平等、缺少教育、缺少饮用水和环境恶化提供了许多标准。在 2012 年，联合国发起了一个制定 2015 年后可持续发展目标，包括对于健康制度的关注的计划。联合国负责制定 2015 年后发展日程的名人高级委员会建议，把"保证健康生活"作为一个具有说明性的卫生部门目标，把注意力集中在女性和儿童健康的维护以及减少传染性疾病和非传染疾病的负担上。其他高水平委员会的说明性目标包括食品安全以及饮用水和卫生设施的普及。

　　世界卫生大会采取了一系列的全球化战略，包括非传染性疾病预防和控制（2000 年），饮食、体育活动和健康（2008 年），伤害性使用酒精（2010 年）。世界卫生大会采纳了关于向儿童推销食品和不含酒精饮料的建议，接着，世界卫生组织发布了实施框架，帮助成员国发展与这些建议相一致的政策。世界卫生组织还建立了非传染性疾病联合体。例如，"全球非传染性疾病网络"（NCDnet）和

"全球肥胖和相关慢性疾病预防联盟"（与饮食和运动策略相一致的非政府组织）。

世界卫生组织的全球化战略证明，各个成员国对非传染性疾病的预防与治疗持支持的态度，但是，他们缺乏一定的硬性规范、切实可行的目标、足够的资源和责任。由于没有任何一个受约束的机构会取得成功，因此，他们需要实施工具、资金建设能力和有效的监督与服从等方面的支持。

正如国内慢性非传染性疾病的管理需要全社会参与，国际社会对于慢性非传染性疾病的管理亦应当采取全球参与的原则。应当采取开阔的管理视野应对慢性非传染性疾病的管理问题。私营部门是这一问题及其解决方案的关键。在非传染性疾病药物的可及性问题上，各国还存在着巨大差异。发展中国家的药物可及性及可购性成为国际争论的新焦点，而私人部门在新药研究与开发中正扮演着愈发重要的角色，比尔和梅琳达·盖茨基金会首先确定目标疾病，然后将资金拨给那些能提出可行的疾病攻克研究计划的个人或组织。国际发展援助更具活力和扩展性，为减轻慢性非传染性疾病管理负担方面提供了更多的经济支持和技术援助。

附录:《烟草控制框架公约》

序　言

本公约缔约方。

决心优先考虑其保护公众健康的权利。

认识到烟草的广泛流行是一个对公众健康具有严重后果的全球性问题,呼吁所有国家就有效、适宜和综合的国际应对措施开展尽可能广泛的国际合作。

虑及国际社会关于烟草消费和接触烟草烟雾对全世界健康、社会、经济和环境造成的破坏性后果的关注。

严重关注全世界,特别是发展中国家,卷烟和其他烟草制品消费和生产的增加,以及它对家庭、穷人和国家卫生系统造成的负担。

认识到科学证据明确确定了烟草消费和接触烟草烟雾会造成死亡、疾病和残疾,以及接触烟草烟雾和以其他方式使用烟草制品与发生烟草相关疾病之间有一段时间间隔。

还认识到卷烟和某些其他烟草制品经过精心加工,籍以引起和维持对烟草的依赖,它们所含的许多化合物和它们所产生的烟雾具有药理活性、毒性、致突变性和致癌性,并且在主要国际疾病分类中将烟草依赖单独分类为一种疾病。

承认存在着明确的科学证据，表明孕妇接触烟草烟雾是儿童健康和发育的不利条件。

深切关注全世界的儿童和青少年吸烟和其他形式烟草消费的增加，特别是开始吸烟的年龄愈来愈小。

震惊于全世界妇女和少女吸烟及其他形式烟草制品消费的增加；铭记妇女需充分参与各级决策和实施工作，并铭记需要有性别针对性的烟草控制战略。

深切关注土著居民吸烟和其他形式烟草消费处于高水平。

严重关注旨在鼓励使用烟草制品的各种形式的广告、促销和赞助的影响。

认识到需采取合作行动以取缔各种形式的卷烟和其他烟草制品非法贸易，包括走私、非法生产和假冒。

承认各级烟草控制，特别是在发展中国家和经济转轨国家，需要与目前和预计的烟草控制活动需求相称的充足的财政和技术资源。

认识到需建立适宜的机制以应对有效地减少烟草需求战略所带来的长期社会和经济影响。

铭记烟草控制规划可能在某些发展中国家和经济转轨国家造成的中、长期社会和经济困难，并认识到它们需要在国家制定的可持续发展战略的框架下获得技术和财政支持。

意识到许多国家正在开展的卓有成效的烟草控制工作，并赞赏世界卫生组织的领导以及联合国系统其他组织和机构与其他国际和区域政府间组织在发展烟草控制措施方面所作的努力。

强调不隶属于烟草业的非政府组织和民间社会其他成员，包括卫生专业机构，妇女、青年、环境和消费者团体，以及学术机构和卫生保健机构，对国家和国际烟草控制努力的特殊贡献，及其参与国家和国际烟草控制努力的极端重要性。

认识到需警惕烟草业阻碍或破坏烟草控制工作的任何努力，并需掌握烟草业采取的对烟草控制工作产生负面影响的活动。

忆及联合国大会 1966 年 12 月 16 日通过的《经济、社会、文化权利国际公约》第 12 条规定人人有权享有能达到的最高的身心健康的标准。

还忆及世界卫生组织《组织法》序言，它宣称享受最高而能获致之健康标准，为人人基本权利之一，不因种族、宗教、政治信仰、经济或社会情境各异，而分轩轾。

决心在考虑目前和有关的科学、技术和经济问题的基础上促进烟草控制措施。

忆及联合国大会 1979 年 12 月 18 日通过的《消除对妇女一切形式歧视公约》规定，该公约各缔约国应采取适当的措施，在卫生保健领域消除对妇女的歧视。

进一步忆及联合国大会 1989 年 11 月 20 日通过的《儿童权利公约》规定，该公约各缔约国确认儿童有权享有可达到的最高标准的健康。

兹议定如下：

第 I 部分：引言

第 1 条　术语的使用

为本公约目的：

（A）"非法贸易"系指法律禁止的，并与生产、装运、接收、持有、分发、销售或购买有关的任何行径或行为，包括意在便利此类活动的任何行径或行为；

（B）"区域经济一体化组织"系指若干主权国家组成的组织，它已由其成员国让渡处理一系列事项，包括就这些事项做出对其成员国有约束力的决定的授权（注：①在相关处，"国家的"亦指区域经济一体化组织。）；

（C）"烟草广告和促销"系指任何形式的商业性宣传、推介或活动，其目的、效果或可能的效果在于直接或间接地推销烟草制品或促进烟草使用；

（D）"烟草控制"系指通过消除或减少人群消费烟草制品和接触烟草烟雾，旨在促进其健康的一系列减少烟草供应、需求和危害的战略；

（E）"烟草业"系指烟草生产商、烟草制品批发商和进口商；

（F）"烟草制品"系指全部或部分由烟叶作为原材料生产的供抽吸、吸吮、咀嚼或鼻吸的制品；

（G）"烟草赞助"系指目的、效果或可能的效果在于直接或间接地推销烟草制品或促进烟草使用的，对任何事件、活动或个人的任何形式的捐助。

第2条　本公约与其他协定和法律文书的关系

1. 为了更好地保护人类健康，鼓励各缔约方实施本公约及其议定书要求之外的其他措施，这些文书不应阻碍缔约方实行符合其规定并符合国际法的更加严格的要求。

2. 本公约及其议定书的各项规定决不影响各缔约方就与本公约及其议定书有关的事项或本公约及其议定书之外的其他事项达成双边或多边协定，包括区域或次区域协定的权利，只要此类协定与本公约及其议定书所规定的义务相一致。有关缔约方应通过秘书处将此类协定通报缔约方会议。

第 II 部分:目标、指导原则和一般义务

第 3 条 目标

本公约及其议定书的目标是提供一个由各缔约方在国家、区域和全球各级实施烟草控制措施的框架,以便使烟草使用和接触烟草烟雾持续大幅度下降,从而保护当代和后代免受烟草消费和接触烟草烟雾对健康、社会、环境和经济造成的破坏性影响。

第 4 条 指导原则

各缔约方为实现本公约及其议定书的目标和实施其各项规定,除其他外,应遵循下列指导原则:

1. 宜使人人了解烟草消费和接触烟草烟雾造成的健康后果、成瘾性和致命威胁,并宜在适当的政府级别考虑有效的立法、实施、行政或其他措施,以保护所有人免于接触烟草烟雾。

2. 在国家、区域和国际层面需要强有力的政治承诺以制定和支持多部门的综合措施和协调一致的应对行动,考虑:

(A) 需采取措施防止所有人接触烟草烟雾;

(B) 需采取措施防止初吸,促进和支持戒烟以及减少任何形式的烟草制品消费;

(C) 需采取措施促进土著居民和社区参与制定、实施和评价在社会和文化方面与其需求和观念相适应的烟草控制规划;以及

(D) 需采取措施,在制定烟草控制战略时考虑不同性别的风险。

3. 结合当地文化、社会、经济、政治和法律因素开展国际合作,尤其是技术转让、知识和经济援助以及提供相关专长,以制定和实施有效烟草控制规划,是本公约的一个重要组成部分。

4. 在国家、区域和全球各级采取多部门综合措施和对策以减少所有烟草制品的消费至关重要，以便根据公共卫生原则防止由烟草消费和接触烟草烟雾引起的疾病、过早丧失功能和死亡的发生。

5. 各缔约方在其管辖范围内明确与责任相关的事项是烟草综合控制的重要部分。

6. 宜在国家制定的可持续发展战略框架下认识和强调技术和财政援助的重要性，以便帮助发展中国家缔约方和经济转轨国家缔约方因烟草控制规划而使其生计受到严重影响的烟草种植者和工人进行经济过渡。

7. 为了实现本公约及其议定书的目标，民间社会的参与是必要的。

第 5 条　一般义务

1. 每一缔约方应根据本公约及其作为缔约方的议定书，制定、实施、定期更新和审查国家多部门综合烟草控制战略、计划和规划。

2. 为此目的，每一缔约方应根据其能力：

（A）设立或加强并资助国家烟草控制协调机构或联络点；和

（B）采取和实行有效的立法、实施、行政和/或其他措施并酌情与其他缔约方合作，以制定适当的政策，防止和减少烟草消费、尼古丁成瘾和接触烟草烟雾。

3. 在制定和实施烟草控制方面的公共卫生政策时，各缔约方应根据国家法律采取行动，防止这些政策受烟草业的商业和其他既得利益的影响。

4. 各缔约方应开展合作，为实施本公约及其作为缔约方的议定书制定提议的措施、程序和准则。

5. 各缔约方应酌情同有关国际和区域政府间组织及其他机构合

作，以实现本公约及其作为缔约方的议定书的目标。

6. 各缔约方应在其拥有的手段和资源范围内开展合作，通过双边和多边资助机制为本公约的有效实施筹集财政资源。

第Ⅲ部分：减少烟草需求的措施

第6条　减少烟草需求的价格和税收措施

1. 各缔约方承认价格和税收措施是减少各阶层人群特别是青少年烟草消费的有效和重要手段。

2. 在不损害各缔约方决定和制定其税收政策的主权时，每一缔约方宜考虑其有关烟草控制的国家卫生目标，并酌情采取或维持可包括以下方面的措施：

（A）对烟草制品实施税收政策并在适宜时实施价格政策，以促进旨在减少烟草消费的卫生目标；和

（B）酌情禁止或限制向国际旅行者销售和/或由其进口免除国内税和关税的烟草制品。

3. 各缔约方应根据第21条在向缔约方会议提交的定期报告中提供烟草制品税率及烟草消费趋势。

第7条　减少烟草需求的非价格措施

各缔约方承认综合的非价格措施是减少烟草消费的有效和重要手段。每一缔约方应采取和实行依照第8条至第13条履行其义务所必要的有效的立法、实施、行政或其他措施，并应酌情为其实施直接或通过有关国际机构开展相互合作。缔约方会议应提出实施这些条款规定的适宜准则。

第8条　防止接触烟草烟雾

1. 各缔约方承认科学已明确证实接触烟草烟雾会造成死亡、疾

病和功能丧失。

2. 每一缔约方应在国家法律规定的现有国家管辖范围内采取和实行，并在其他司法管辖权限内积极促进采取和实行有效的立法、实施、行政和/或其他措施，以防止在室内工作场所、公共交通工具、室内公共场所，适当时，包括其他公共场所接触烟草烟雾。

第9条　烟草制品成分管制

缔约方会议应与有关国际机构协商提出检测和测量烟草制品成分和燃烧释放物的指南以及对这些成分和释放物的管制指南。经有关国家当局批准，每一缔约方应对此类检测和测量以及此类管制采取和实行有效的立法、实施和行政或其他措施。

第10条　烟草制品披露的规定

每一缔约方应根据其国家法律采取和实行有效的立法、实施、行政或其他措施，要求烟草制品生产商和进口商向政府当局披露烟草制品成分和释放物的信息。每一缔约方应进一步采取和实行有效措施以公开披露烟草制品有毒成分和它们可能产生的释放物的信息。

第11条　烟草制品的包装和标签

1. 每一缔约方应在本公约对该缔约方生效后三年内，根据其国家法律采取和实行有效措施以确保：

（A）烟草制品包装和标签不得以任何虚假、误导、欺骗或可能对其特性、健康影响、危害或释放物产生错误印象的手段推销一种烟草制品，包括直接或间接产生某一烟草制品比其他烟草制品危害小的虚假印象的任何词语、描述、商标、图形或任何其他标志。其可包括"低焦油"、"淡味"、"超淡味"或"柔和"等词语；和

（B）在烟草制品的每盒和单位包装及这类制品的任何外部包装

和标签上带有说明烟草使用有害后果的健康警语,并可包括其他适宜信息。这些警语和信息:

(ⅰ) 应经国家主管当局批准。

(ⅱ) 应轮换使用。

(ⅲ) 应是大而明确、醒目和清晰的。

(ⅳ) 宜占据主要可见部分的50%或以上,但不应少于30%。

(ⅴ) 可采取或包括图片或象形图的形式。

2. 除本条第1(B)款规定的警语外,在烟草制品的每盒和单位包装及这类制品的任何外部包装和标签上,还应包含国家当局所规定的有关烟草制品成分和释放物的信息。

3. 每一缔约方应规定,本条第1(B)款以及第2款规定的警语和其他文字信息,应以其一种或多种主要语言出现在烟草制品每盒和单位包装及这类制品的任何外部包装和标签上。

4. 就本条而言,与烟草制品有关的"外部包装和标签"一词,适用于烟草制品零售中使用的任何包装和标签。

第12条　教育、交流、培训和公众意识

每一缔约方应酌情利用现有一切交流手段,促进和加强公众对烟草控制问题的认识。为此目的,每一缔约方应采取和实行有效的立法、实施、行政或其他措施以促进:

(A) 广泛获得有关烟草消费和接触烟草烟雾对健康危害,包括成瘾性的有效综合的教育和公众意识规划;

(B) 有关烟草消费和接触烟草烟雾对健康的危害,以及第14.2条所述的戒烟和无烟生活方式的益处的公众意识;

(C) 公众根据国家法律获得与本公约目标有关的关于烟草业的广泛信息;

（D）针对诸如卫生工作者、社区工作者、社会工作者、媒体工作者、教育工作者、决策者、行政管理人员和其他有关人员的有关烟草控制的有效适宜的培训或宣传和情况介绍规划；

（E）与烟草业无隶属关系的公立和私立机构以及非政府组织在制定和实施部门间烟草控制规划和战略方面的意识和参与；以及

（F）有关烟草生产和消费对健康、经济和环境的不利后果信息的公众意识和获得。

第13条 烟草广告、促销和赞助

1. 各缔约方认识到广泛禁止广告、促销和赞助将减少烟草制品的消费。

2. 每一缔约方应根据其宪法或宪法原则广泛禁止所有的烟草广告、促销和赞助。根据该缔约方现有的法律环境和技术手段，其中应包括广泛禁止源自本国领土的跨国广告、促销和赞助。就此，每一缔约方在公约对其生效后的五年内，应采取适宜的立法、实施、行政和/或其他措施，并应按第21条的规定相应地进行报告。

3. 因其宪法或宪法原则而不能采取广泛禁止措施的缔约方，应限制所有的烟草广告、促销和赞助。根据该缔约方目前的法律环境和技术手段，应包括限制或广泛禁止源自其领土并具有跨国影响的广告、促销和赞助。就此，每一缔约方应采取适宜的立法、实施、行政和/或其他措施并按第21条的规定相应地进行报告。

4. 根据其宪法或宪法原则，每一缔约方至少应：

（A）禁止采用任何虚假、误导或欺骗或可能对其特性、健康影响、危害或释放物产生错误印象的手段，推销烟草制品的所有形式的烟草广告、促销和赞助；

（B）要求所有烟草广告，并在适当时包括促销和赞助带有健康

或其他适宜的警语或信息；

（C）限制采用鼓励公众购买烟草制品的直接或间接奖励手段；

（D）对于尚未采取广泛禁止措施的缔约方，要求烟草业向有关政府当局披露用于尚未被禁止的广告、促销和赞助的开支。根据国家法律，这些政府当局可决定向公众公开并根据第21条向缔约方会议提供这些数字；

（E）在五年之内，在广播、电视、印刷媒介和酌情在其他媒体如因特网上广泛禁止烟草广告、促销和赞助，如某一缔约方因其宪法或宪法原则而不能采取广泛禁止的措施，则应在上述期限内和上述媒体中限制烟草广告、促销和赞助；以及

（F）禁止对国际事件、活动和/或其参加者的烟草赞助；若缔约方因其宪法或宪法原则而不能采取禁止措施，则应限制对国际事件、活动和/或其参加者的烟草赞助。

5. 鼓励缔约方实施第4款所规定义务之外的措施。

6. 各缔约方应合作发展和促进消除跨国界广告的必要技术和其他手段。

7. 已实施禁止某些形式的烟草广告、促销和赞助的缔约方有权根据其国家法律禁止进入其领土的此类跨国界烟草广告、促销和赞助，并实施与源自其领土的国内广告、促销和赞助所适用的相同处罚。本款并不构成对任何特定处罚的认可或赞成。

8. 各缔约方应考虑制定一项议定书，确定需要国际合作的广泛禁止跨国界广告、促销和赞助的适当措施。

第14条　与烟草依赖和戒烟有关的降低烟草需求的措施

1. 每一缔约方应考虑到国家现状和重点，制定和传播以科学证据和最佳实践为基础的适宜、综合和配套的指南，并应采取有效措

施以促进戒烟和对烟草依赖的适当治疗。

2. 为此目的，每一缔约方应努力：

（A）制定和实施旨在促进戒烟的有效的规划，诸如在教育机构、卫生保健设施、工作场所和体育环境等地点的规划；

（B）酌情在卫生工作者、社区工作者和社会工作者的参与下，将诊断和治疗烟草依赖及对戒烟提供的咨询服务纳入国家卫生和教育规划、计划和战略；

（C）在卫生保健设施和康复中心建立烟草依赖诊断、咨询、预防和治疗的规划；以及

（D）依照第 22 条的规定，与其他缔约方合作促进获得可负担得起的对烟草依赖的治疗，包括药物制品。此类制品及其成分适当时可包括药品、给药所用的产品和诊断制剂。

第 Ⅳ 部分：减少烟草供应的措施

第 15 条　烟草制品非法贸易

1. 各缔约方认识到消除一切形式的烟草制品非法贸易，包括走私、非法生产和假冒，以及制定和实施除次区域、区域和全球协定之外的有关国家法律，是烟草控制的基本组成部分。

2. 每一缔约方应采取和执行有效的立法、实施、行政或其他措施，以确保所有烟草制品每盒和单位包装以及此类制品的任何外包装有标志以协助各缔约方确定烟草制品的来源，并且根据国家法律和有关的双边或多边协定协助各缔约方确定转移地点并监测、记录和控制烟草制品的流通及其法律地位。此外，每一缔约方应：

（A）要求在其国内市场用于零售和批发的烟草制品的每盒和单位包装带有一项声明："只允许在（插入国家、地方、区域或联邦的地域名称）销售"，或含有说明最终目的地或能帮助当局确定该产品

是否可在国内市场合法销售的任何其他有效标志；和

（B）酌情考虑发展实用的跟踪和追踪制度以进一步保护销售系统并协助调查非法贸易。

3. 每一缔约方应要求以清晰的形式和／或以本国一种或多种主要语言提供本条第 2 款中规定的包装信息或标志。

4. 为消除烟草制品非法贸易，每一缔约方应：

（A）监测和收集关于烟草制品跨国界贸易，包括非法贸易的数据，并根据国家法律和适用的有关双边或多边协定在海关、税务和其他有关部门之间交换信息；

（B）制定或加强立法，通过适当的处罚和补救措施，打击包括假冒和走私卷烟在内的烟草制品非法贸易；

（C）采取适当措施，确保在可行的情况下采用有益于环境的方法，销毁或根据国家法律处理没收的所有生产设备、假冒和走私卷烟及其他烟草制品；

（D）采取和实施措施，以监测、记录和控制在其管辖范围内持有或运送的免除国内税或关税的烟草制品的存放和销售；以及

（E）酌情采取措施，使之能没收烟草制品非法贸易所得。

5. 根据第 21 条的规定，各缔约方应在给缔约方会议的定期报告中酌情以汇总形式提供依照本条第 4（A）和 4（D）款收集的信息。

6. 各缔约方应酌情并根据国家法律促进国家机构以及有关区域和国际政府间组织之间在调查、起诉和诉讼程序方面的合作，以便消除烟草制品非法贸易。应特别重视区域和次区域级在打击烟草制品非法贸易方面的合作。

7. 每一缔约方应努力采取和实施进一步措施，适宜时，包括颁发许可证，以控制或管制烟草制品的生产和销售，从而防止非法

贸易。

第16条 向未成年人销售和由未成年人销售

1. 每一缔约方应在适当的政府级别采取和实行有效的立法、实施、行政或其他措施禁止向低于国内法律、国家法律规定的年龄或18岁以下者出售烟草制品。这些措施可包括：

（A）要求所有烟草制品销售者在其销售点内设置关于禁止向未成年人出售烟草的清晰醒目告示，并且当有怀疑时，要求每一购买烟草者提供适当证据证明已达到法定年龄；

（B）禁止以可直接选取烟草制品的任何方式，例如售货架等出售此类产品；

（C）禁止生产和销售对未成年人具有吸引力的烟草制品形状的糖果、点心、玩具或任何其他实物；以及

（D）确保其管辖范围内的自动售烟机不能被未成年人所使用，且不向未成年人促销烟草制品。

2. 每一缔约方应禁止或促使禁止向公众尤其是未成年人免费分发烟草制品。

3. 每一缔约方应努力禁止分支或小包装销售卷烟，因这种销售会提高未成年人对此类制品的购买能力。

4. 各缔约方认识到，防止向未成年人销售烟草制品的措施宜酌情与本公约中所包含的其他规定一并实施，以提高其有效性。

5. 当签署、批准、接受、核准或加入本公约时，或在其后的任何时候，缔约方可通过有约束力的书面声明表明承诺在其管辖范围内禁止使用自动售烟机，或在适宜时完全禁止自动售烟机。依据本条所作的声明应由保存人周知本公约所有缔约方。

6. 每一缔约方应采取和实行有效的立法、实施、行政或其他措

施,包括对销售商和批发商实行处罚,以确保遵守本条第 L — 5 款中包含的义务。

7. 每一缔约方宜酌情采取和实行有效的立法、实施、行政或其他措施,禁止由低于国内法律、国家法律规定的年龄或 18 岁以下者销售烟草制品。

第 17 条　对经济上切实可行的替代活动提供支持

各缔约方应相互合作并与有关国际和区域政府间组织合作,为烟草工人、种植者,以及在某些情况下对个体销售者酌情促进经济上切实可行的替代生计。

第 V 部分:保护环境

第 18 条　保护环境和人员健康

各缔约方同意在履行本公约之下的义务时,在本国领土内的烟草种植和生产方面对保护环境和与环境有关的人员健康给予应有的注意。

第 VI 部分:与责任有关的问题

第 19 条　责任

1. 为烟草控制的目的,必要时,各缔约方应考虑采取立法行动或促进其现有法律,以处理刑事和民事责任,适当时包括赔偿。

2. 根据第 21 条的规定,各缔约方应相互合作,通过缔约方会议交换信息,包括:

(A) 根据第 20.3 (A) 条有关烟草制品消费和接触烟草烟雾对健康影响的信息;和

(B) 已生效的立法、法规以及相关判例的信息。

3. 各缔约方在适当时并经相互同意,在其国家立法、政策、法律惯例和可适用的现有条约安排的限度内，就本公约涉及的民事和刑事责任的诉讼相互提供协助。

4. 本公约应不以任何方式影响或限制缔约方已有的、相互利用对方法院的任何权力。

5. 如可能，缔约方会议可在初期阶段，结合有关国际论坛正在开展的工作，审议与责任有关的事项，包括适宜的关于这些事项的国际方式和适宜的手段，以便应缔约方的要求支持其根据本条进行立法和其他活动。

第VII部分：科学和技术合作与信息通报

第 20 条　研究、监测和信息交换

1. 各缔约方承诺开展和促进烟草控制领域的国家级的研究，并在区域和国际层面内协调研究规划。为此目的，每一缔约方应：

（A）直接或通过有关国际和区域政府间组织及其他机构，启动研究和科学评估并在该方面进行合作，以促进和鼓励有关烟草消费和接触烟草烟雾的影响因素和后果的研究及确定替代作物的研究；和

（B）在相关国际和区域政府间组织及其他机构的支持下，促进和加强对所有从事烟草控制活动，包括从事研究、实施和评价人员的培训和支持。

2. 各缔约方应酌情制定烟草消费和接触烟草烟雾的流行规模、模式、影响因素和后果的国家、区域和全球的监测规划。为此，缔约方应将烟草监测规划纳入国家、区域和全球健康监测规划，使数据具有可比性，并在适当时在区域和国际层面进行分析。

3. 各缔约方认识到国际和区域政府间组织及其他机构提供的财政和技术援助的重要性。各缔约方应努力：

（A）逐步建立烟草消费和有关社会、经济及健康指标的国家级的流行病学监测体系；

（B）在区域和全球烟草监测，以及关于本条第 3（A）款所规定指标的信息交换方面与相关的国际和区域政府间组织及其他机构合作，包括政府机构和非政府机构；以及

（C）与世界卫生组织合作，针对烟草相关监测资料的收集、分析和传播制定一般的指导原则或工作程序。

4. 各缔约方应根据国家法律促进和便利可公开获得的与本公约有关的科学、技术、社会经济、商业和法律资料以及有关烟草业业务和烟草种植的信息交换，同时这种做法应考虑并注意到发展中国家及经济转轨国家缔约方的特殊需求。每一缔约方应努力：

（A）逐步建立和保持更新的烟草控制法律和法规，及适当的执法情况和相关判例数据库，并合作制定区域和全球烟草控制规划；

（B）根据本条第 3（A）款逐步建立和保持国家监测规划的更新数据；以及

（C）与有关国际组织合作，逐步建立并保持全球系统，定期收集和传播烟草生产、加工和对本公约或国家烟草控制活动有影响的烟草业有关活动的信息。

5. 各缔约方宜在其为成员的区域和国际政府间组织、以及金融和开发机构中进行合作，促进和鼓励向本公约秘书处提供技术和财务资源，以协助发展中国家缔约方及经济转轨国家缔约方履行其关于研究、监测和信息交换的承诺。

第 21 条 报告和信息交换

1. 各缔约方应定期通过秘书处向缔约方会议提交实施本公约的情况报告，其中宜包括以下方面：

（A）为执行本公约所采取的立法、实施、行政或其他措施的信息；

（B）在本公约实施中遇到的任何制约或障碍以及为克服这些障碍所采取措施的适宜信息；

（C）为烟草控制活动提供或接受的财政和技术援助的适宜信息；

（D）第 20 条中规定的监测和研究信息；以及

（E）第 6.3、13，2、13.3、13.4（D）、15.5 和 19.2 条中规定的信息。

2. 各缔约方提供此类报告的频率和格式应由缔约方会议确定。各缔约方应在本公约对其生效后两年内提供第一次报告。

3. 依照第 22 和 26 条，缔约方会议应考虑作出安排，以便协助有此要求的发展中国家缔约方和经济转轨国家缔约方履行其在本条下的义务。

4. 依照本公约进行的报告和信息交换应遵循本国有关保密和隐私权的法律。经共同商定，各缔约方应对交换的机密信息提供保护。

第 22 条　科学、技术和法律方面的合作及有关专业技术的提供

1. 考虑到发展中国家缔约方和经济转轨国家缔约方的需求，各缔约方应直接或通过有关国际机构进行合作，以增强履行由本公约产生的各项义务的能力。经相互同意，此类合作应促进技术、科学和法律专长及工艺技术的转让，以制定和加强国家烟草控制战略、计划和规划。除其他外，其目的是：

（A）促进与烟草控制有关的技术、知识、技能、能力和专长的开发、转让和获得；

（B）除其他外，通过下列方式提供技术、科学、法律和其他专业技术专长，其目的是制定和加强国家烟草控制战略、计划和规划

以执行本公约:

(i) 根据要求,协助建立强有力的立法基础以及技术规划,包括预防初吸、促进戒烟和防止接触烟草烟雾的规划;

(ii) 以经济上切实可行的方式酌情帮助烟草工人开发经济上和法律上切实可行的适宜的替代生计;以及

(iii) 以经济上切实可行的方式酌情帮助烟草种植者从烟草种植转向其他替代农作物;

(C) 根据第 12 条支持对有关人员的适宜的培训或宣传规划;

(D) 酌情为烟草控制战略、计划和规划提供必要的物资、设备、用品和后勤支持;

(E) 确定烟草控制方法,包括对尼古丁成瘾的综合治疗;以及

(F) 酌情促进对综合治疗尼古丁成瘾方法的研究,以增强对该方法的经济承受能力。

2. 缔约方会议应利用根据第 26 条获得的财政支持,促进和推动技术、科学和法律专长以及工艺的转让。

第Ⅷ部分:机构安排和财政资源

第 23 条 缔约方会议

1. 特此设立缔约方会议。缔约方会议第一次会议应由世界卫生组织于本公约生效后一年内召开。缔约方会议将在其第一次会议上决定其后的常会地点和时间。

2. 缔约方会议可于其认为必要的其他时间,或经任何缔约方书面要求,在公约秘书处将该要求通报各缔约方后六个月内至少有三分之一缔约方表示支持的情况下,举行特别会议。

3. 缔约方会议应在其第一次会议上以协商一致的方式通过其《议事规则》。

4. 缔约方会议应以协商一致的方式通过其本身的以及指导资助任何可能设立的附属机构的财务细则以及管理秘书处运转的财务规则。它应在每次常会上通过直至下次常会的财务周期预算。

5. 缔约方会议应定期审评本公约的实施情况和做出促进公约有效实施的必要决定，并可根据第 28、29 和 33 条通过议定书、附件及对公约的修正案。为此目的，它应：

（A）促进和推动依照第 20 和 21 条进行的信息交换；

（B）促进和指导除第 20 条的规定外与实施本公约有关的研究和数据收集的可比方法的制订和定期改进；

（C）酌情促进战略、计划、规划以及政策、立法和其他措施的制定、实施和评价；

（D）审议各缔约方根据第 21 条提交的报告并通讨关于本公约实施情况的定期报告；

（E）根据第 26 条促进和推动实施本公约的财政资源的筹集。

（F）设立为实现本公约的目标所需的附属机构；

（G）酌情要求联合国系统的适当和相关组织和机构、其他国际和区域政府间组织以及非政府组织和机构为加强本公约的实施提供服务、合作和信息；以及

（H）依据实施本公约所取得的经验，酌情考虑采取其他行动以实现本公约的目标。

6. 缔约方会议应制订观察员参加其会议的标准。

第 24 条 秘书处

1. 缔约方会议应指定一个常设秘书处并为其运转作出安排。缔约方会议应努力在其第一次会议完成此项工作。

2. 在指定和成立常设秘书处之前，本公约秘书处的职能应由世

界卫生组织提供。

3. 秘书处的职能应为:

(A) 为缔约方会议及任何附属机构的各届会议作出安排并提供所需的服务;

(B) 转递它收到的依照本公约提交的报告;

(C) 在公约规定提供的信息的汇编和交换方面,向提出要求的各缔约方,特别是发展中国家缔约方和经济转轨国家缔约方提供支持;

(D) 在缔约方会议的指导下,编写其在本公约下开展活动的报告,并提交给缔约方会议。

(E) 在缔约方会议的指导下,确保与有关国际和区域政府间组织及其他机构的必要协调;

(F) 在缔约方会议的指导下,为有效履行其职能,进行有关行政或契约安排;以及

(G) 履行本公约及其任何议定书所规定的其他秘书处职能和缔约方会议可能决定的其他职能。

第 25 条　缔约方会议与政府间组织的关系

为了提供实现本公约目标所需的技术和财政合作,缔约方会议可要求有关国际和区域政府间组织,包括金融和开发机构开展合作。

第 26 条　财政资源

1. 各缔约方认识到财政资源在实现本公约目标方面发挥的重要作用。

2. 每一缔约方应根据其国家计划、优先事项和规划为其旨在实现本公约目标的国家活动提供财政支持。

3. 各缔约方应酌情促进利用双边、区域、次区域和其他多边渠

道，为制定和加强发展中国家缔约方和经济转轨国家缔约方的多部门综合烟草控制规划提供资金。因此，应在国家制定的可持续发展战略中强调和支持经济上切实可行的烟草生产替代生计，包括作物多样化。

4. 参加有关区域和国际政府间组织以及金融和开发机构的缔约方，应鼓励这些机构为发展中国家缔约方和经济转轨国家缔约方提供财政援助，以协助其实现本公约规定的义务，并且不限制其在这些组织中的参与权利。

5. 各缔约方同意：

（A）为协助各缔约方实现本公约规定的义务，宜筹集和利用一切可用于烟草控制活动的潜在的和现有的，无论公共的还是私人的财政、技术或其他资源，以使所有缔约方，尤其是发展中国家和经济转轨国家缔约方受益；

（B）秘书处应根据发展中国家缔约方和经济转轨国家缔约方的要求，通报现有的可用于帮助其实现公约规定义务的资金来源；

（C）缔约方会议应在其第一次会议上根据秘书处进行的研究和其他有关信息，审查现有和潜在的援助资源和机制，并考虑其充分性，以及

（D）缔约方会议应根据审查结果，确定加强现有机制或建立一个自愿全球基金或其他适当财政资源的必要性，以便为发展中国家缔约方和经济转轨国家缔约方的需求提供额外财政资源，帮助其实现本公约的目标。

第IX部分：争端解决

第27条　争端解决

1. 如两个或两个以上缔约方之间就本公约的解释或适用发生争

端时，有关缔约方应通过外交途径谈判或寻求其自行选择的任何其他和平方式解决此争端，包括斡旋、调停或和解。未能通过斡旋、调停或和解达成一致的，并不免除争端各当事方继续寻求解决该争端的责任。

2. 当批准、接受、核准、正式确认或加入本公约时，或在其后的任何时候，国家或区域经济一体化组织可书面向保存人声明，对未能根据本条第 1 款解决的争端，其接受根据缔约方会议以协商一致方式通过的程序进行的特别仲裁作为强制性手段。

3. 除非有关议定书另有规定，本条规定应适用于各缔约方之间的任何议定书。

第 X 部分：公约的发展

第 28 条　公约的修正

1. 任何缔约方可提出对本公约的修正案。此类修正案将由缔约方会议进行审议。

2. 本公约的修正案应由缔约方会议通过。对本公约提出的任何修正案的案文，应由秘书处在拟议通过该修正案的会议之前至少六个月通报各缔约方。秘书处还应将提出的修正案案文通报本公约各签署方，并送交保存人以供参考。

3. 各缔约方应尽一切努力以协商一致方式，就对本公约提出的任何修正案达成协议。如为谋求协商一致已尽了一切努力，仍未达成协议，作为最后的方式，该修正案应以出席会议并参加表决的缔约方四分之三多数票通过。为本条之目的，出席会议并参加表决的缔约方系指出席会议并投赞成或反对票的缔约方。通过的任何修正案应由秘书处送交保存人，再由保存人转送所有缔约方以供其接受。

4. 对修正案的接受文书应交存于保存人。根据本条第 3 款通过的修正案，对接受该修正案的缔约方，应于保存人收到本公约至少三分之二缔约方的接受文书之日后的第九十天起生效。

5. 对于任何其他缔约方，修正案应在该缔约方向保存人交存接受该修正案的接受书之日后第九十天起对其生效。

第 29 条　公约附件的通过和修正

1. 本公约的附件及其修正案应根据第 28 条中规定的程序提出、通过和生效。

2. 本公约的附件应构成本公约不可分割的组成部分，除另有明文规定外，凡提到本公约即同时提到其任何附件。

3. 附件应限于与程序、科学、技术或行政事项有关的清单、表格及任何其他描述性材料。

第 XI 部分：最后条款

第 30 条　保留

对本公约不得作任何保留。

第 31 条　退约

1. 自本公约对一缔约方生效之日起两年后，该缔约方可随时向保存人发出书面通知退出本公约。

2. 任何退出，应自保存人收到退出通知之日起一年期满时生效，或在退出通知中所指明的一年之后的某日期生效。

3. 退出本公约的任何缔约方应被视为也退出其作为缔约方的任何议定书。

第 32 条　表决权

1. 除本条第 2 款所规定外，本公约每一缔约方应有一票表决权。

2. 区域经济一体化组织在其权限内的事项上应行使票数与其作

为本公约缔约方的成员国数目相同的表决权。如果一个此类组织的任一成员国行使自己的表决权，则该组织不得再行使表决权，反之亦然。

第 33 条 议定书

1. 任何缔约方可提议议定书。此类提案将由缔约方会议进行审议。

2. 缔约方会议可通过本公约的议定书。在通过议定书时，应尽一切努力达成一致意见。如为谋求协商一致已尽了一切努力，仍未达成协议，作为最后的方式，该议定书应以出席会议并参加表决的缔约方四分之三多数票通过。为本条之目的，出席会议并参加表决的缔约方系指出席会议并投赞成或反对票的缔约方。

3. 提议的任何议定书文本，应由秘书处在拟议通过该议定书的会议至少六个月之前通报各缔约方。

4. 只有本公约的缔约方可成为议定书的缔约方。

5. 本公约的任何议定书只应对所述议定书的缔约方有约束力。只有某一议定书的缔约方可做出限于该议定书相关事项的决定。

6. 任何议定书的生效条件应由该议定书予以确定。

第 34 条 签署

本公约应自 2003 年 6 月 16 日至 2003 年 6 月 22 日在日内瓦世界卫生组织总部，其后自 2003 年 6 月 30 日至 2004 年 6 月 29 日在纽约联合国总部，开放供世界卫生组织所有会员国、非世界卫生组织会员国但系联合国成员国的任何国家以及区域经济一体化组织签署。

第 35 条 批准、接受、核准、正式确认或加入

1. 本公约应由各国批准、接受、核准或加入和各区域经济一体

化组织正式确认或加入。公约应自签署截止日之次日起开放供加入。批准、接受、核准、正式确认或加入的文书应交存于保存人。

2. 任何成为本公约缔约方而其成员均非缔约方的区域经济一体化组织，应受本公约一切义务的约束。如那些组织的一个或多个成员国为本公约的缔约方，该组织及其成员国应决定各自在履行公约义务方面的责任。在此情况下，该组织及其成员国无权同时行使本公约规定的权利。

3. 区域经济一体化组织应在其有关正式确认的文书或加入的文书中声明其在本公约所规定事项上的权限。这些组织还应将其权限范围的任何重大变更通知保存人，再由保存人通知各缔约方。

第36条 生效

1. 本公约应自第四十份批准、接受、核准、正式确认或加入的文书交存于保存人之日后第九十天起生效。

2. 对于在本条第 1 款中规定的生效条件达到之后批准、接受、核准或加入本公约的每个国家，本公约应自其交存、批准、接受、核准或加入的文书之日后第九十天起生效。

3. 对于在达到本条第 1 款规定的生效条件之后交存正式确认的文书或加入的文书的每个区域经济一体化组织，本公约应自其交存正式确认或加入的文书之日后第九十天起生效。

4. 为本条之目的，区域经济一体化组织所交存的任何文书不应被视为该组织成员国所交存文书之外的额外文书。

第37条 保存人

联合国秘书长应为本公约及其修正案和根据第 28、29 和 33 条通过的议定书和附件的保存人。

第 38 条　作准文本

本公约正本交存于联合国秘书长,其阿拉伯文、中文、英文、法文、俄文和西班牙文文本同为作准。

下列签署人,经正式授权,在本公约上签字,以昭信守。

二〇〇三年五月二十一日订于日内瓦。

附件 1:《世界卫生大会第 56.1 号决议》

第五十六届世界卫生大会,忆及 WHA49.17 和 WHA52.18 号决议,要求根据《世界卫生组织组织法》第 19 条制定《烟草控制框架公约》;决心保护当代和后代避免烟草消费和接触烟草烟雾;深为关切地注意到全世界吸烟和其他形式烟草使用的增加;赞赏地确认政府间谈判机构主席关于政府间谈判工作结果的报告;确信本公约是在推进国家、区域和国际行动及全球合作方面的开拓性步骤以保护人类健康免受烟草消费和接触烟草烟雾的破坏性影响,并铭记应特别考虑发展中国家和经济转轨国家的特殊情况;强调有必要使公约迅速生效和有效实施。

1. 通过本决议所附公约;

2. 注意到,根据公约第 34 条,公约应自 2003 年 6 月 16 日至 2003 年 6 月 22 日在日内瓦世界卫生组织总部,其后自 2003 年 6 月 30 日至 2004 年 6 月 29 日在纽约联合国总部,开放供签署;

3. 吁请有权这样做的所有国家和区域经济一体化组织一有机会就考虑签署、批准、接受、核准、正式确认或加入公约,以便使公约尽早生效;

4. 敦促所有国家和区域经济一体化组织在公约生效前采取一切适当措施控制烟草消费和接触烟草烟雾;

5. 敦促所有会员国、区域经济一体化组织、观察员和其他有关方面支持本决议中提及的准备活动，并有效地鼓励公约迅速生效和实施；

6. 吁请联合国并促请其他有关国际组织继续为加强国家和国际烟草控制规划提供支持；

7. 根据《世界卫生大会议事规则》第42条，决定建立一个不限成员名额的政府间工作小组，该小组应对公约第34条提及的所有国家以及区域经济一体化组织开放，以便审议和准备关于公约中所确定问题的建议供第一届缔约方会议酌情审议和通过；这些问题应包括：

（1）缔约方会议议事规则（第23.3条），包括观察员参加缔约方会议的标准（第23.6条）；

（2）指定常设秘书处并就其职能作出安排的方案（第24.1条）；

（3）缔约方会议及其附属机构的财务细则以及管理秘书处运转的财务规则（第23.4条）；

（4）第一个财务期的预算草案（第23.4条）；

（5）审查协助各缔约方实现公约所规定义务的现有和潜在的资源和机制（第26.5条）；

8. 进一步决定，不限成员名额的政府间工作小组还应监督第一届缔约方会议的筹备工作并直接向其报告；

9. 决定，政府间谈判机构就非政府组织的参与对《烟草控制框架公约》所作出的决定应适用于不限成员名额的政府间工作小组的活动；

10. 要求总干事：

（1）在指定和设立常设秘书处之前提供公约下的秘书处职能；

（2）采取适宜措施向会员国，特别是发展中国家和经济转轨国家提供支持，为公约的生效作好准备；

（3）按必要的频率，在 2003 年 6 月 16 日至第一届缔约方会议之间召开不限成员名额的政府间工作小组会议；

（4）继续确保世界卫生组织在向全球烟草控制工作提供技术咨询、指导和支持方面发挥主要作用；

（5）向世界卫生大会通报关于公约生效方面取得的进展和正在进行的缔约方会议第一次会议的筹备工作。

附件 2:《烟草控制框架公约》的历史沿革

随着 1995 年 5 月通过 WHA48.11 号决议，提出了一项国际烟草文书的思想。该决议要求总干事向第四十九届世界卫生大会报告制定一份国际文书如准则、宣言或国际烟草控制公约的可行性。

由于 WHA48.11 号决议，世界卫生组织被要求起草一项可行性研究，总干事向世界卫生组织执行委员会第九十七届会议提交了此项可行性研究 ["一份烟草控制国际文书的可行性"（EB97/INEDOC/4）]。在该届会议期间，执行委员会通过了关于《国际烟草控制框架公约》的 EB97.R8 号决议。

随后，当年第四十九届世界卫生大会通过了关于《国际烟草控制框架公约》的 WHA49.17 号决议，要求总干事开始制定一项《烟草控制框架公约》。由于这一决议，世界卫生组织制定第一份条约的事业得以正式启动。

1998 年，新当选的世界卫生组织总干事格罗·哈莱姆·布伦特兰博士通过建立无烟草行动内阁项目将全球烟草控制作为一项重点，使国际注意力、资源和行动集中于全球烟草流行。反映行动性质的新的多部门伙伴关系得以发展。更重要的是，布伦特兰博士与会员国一起致力于获得《烟草控制框架公约》谈判职权和开始从事动员公众和政治舆论的任务以支持烟草控制的全球规则。

1999 年 5 月第五十二届世界卫生大会为开展关于《烟草控制框架公约》和可能的相关议定书的多边谈判铺平了道路。WHA52.18 号决议设立了两个机构，以起草框架公约，完成谈判和提交最后文本供第五十六届世界卫生大会审议。这两个机构包括制定框架公约拟议内容草案的技术工作小组以及起草和谈判拟议框架公约和可能的相关议定书的政府间谈判机构。这两个机构均向所有会员国和其成员国已向其转让烟草控制相关事项的权限的区域经济一体化组织开放。

工作小组在日内瓦举行了两次会议（1999 年 10 月 25 - 29 日和 2000 年 3 月 27 - 29 日）。其产出为一份包含建议的框架公约内容草案临时文本的文件，连同工作小组的意见已提交给第五十三届世界卫生大会。在 WHA53.16 号决议中，世界卫生大会呼吁政府间谈判机构着手进行谈判，最初重点为框架公约草案，但不能干扰今后对可能议定书的讨论，向第五十四届世界卫生大会报告进展以及审查扩大非政府组织作为观察员参加的问题。

在政府间谈判机构第一次会议（2000 年 10 月 16 - 21 日于日内瓦）之前，就围绕框架公约的问题举行了一次公开听证会。总干事召开这一听证会：为公共卫生界、烟草业和种植者团体提出他们的观点提供一个论坛。向谈判机构并通过世界卫生组织网站向公众提供了会议记录。在第一次会议上，巴西 Celso Amorim 大使当选为主席，并且成立了由来自澳大利亚、印度、伊朗伊斯兰共和国、南非、土耳其和美利坚合众国的副主席组成的主席团。由工作小组准备的建议的《烟草控制框架公约》内容草案临时文本被认为是开始进行谈判的可靠基础。其后，Amorim 大使制定了一份主席的《烟草控制框架公约》文本。这份最初草案于 2001 年 1 月印发。作为在第二次会议上进一步谈判的基础。

2001 年 1 月，向执行委员会第一百零七届会议提交了一份关于非政府组织参与政府间谈判机构工作的报告。根据执行委员会 EB107（2）号决定的规定，执委会主席与非政府组织常设委员会主席联合行动，接纳了两个非政府组织即国际非政府禁烟联盟和 Infact 从 2001 年 4 月 26 日起与世界卫生组织建立正式关系。在进一步筹备谈判机构第二次会议时，在大多数区域和亚区域举行了区域闭会期间协商会。为其后政府间谈判机构的每一次会议另外举行了区域和亚区域闭会期间协商会。

在政府间谈判机构第二次会议（2001 年 4 月 30 日-5 月 5 日于日内瓦）上，在三个工作小组之间划分了审议建议的内容草案的责任。主要产出是三个联合主席的一系列工作文件，一份将在会议上提出的文本提案与原主席文本合并的目录。这些工作文件成为框架公约的滚动文本草案。

在第三次会议（2001 年 11 月 22-28 日于日内瓦）上，两个工作小组发表了修订的文本，第一工作小组在晚些时候草拟了一份文本。这些文件被用于在第四次会议期间推进谈判。

在接替 Amorim 大使担任巴西在日内瓦的常驻代表之后，Seixas Correa 大使在《烟草控制框架公约》政府间谈判机构第四次会议（2002 年 3 月 18-23 日于日内瓦）期间当选为政府间谈判机构主席。会议商定，Seixas Correa 大使应编制一份新的主席文本，作为谈判机构第五次会议（2002 年 10 月 14-25 日）期间谈判的基础。该文本于

2002 年 7 月印发。由美利坚合众国主持在纽约联合国总部举行了一次关于烟草制品非法贸易的国际技术会议（2002 年 7 月 30 日-8 月 1 日）。

谈判机构前四次会议审议了许多文本方案。在第五次会议上协调一致的讨论压缩了这些方案，从而导致更有重点的谈判。主席新文本在全体会议上一读之后，确定了六个问题并在不限成员名额非正式会议上进行讨论：广告、促销和赞助；财政资源；烟草制品非法贸易；责任与赔偿；包装和标签；贸易与健康。非正式小组还就法律、机构和程序问题以及术语的使用进行了讨论。在谈判中取得了重大进展，并且在若干领域达成共识。根据非正式会议的产出以及与各代表团和各组代表团举行的闭会期间协商，Seixas Correa 大便于 2003 年 1 月 15 日发表了主席修订的《烟草控制框架公约》文本。

政府间谈判机构第六次即最后一次会议于 2003 年 2 月 17 日至 3 月 1 日举行。谈判是紧张的、范围广泛的。在两个非正式小组上讨论了两个重要问题，即广告、促销和赞助以及财政资源。在最后一次全体会议上，谈判机构同意将文本提交第五十六届世界卫生大会审议，以便根据《组织法》第 19 条通过。会议还同意，议定书的讨论和通过应推迟至该届世界卫生大会，届时将有时间审议此事。在其最后一次全体会议上，谈判机构同意，谈判机构主席应起草一项决议，建议世界卫生大会通过《烟草控制框架公约》。因此，根据 WHA52.18 号决议将《烟草控制框架公约》最后草案提交世界卫生大会审议通过。

第五十六届世界卫生大会于 2003 年 5 月 21 日一致通过了《烟草控制框架公约》。公约自 2003 年 6 月 16 日至 2003 年 6 月 22 日在日内瓦世界卫生组织总部，其后自 2003 年 6 月 30 日至 2004 年 6 月 29

日在纽约联合国总部，开放供签署，为期一年。

　　《烟草控制框架公约》对于全球公共卫生的未来是一个划时代的事件，并且对世界卫生组织的卫生目标产生重大影响。完全按照世界卫生大会决议结束谈判进程和一致通过《烟草控制框架公约》是促进公众健康的一个里程碑，并为国际卫生合作提供新的法律范畴。

主要参考文献

著作类

[1] ［英］查尔斯·福斯特：《医事法》，刘文戈译，译林出版社 2024 年版。

[2] ［英］坦西、［加］莱约特编：《对未来食物的掌控：与知识产权、生物多样性和食物保障相关的国际磋商与协定之指南》，师翱翔译，中国农业出版社 2012 年版。

[3] ［美］马克斯韦尔·梅尔曼等：《以往与未来：美国卫生法学五十年》，唐超等译，中国政法大学出版社 2012 年版。

[4] ［法］托克维尔：《论美国的民主》（全二卷），董果良译，商务印书馆 1989 年版。

[5] ［日］大须贺明：《生存权论》，林浩译，法律出版社 2000 年版。

[6] ［美］劳伦斯·O. 戈斯廷：《全球卫生法》，翟宏丽、张立新主译，中国政法大学出版社 2016 年版。

[7] ［美］恩格尔哈特：《生命伦理学基础》，范瑞平译，北京大学出版社 2006 年版。

[8] ［英］亨利·J. 施泰纳：《国际人权语境：法律、政治、道德》，牛津大学出版社 2008 年版。

[9]〔瑞士〕勒夫贝尔：《创新卫生伙伴关系：多元化的外交》，郭岩译，北京大学医学出版社 2014 年版。

[10]〔瑞士〕罗斯坎、基克布施：《全球卫生谈判与导航：全球卫生外交案例研究》，郭岩译，北京大学医学出版社 2014 年版。

[11]〔美〕阿尔伯特、〔挪〕杜克斯：《全球医药政策：药品的可持续发展》，翟宏丽、张立新主译，中国政法大学出版社 2016 年版。

[12]〔美〕迈克·罗伯茨：《美国食品法》，刘少伟、汤晨彬译，华东理工大学出版社 2017 年版。

[13]〔美〕吕贝尔斯：《美国规章制定导论》，江澎涛译，中国法制出版社 2016 年版。

[14] 国家食品药品监督管理局政策法规司、中国人民大学法学院组织编写：《食品药品监管复议诉讼典型案例评析》（第 1 辑），中国医药科技出版社 2012 年版。

[15] 龚向前：《传染病控制国际法律问题研究》，法律出版社 2011 年版。

[16] 郭永胜、孙子迪、孙嘉悦：《卫生行政法基础研究》，法律出版社 2012 年版。

[17] 林灿铃、吴汶燕主编：《国际环境法》，科学出版社 2018 年版。

[18] 宋华琳：《药品监管制度的法律改革》，译林出版社 2023 年版。

[19] 孙世彦主编：《国际法学的新发展》，中国社会科学出版社 2010 年版。

[20] 孙晓云：《国际人权法视域下的健康权保护研究》，光明日报出版社 2011 年版。

[21] 王岳主编：《医事法》，对外经济贸易大学出版社 2010 年版。

［22］ 徐喜荣主编：《公共卫生法学：原理、案例与资料》，中国政法大学出版社 2023 年版。

［23］ 杨军：《医药专利保护与公共健康的冲突研究》，北京大学出版社 2008 年版。

［24］ 袁彬：《危害食品药品安全犯罪刑法适用研究》，中国法制出版社 2023 年版。

［25］ 张海斌主编：《全球化时代的公共卫生法治：国别区域公共卫生法治动态》，法律出版社 2022 年版。

［26］ 张文显主编：《全球治理与国际法》，法律出版社 2020 年版。

［27］ 翟宏丽：《健康医疗数据立法研究》，中国政法大学出版社 2022 年版。

［28］ 赵万一主编：《医事法概论》，华中科技大学出版社 2019 年版。

［29］ 秦倩主编：《国际法治与全球治理》，上海人民出版社 2018 年版。

［30］ 龚幼龙主编：《社会医学》，人民卫生出版社 2000 年版。

［31］ 夏勇主编：《走向权利的时代》，中国政法大学出版社 1999 年版。

［32］ 夏正林：《社会权规范研究》，山东人民出版社 2007 年版。

［33］ 焦洪昌主编：《宪法学》，北京大学出版社 2013 年版。

［34］ 伍天章主编：《医学伦理学》，高等教育出版社 2008 年版。

［35］ 邓正来：《谁之全球化？何种法哲学？：开放性全球化观与中国法律哲学建构论纲》，商务印书馆 2009 年版。

［36］ 周忠海等：《国际法学述评》，法律出版社 2001 年版。

［37］ 马庆钰：《中国非政府组织发展与管理》，国家行政学院出版社 2007 年版。

［38］姜明安主编：《行政法与行政诉讼法》，北京大学出版社 2011
　　　年版。

［39］刘鑫、王岳、李大平：《医事法学》，中国人民大学出版社 2009
　　　年版。

论文类

［1］黄瑶、徐里莎：《传染病药品知识产权国际保护法制的正当
　　性——以 TRIPS 协定的发展为视角》，载《知识产权》2004 年
　　第 2 期。

［2］于彧：《TRIPS-plus 之药品专利条款分析》，载《市场周刊》2019
　　年第 2 期。

［3］王德新·《经济、社会和文化权利可诉性问题探析》，载《北方
　　法学》2010 年第 6 期。

［4］彭锡华：《论经济、社会和文化权利的可裁判性》，载《法学杂
　　志》2009 年第 8 期。

［5］广州大学人权理论研究课题组、李步云：《中国特色社会主义人
　　权理论体系论纲》，载《法学研究》2015 年第 2 期。

［6］焦洪昌：《论作为基本权利的健康权》，载《中国政法大学学报》
　　2010 年第 1 期。

［7］夏立安：《经济和社会权利的可裁决性——从健康权展开》，载
　　《法制与社会发展》2008 年第 2 期。

［8］王严：《南非新社会运动探析》，载《非洲研究》2016 年第 2 期。

［9］林来梵、季彦敏：《人权保障：作为原则的意义》，载《法商研究》
　　2005 年第 4 期。

［10］赵许明：《公益诉讼模式比较与选择》，载《比较法研究》
　　　2003 年第 2 期。

［11］ 郭日君、吕铁贞：《经济和社会权利的国际救济机制述评》，载《环球法律评论》2008 年第 5 期。

［12］ 何海岚：《〈经济、社会和文化权利国际公约〉实施问题研究》，载《政法论坛》2012 年第 1 期。

［13］ 张瑞：《论"卫生"在晚清的含义——以〈卫生学问答〉和〈中外卫生要旨〉为中心》，载《河北学刊》2013 年第 3 期。

［14］ 古祖学：《国际法的法律性质再认识——哈特国际法学思想评述》，载《法学评论》1998 年第 1 期。

［15］ 劳伦斯·O. 高斯汀、艾琳·L. 泰勒、郭晓明：《全球卫生法：一个定义和重大挑战》，载《法治社会》2022 年第 2 期。

［16］ 孟金梅：《我国艾滋病防治法律政策发展分析》，载《汕头大学学报（人文社会科学版）》2016 年第 3 期。

英文文献

［1］ Mary E. Wilson, "Travel and the Emergence of Infectious Diseases", *Emerging Infectious Diseases*, Vol. 1, No. 2. , 1995, pp. 39-46.

［2］ DFID, *Increasing Access to Medicines in the Developing World*, UK Department for International Development, London, 2008.

［3］ MSH, *Managing Drug Supply*: *The Selection*, *Procurement*, *Distribution and Use of Pharmaceuticals*, 2nd edn, WHO Action Programme on Essential Drugs, Geneva and Management sciences for Health, Kumarian Press, 1997.

［4］ West Hartford, CT. 5. United Nations Millennium Project, *Prescriptions for healthy development*, 2005.

［5］ United Nations Millennium Project, *Prescriptions for Health Development Increasing Access to Medicines*, Earthstar, London, 2005.

[6] R. E. Black, "Where and why are 10 million children dying every year?", *Lancet*, 2003.

[7] Dr Robert Temple (FDA), as cited by A. Berenson, A popular drug with uncertain benefits, Int Herald Tribune, 2008.

[8] Amir Attaran et al., "Why and How to Make an International Crime of Medicine Counterfeiting", *Journal of International Criminal Justice*, Vol. 9, No. 2., 2011, pp. 325-354.

[9] William Burns, "WHO Launches Taskforce to Fight Counterfeit Drugs", *Bulletin of the World Health Organization*, Vol. 84, No. 9., 2006, pp. 689-690.

[10] James N. Rosenau, "Governance in the Twenty-First Century", *Global Governance*, Vol. 1, No. 1., 1995, pp. 13-43.

[11] David P. Fidler, *Global Health Governance: Overview of the Role of International Law in Protecting and Promoting Global Public Health*, UN Treaty Collection, Status of Treaties, Chapter IV: Human Rights, treaties.

[12] UNGA, *International Covenant on Civil and Political Rights*, ICCPR, 1996.

[13] United Nations Commission on Human Rights, *Siracusa Principles on the Civil and Political Rights*, 1984.

[14] Lawrence O. Gostin and Jonathan Mann, "Towards the Development of a Human Rights Impact Assessment for the Formulation and Evalution of Health Policies", *Health and Human Rights*, Vol. 1, 1994, pp. 58-81.

[15] Lawrence O. Gostin, "Public Health, Ethics, and Human Rights:

A Tributeto the Late Jonathan Mann", *Joural of Law*, *Medicine and Ethics*, Vol. 29, 2001, pp. 121-130.

[16] Jonathan Mann et al., "Health and Human Rights", *Health and Human Rights*, Vol. 1, 1994, pp. 6-23.

[17] Johannes Morsink, *The Universal Declaration of Human Rights: Origins, Drafting, and Intent*, Philadelphia: University of Pennsylvania Press, 1999.

[18] Eleanor D. Kinney and Brian Alexander Clark, "Provisions for Health and Health Carein the Constitutions of the Countries of the World", *Cornell International Law Joural*, Vol. 37, No. 2., 2004, pp. 285-355.

[19] C. Dyer "Woman damaged by aspirin loses court claim", *BMJ*, 2002.

[20] KICADIS, *SMON Patients vs the State and Others*, Decision of the Tokyo District Court, Kicadis Organizing Committee, Tokyo, 1979.

[21] Bruce Plotkin, "Human Rights and Other Provisions in the Revised International Health Regulations", *Public Health*, Vol. 121, No. 11., 2007, pp. 840-845.

[22] Max Hardiman, "The Revised International Health Regulations: A Framework for Global Health Security", *International Journal of Antimicrobial Agents*, Vol. 21, No. 2., 2003, pp. 207-211.

[23] R. E. Black, "Where and why are 10 million children dying every year?", *Lancet*, 2003.

[24] WHO, *Prophylactic and therapeutic substances*, document A 22/11. World Health Organization, Geneva, 1975.

[25] D. Rienstra, *Report on a European Expert Seminar on Appropriate Drug Donations*, Wemos, Amsterdam, 1999.

[26] WHO, *Drug Action Programme*: *Guideline for Drug Donations*, document DAP 96/2. World Health Organization, Geneva, 1996.

[27] L. E. H. Whitby, "Chemotherapy of pneumococcal and other infection with 2- (*p*-aminobenzenesulphonamido) pyridine", *Lancet*, 1938.

[28] A. Fleming, "On the antibacterial action of cultures of a penicillium, with special reference to their use in the isolation of B. influenzae", *Br J Exp Pathol*, Vol. 10, 1929, pp. 36-226.

[29] F. G. Banting and C. H. Best, "The internal secretion of the pancreas", *J Lab Clin Med*, Vol. 7, 1922, pp. 66-251.

[30] S. P. Barnum, *Biotechnology*: *An introduction*, Wadsworth Publishing Co. , CA, 1998.

[31] Dilip G. Shah, *Evolution and Challenges of The Asian Pharmaceutical Market*, Global Pharmaceutical Regulation 2007, ESU College of Law, Tallahassee, 2007.

[32] US Federal Trade commission, *Generic drug entry prior to patent expiration*: *an FTC study*, 2002.

[33] US Department of Commerce, International Trade Administration, *Pharmaceutical price controls in OECD countries*: *implications for U. S. consumers*, *pricing*, *research and development and innovation*, 2004.

[34] UNCTAD-ICTSD, *Resource Book on TRIPS and Development*, Cambridge University Press, 2005.

[35] Frederick M. Abbott, "The WTO medicines decision: the political economy of world pharmaceutical trade and protection of public health", *Am J Int L*, Vol. 99, 2005, pp. 58-317.

[36] Frederick M. Abbott and Jerome H. Reichman, "The Doha Round's public health legacy: strategies for the production and diffusion of patented medicines under the Amended TRIPS Provisions", *J Int Econ L*, Vol. 10, No. 4. , 2007, pp. 87-921.

[37] *Novartis v. India*, WP Nos. 24795 of 2006 and 24760 of 2006, 2007.

[38] WTO, *Declaration on the TRIPS Agreement and Public Health*, WT/MIN (01) /Dec/2, 20 November, 2001, http: //www. wto. org/english/ihewto_c/minint/mi01/mindeuip. c. hm, 2004.

[39] Endang R. Sedyaningsih et al. , "Towards Mutual Trust, Transparency and Equity in Virus Sharing Mechanism: The Avian Influenza Case of Indonesia", *Annals Academy of medicine*, Vol. 37, No. 6. , 2008, pp. 482-487.

[40] Herzog Lisa M, Norheim Ole F, Emanuel Ezekiel J, McCoy Matthew S, *Covax must go beyond proportional allocation of covid vaccines to ensure fair and equitable access*, 2021.

[41] Herzog Lisa M, Norheim Ole F, Emanuel Ezekiel J, McCoy Matthew S, *Covax must go beyond proportional allocation of covid vaccines to ensure fair and equitable access*, 2021.

[42] J. R. Nielsen, *Handbook of Federal Drug Law*, Lea and Febriger, Philadelphia, 1986.

[43] WHO, *Good Manufacturing Practices for Pharmaceutical Products: Main Principle*, Annex 4, WHO Technical Report series 908, World Health Organization, Geneva, 2003.

[44] ICH, *ICH Harmonised Tripartite Guideline*, *Good Manufacturing Practice guideline for Active pharmaceutical Ingredients*, current step

IV version, 10 November International conference on Harmonization, 2000.

[45] R. H. B. Meyboom, *Detecting adverse drug reaction: pharmacovigilance in the Netherlands*, Catholic University of Nijmegen, the Netherlands.

[46] C. Garratt, *Data presented to the MSF Working Group on Intellectual Property Rights*, Paris, 2005.

[47] B. Joldal, "The evaluation and control of drugs in Norway", *Int. J Technol Assessment in Health Care*, Vol. 2, No. 4., 1986, pp. 7-663.

[48] M. N. G. Dukes, *The Effects of Drug Regulation: A survey Based on the European Studies of Drug Regulation*, For the World Health Organization's Regional Office for Europe, MTP Press, Lancaster and Boston, 1985.

[49] J. Rozendaal, "Fake antimalarials circulating in Cambodia", *Bull Mekong Malaria Forum*, Vol. 7, 2000, pp. 8-62.

[50] P. N. Newton, S. Oriux, M. Green et al., "Fake artusenate in southeast Asia", *Lancet*, Vol. 357, 2001, pp. 50-1948.

[51] B. A. Liang, *Counterfeit Drugs - Defining the Problem*, Partnership for Safe Medicines, Vienna, VA, 2008.

[52] K. M. Collins, "Negligent homicide/manslaughter (involuntary)", *International Encyclopedia of Justice Studies*, Monticello, AR, 2002.

[53] l. P. Strobel Reckless Homicide? Ford's Pinto Trial South Bend, IN, 1980.

[54] M, Somarajiah, "Reckless murder in Commonwealth law", *Int Comp Law Q*, Vol. 24, 1975, p. 4.

［55］ WHO, *Counterfeit Drugs*: *Guidelines for the Development of Measures to Combat Counterfeit Drugs*, Docunment WHO/W ＼ EDM/QSM/ 99. 1, World Health Organization, Geneva, 1999.

［56］ Ashley N. Gearhardt et al. , "Preliminary Validation of the Yale Food Addiction Scale", *Appetite*, Vol. 52, No. 2. , 2009, pp. 430-436.

［57］ Christopher K. Hwang et al. , "Rural Diabetes Prevalence Quintuples over Twenty-Five Years in Low-and Middle-Income Countries: A Systematic Review and Meta-analysis", *Diabetes Reseach and Clinical Pracitice* , Vol. 96, No. 3. , 2012, pp. 271-285.

［58］ Peter Plot, Thomas C. Quinn, "Response to the AIDS Pandemic: A Global Health Model", *New England Journal of Medicine*, Vol. 368, No. 23. , 2013, pp. 2210-2218.

网络资源

［1］ *The High Level For an on Aid Effectiveness*: *A History*, OECD, http.// www. oecd. org/dac/effectiveness/thehighlevelforaonaideffectivenessah istory. htm

［2］ *Origins of GAVI*, GAVI Alliance, http: //www. gavialliance. org/about/ mission/origins/.

［3］《洛克菲勒家族投巨资，如何在中国建立"北京协和医学院"？ 一文详解》，载 https://www. 360kuai. com/pc/905828b340bd520 24？ cota = 3&kuai_ so = 1&sign = 360_ 57c3bbd1&refer_ scene = so_ 1，最后访问日期：2025 年 8 月 21 日。

［4］《BMJ 刊文：〈大流行病协议〉需要一个被普遍认可的大流行病定 义》，载 https://mp. weixin. qq. com/s/xKZFcFRTp5Bbbi0mJMnRkQ， 最后访问日期：2025 年 8 月 21 日。

〔5〕《历经三年谈判 世卫组织"大流行协定"草案达成》，载 https://
www. chinanews. com. cn/gj/2025/04-17/10401060. shtml，最后访问
日期：2025 年 8 月 21 日。

〔6〕《世界卫生大会审议通过〈大流行协定〉》，载 https://www. gov. cn/
yaowen/liebiao/202505/content_7024620. htm，最后访问日期：2025
年 8 月 21 日。

〔7〕《1964 年美国外科医生关于吸烟与健康的报告》，载 https://
www. x-mol. com/paper/1549613240082919424/t，最后访问日期：
2025 年 8 月 21 日。

〔8〕 *Parties to the WHO Framework Convention on Tobacco Control*，
WHO，http://www. who. int/fctc/signatorles-parties/en/.

〔9〕 David Davidson，*LGBT Targets Don't Only Reside in Russia*，
Huffington Post Blog，http://www. huffingtonpost. com/danielda/lgbt-
targets-dont-only-reside-in-russiab-376208. html.

〔10〕 *Tobacco Control*：*Strategy Overview*，Bill & Melinda Gates Foundation，
http://www. gatesfoundation. org/What-We-Do/Global-Policy/Tobacco-
Control.

〔11〕 *HIV*：*Strategy Overview*，Bill & Melinda Gates Foundation，http://
www. gatesfoundation. org/What-We-Do/Global-Health/HIV.

〔12〕 *HIV Strategy Overview*，Bill & Melinda Gates Foundation，http://
www. gatesfoundation. org/What-We-Do/Global-Health/HIV.

〔13〕 US Government Accountability Office，*Prescription drugs*：*Price trends for
frequently used brand and generic drugs from 2000 through 2004*，GAO-
05-779，August 2005，http://www. gao. gov/new. items/d05779. pdf.